Estratégias e culturas da comunicação

Estratégias e culturas da comunicação

ORGANIZADORES:

Luiz Gonzaga Motta
Maria Helena Weber
Vera França
Raquel Paiva

compós
associação nacional dos programas de pós-graduação em comunicação

EDITORA UnB

Equipe editorial: Severino Francisco (Supervisão editorial); Rejane de Meneses (Acompanhamento editorial); Cecilia S. Fujita (Preparação de originais e revisão); Eugênio Felix Braga (Editoração eletrônica); G+ Design (Capa)

Impresso no Brasil

Direitos exclusivos para esta edição:

Editora Universidade de Brasília
SCS Q. 02 Bloco C nº 78 Ed. OK 2º andar
70300-500 – Brasília, DF
Tel: (0xx61) 226-6874
Fax: (0xx61) 225-5611
editora@unb.br

Ficha catalográfica elaborada pela
Biblioteca Central da Universidade de Brasília

E82 Estratégias e culturas da comunicação / Luiz Gonzaga Motta... [et al.]. – Brasília : Editora Universidade de Brasília, 2002.
246p. : il. — (Comunicação; v. l).

ISBN: 85-230-0687-7

1. Comunicação. 2. Comunicação de massa. I. Motta, Luís Gonzaga. II. Série..

CDU 659.3

Sumário

Parte III

Comunicação e novas questões sociais

Sobre os autores

Alex Fernando Teixeira Primo – Professor de Comunicação Social da Faculdade de Biblioteconomia e Comunicação da Universidade Federal do Rio Grande do Sul (Fabico/UFRGS), mestre em Jornalismo pela Ball State University, doutorando em Informática na Educação (PGIE/UFRGS), coordenador do laboratório do Núcleo de Pesquisa em Informação e Novas Tecnologias (PPGCOM/UFRGS).

Gerlaine Torres Martini – Mestre pelo Programa de Pós-Graduação da Faculdade de Comunicação da Universidade de Brasília, com a defesa da dissertação *A fotografia como instrumento de pesquisa na obra de Pierre Fatumbi Verger*, em dezembro de 1999.

Gilberto Lago – Mestre em Comunicação pela ECO/UFRJ, doutorando de Comunicação e Culturas Contemporâneas do Programa de Pós-Graduação em Comunicação da UFBA, coordenador do grupo de trabalho Comunicação e Campo do Inconsciente, da Compós, psiquiatra e psicanalista.

Inesita Araújo – Professora e consultora em Comunicação na Intervenção Social, pesquisadora do Nupec – ECO/UFRJ, doutoranda em Comunicação e Cultura na ECO/UFRJ.

Luciana Mielniczuk – Doutoranda em Comunicação e Cultura Contemporâneas na Faculdade de Comunicação da Universidade Federal da Bahia. Desenvolve trabalho na linha ciberpesquisa, tendo o jornalismo digital como tema. Bolsista CNPq.

Luciano Roth Coelho – Programador e bacharel em Informática pela Universidade Católica de Pelotas (UCPel).

Luiz Gonzaga Motta – Professor de Comunicação da Universidade de Brasília. Realizou mestrado em Comunicação pela Indiana University e doutorado pela University of Wisconsin.

Marcos Palacios – Jornalista e doutor em Sociologia pela University of Liverpool, professor titular de Jornalismo da Faculdade de Comunicação (Facom) da Universidade Federal da Bahia (UFBA) e pesquisador do CNPq no Programa de Pós-Graduação em Comunicação e Cultura Contemporâneas da UFBA. Desenvolve pesquisas na área de cibercultura e jornalismo digital.

Maria Helena Weber – Professora e pesquisadora da UFRGS. Sua produção intelectual está vinculada às áreas de comunicação e política e comunicação institucional. É autora do livro *Comunicação e espetáculos da política* (2000).

Marialva Barbosa – Professora titular de Jornalismo da Universidade Federal Fluminense, professora do Mestrado em Comunicação, Imagem e Informação da UFF. Pós-doutorado em Comunicação/Antropologia – LAIOS/CNRS – França, 1999. Doutora em História Social – UFF, 1995.

Monica Tavares – Arquiteta, professora adjunta da Universidade do Estado da Bahia, doutora em Artes pela Escola de Comunicação e Artes da USP, mestre em Multimeios pelo Instituto de Artes da Unicamp. Desenvolve trabalhos criativos e teóricos no cruzamento das artes e *design* com as novas tecnologias da comunicação, tendo escrito, juntamente com o professor Julio Plaza (USP), o livro *Processos criativos com os meios eletrônicos*: poéticas digitais.

Norval Baitello Junior – Professor de Teoria da Mídia e Semiótica da Cultura na Pós-Graduação em Comunicação e Semiótica da PUC de São Paulo. Foi diretor da Faculdade de Comunicação e Filosofia da mesma universidade, de 1997 a 2001, tendo criado os cursos de graduação Comunicação e Artes do Corpo e Comunicação em Multimeios.É doutor em Ciências da Comunicação pela Universidade Livre de Berlim, com pós-doutorados em Sevilha e Viena. Autor dos livros *Die Dada-Internationale* (1987), *Dada-Berlim. Des/Montagem* (1993) e *O animal que parou os relógios* (1997).

Raquel Paiva de Araújo Soares – Professora e pesquisadora da UFRJ. Sua produção intelectual está vinculada às áreas de comunicação comunitária e comunicação e cultura. É autora dos livros *Histeria na mídia* – simulaç@o da sexualidade na era digital (2000) e *Espírito comum* – mídia, globalismo e comunidade (1998).

Rousiley C. M. Maia – Doutora em Ciência Política pela University of Nottingham, Inglaterra, e professora do Departamento de Comunicação Social da UFMG. Em pesquisas anteriores, investigou questões da teoria habermasiana e da cultura política. Atualmente, pesquisa sobre o papel que a mídia desempenha na pré-estruturação da esfera pública política, com foco nas práticas de movimentos identitários e de associações cívicas na constituição do debate público.

Vera Regina Veiga França – Presidente da Compós, professora e pesquisadora da UFMG. Sua produção intelectual está vinculada às áreas da teoria da comunicação e comunicação e cultura. É autora do livro *Jornalismo e vida social*: a história amena de um jornal mineiro (1998).

Yvana Fechine – Jornalista e professora da Universidade Católica de Pernambuco (Unicap). Integra também o Centro de Pesquisas Sociossemióticas (PUCSP:COS-USP: FFLCH-CNRS:CEVIPOF), desenvolvendo nessa instituição estudos sobre vídeo e televisão. Juntamente com Ana Claudia de Oliveira, editou os livros: *Imagens técnicas*, *Semiótica da arte* e *Semiótica, visualidade, intertextualidade* (São Paulo: Hackers Editores, 1998).

Parte I

Comunicação: repensando paradigmas

1. Paradigmas da comunicação: conhecer o quê?*

Vera França

A Teoria da Comunicação

A escritura de um texto sempre reflete algum tipo de inquietação. Neste caso, devo dizer que se trata de meu grande interesse pela Teoria da Comunicação – mais exatamente, da convicção de sua relevância e de seu papel não apenas para a compreensão das práticas comunicativas, mas, por meio dela, também da própria realidade social. Nesse sentido, duas questões, ou dois tipos de preocupação, foram suscitadoras da presente reflexão.

A primeira delas diz respeito a uma certa negligência e até mesmo um certo ostracismo no tratamento dos fundamentos teóricos de nossa área; uma "quase falta de nobreza" na discussão do objeto da comunicação, das suas bases teóricas e metodológicas. Tal atitude se reveste de dois sentidos: de um lado, é como se se tratasse de questões muito antigas, há muito resolvidas ou há muito descartadas, reminiscências de um momento já passado. Um segundo sentido que pode ser percebido diz respeito à falta de relevância de tal debate: com tantas questões e aspectos mais atuais, mais estimulantes, mais "glamourosos" para estudar sobre a comunicação, seria perda de tempo, ou um movimento estéril, pensar o estatuto teórico da área. Considera-se mais proveitoso – e mais interessante – investir no desenvolvimento de estudos sobre as práticas comunicativas do que nesse esforço de buscar uma sistematização de seus referenciais teóricos e metodológicos.

---

* Trabalho apresentado no GT Epistemologia da Comunicação, para a X Reunião da Compós, Brasília, maio/jun. 2001.

A segunda questão diz respeito à falta de consenso e às variações que marcam o panorama dessa área (ou subárea) de conhecimento. Ao longo dos anos, tendências e ênfases se sucedem; tópicos, escolas e autores aparecem e desaparecem, compondo em cada momento um papel bastante diversificado. Essas mudanças ultrapassam a renovação natural e salutar que devem sofrer as disciplinas curriculares e falam antes da instabilidade e da incerteza que ainda atravessam nosso domínio de conhecimento e a própria área da comunicação. Vale ressaltar aqui, inclusive, o contraste: a Teoria da Comunicação é disciplina obrigatória na maioria dos cursos de Comunicação; seu conteúdo, no entanto, não é claramente definido, e ela não dispõe de referências bibliográficas firmes. A Teoria ou as Teorias da Comunicação devem responder pelos fundamentos dessa área de conhecimento; apresentar a trajetória e as diferentes bases conceituais que vieram sendo construídas. Ora, deve haver um consenso mínimo da comunidade científica sobre essas bases; deve existir uma história e um patrimônio de conhecimentos partilhados. E não é bem essa a nossa realidade.

A partir da preocupação com tais questões, a presente reflexão incide assim sobre a própria situação da área, sobre as evoluções, contradições e impasses que vêm marcando seu desenvolvimento – e são vividas por nós, profissionais que atuamos nesse domínio. Ela está organizada em torno de alguns pontos: a definição do objeto da comunicação; a interdisciplinaridade; as correntes de estudo; os paradigmas da área.

O objeto

A primeira questão diz respeito ao objeto da comunicação. Na constituição de qualquer domínio de conhecimento, a definição de seu objeto de estudo é fundadora; é em torno de um objeto, é ao recortar um objeto próprio, distinto, que um novo domínio de conhecimento se constitui. O objeto da comunicação, qual é? É curioso que, passado um século dos primeiros estudos, esta questão ainda se coloque e cause polêmicas.

Em linhas gerais, podemos identificar dois objetos apontados: os meios de comunicação e o processo comunicativo. De um lado, e de forma mais evidente, o objeto recortado são os meios de comunicação de massa (formulação mais antiga) ou a mídia – designação contemporânea, mais ampla, que retira a ambigüidade do qualificativo "massa" (ênfase na amplitude do público atingido), referindo-se à comunicação realizada ou mediada pelas novas tecnologias.

Trata-se aqui, portanto, de um objeto empírico de grande visibilidade e impacto, um aspecto tangível de nossa realidade, que é a presença da comunicação midiática, o desenvolvimento das tecnologias da comunicação.

Reforçando a propriedade desse recorte do objeto, lembramos que as "origens" da Teoria da Comunicação, os estudos evocados como pioneiros na inauguração da área, no início do século XX, foram exatamente estudos voltados para a caracterização e análise das novas práticas comunicativas que despontavam no final do século XIX e marcam o século XX: o surgimento da imprensa de massa, do rádio, da televisão (e do cinema, em menor grau). A evidência desse objeto só veio aumentando no decorrer das décadas, com a centralidade cada vez maior assumida pela mídia, com o aparecimento dos meios digitais e das redes telemáticas e com o papel determinante da informação.

O problema da eleição desse objeto é que ela está assentada no pressuposto de uma ilusória autonomia e precisão dos contornos da empiria. Os objetos do mundo não estão dados de antemão, nem são recortados por suas leis intrínsecas, mas constituídos e dispostos pelo olhar e pela intervenção dos homens. Assim, os meios de comunicação ou a mídia, na sua aparente objetividade e simplicidade, não o são tanto assim, mas se desdobram em múltiplas dimensões, tais como a técnica, a política, a economia, o consumo, a vida urbana, as práticas culturais, a sociabilidade, etc. Essas dimensões não apenas irão "compor" o nosso objeto, mas se desenvolvem por caminhos próprios. À guisa de exemplo, poderíamos perguntar: um cientista político que, fazendo uma análise política de uma eleição, tem como uma de suas variáveis a presença e o uso da mídia está fazendo um estudo de comunicação? Um economista que inclui a publicidade e os fluxos de informação na dinâmica atual dos modelos econômicos está fazendo um estudo de comunicação? E um psicólogo que analisa a sexualidade infantil relacionada com o erotismo na tevê?

Exagerando um pouco, poderíamos dizer que dificilmente, hoje, uma análise de qualquer dos aspectos da vida social vai prescindir da referência aos meios de comunicação e aos fluxos de informação.

Vamos constatar, então, que toda a reflexão contemporânea (dentro do campo das ciências sociais) desenvolve estudos da comunicação; sendo assim, pode ser incluída no elenco das teorias da comunicação? Mas, então, qual é a especificidade dessa área?

Esse objeto, supostamente simples e objetivo, na verdade é por demais amplo e não pode ser tomado propriamente como um objeto de estudo definidor de uma área, mas como um aspecto central, uma característica e uma dimensão da sociedade contemporânea. Essa dimensão da vida social, ao ser tratada pelas várias disciplinas, não demarca o terreno particular de uma única.

Se, por um lado, podemos criticar a amplitude e a falta de especificidade desse objeto, pode-se também fazer-lhe a crítica oposta: ao ater-se aos meios, privilegiando a dimensão técnica e o papel do suporte, essa escolha, por outro lado, é restritiva. Fechar o objeto da comunicação no campo das mídias é uma operação redutora, pois exclui as inúmeras práticas comunicativas que edificam e marcam a vida social e não passam pelo terreno das mediações tecnológicas (por exemplo, o rumor, as relações de vizinhança e suas formas comunicativas, os teatros ou as encenações urbanas, entre outras).

Em contraponto a tais críticas (ou limites), mas também por fundar-se em outros pressupostos teóricos, uma outra perspectiva recorta e aponta como objeto da Teoria da Comunicação os processos comunicativos – processos de produção e circulação de informações. Trata-se aqui, igualmente (ou até mais), de um objeto de grande amplitude, que pode ser encontrado em todas as dimensões do mundo biológico, social e mesmo do mundo físico. Baseado nesse recorte é também difícil achar a especificidade da comunicação, pois estudos os mais diversos podem reivindicar seu pertencimento à área.

Um recorte dentro desse recorte, buscando refinar o objeto, vai circunscrever e ater-se aos processos humanos e sociais de produção, circulação e interpretação de sentidos, fundados no simbólico e na linguagem. Ainda assim, é um recorte por demais amplo, que pode se confundir com o estudo das relações sociais – necessariamente fundadas no terreno da cultura, dos sentidos.

Com objetos tão includentes, em que tudo cabe, não ressentiria então a área de comunicação de um objeto específico? Dito de outra maneira: essa definição da comunicação, desdobrada em tantos objetos do mundo (alcançando uma correspondência tão ampla no empírico), pode ser tomada como um campo de conhecimento? Teria a comunicação, como campo de saber, um objeto próprio?

Ouso dizer que o problema com o objeto da comunicação é que sua definição vem sempre apoiada ou referenciada no empírico – e "objetos de conhecimento" não equivalem às coisas do mundo, mas são, antes, formas de conhecê-las; são perspectivas de leitura, são construções do próprio conhecimento.

São essas perspectivas que dão o recorte, indicam a especificidade. Não importa o quão abundantes, espalhadas e permeadas em outras atividades sejam determinadas práticas que chamamos "comunicativas". A especificidade vem do olhar, ou do viés, que permite vê-las e analisá-las como comunicação, isto é, na sua natureza comunicativa.

A interdisciplinaridade

Os problemas vividos pela área da comunicação são explicados – mas também por vezes camuflados – pelo debate sobre sua natureza interdisciplinar. "Disciplinas" são domínios de conhecimento já consolidados, são campos científicos que já estabeleceram uma tradição. Estudos ou campos interdisciplinares referem-se à emergência de novas temáticas que começam a ser estudadas a partir do referencial das áreas já constituídas.

Alguns autores têm buscado distinguir "interdisciplinaridade" e "transdisciplinaridade". A primeira refere-se a determinados temas ou objetos da realidade que são apreendidos e tratados por diferentes ciências. Não acontece aí um deslocamento ou uma alteração no referencial teórico das disciplinas (ele não é "afetado" pelo objeto); é o objeto que "sofre" diferentes olhares.

A transdisciplinaridade, por sua vez, compreenderia um movimento diferente: uma determinada questão ou problema suscita a contribuição de diferentes disciplinas, mas essas contribuições são deslocadas de seu campo de origem e entrecruzam-se num outro lugar – em um novo lugar. São esses deslocamentos e entrecruzamentos – esse transporte teórico – que provocam uma iluminação e uma outra configuração da questão tratada. É esse tratamento híbrido, distinto, que constitui o novo objeto.

Os estudos da comunicação claramente se originaram do aporte de diversas disciplinas; as práticas comunicativas suscitaram o olhar e se transformaram em objeto de estudo das várias ciências. Sua natureza interdisciplinar, fundada no cruzamento de diferentes contribuições, é indiscutível.

Não se trata – ou tem pouca relevância para a discussão que estamos empreendendo – de entrar num debate quanto à interdisciplinaridade ou transdisciplinaridade. Mais importante é, aproveitando a distinção apontada acima, perguntarmo-nos como vêm se dando essas contribuições; se as várias ciências se debruçam sobre os fenômenos comunicativos e constroem leituras específicas e paralelas, trazendo o objeto para seu próprio lugar; ou se há um deslocamento, se o instrumental teórico-metodológico das várias disciplinas se vê modificado pelo objeto e pelas interseções estabelecidas.

Proliferam hoje os estudos comunicativos, baseados em distintas filiações teóricas, vindas de diferentes lugares. O objeto ou as partes do objeto comunicativo são recortados e tratados conforme as perspectivas escolhidas. Se a diversidade de olhares é fecunda, pergunto-me, fazendo uma revisão dos múltiplos trabalhos desenvolvidos e da literatura disponível, se são todos *da* comunicação – marcados por uma perspectiva que é da comunicação – ou se são estudos sociológicos, políticos ou lingüísticos *sobre* a comunicação; se o objeto comunicativo marca a confluência de inúmeras contribuições ou se se vê retalhado e distribuído entre as várias disciplinas.

Diante de tal diversidade de olhares e apreensões a uma abertura tão geral, devemos observar se o rótulo da interdisciplinaridade não estaria estimulando ou camuflando a falta de diálogo e de interseção das contribuições, resultando na falta de especificidade de nosso objeto.

A interdisciplinaridade (e/ou transdisciplinaridade) é um estado transitório – falamos de um trabalho ou estudo interdisciplinar, que é pontual, datado; também, em alguns momentos, de um campo interdisciplinar, sobre uma temática que atrai várias contribuições. Mas se ele é duradouro, se o intercâmbio das tendências começa a criar frutos, se a troca começa a deitar raízes e criar tradições, ela deixa seu estado interdisciplinar e dá origem a uma nova disciplina.

Qual é a situação da comunicação? Depois de um século de estudos, constituímos ainda uma área "interdisciplinar"? A comunicação permanece um lugar de entrecruzamento de diferentes perspectivas e tradições? Ainda não deitou raízes nem começou a consolidar sua própria tradição?

As correntes de estudo

A resposta a essa questão demandaria uma revisão e uma análise criteriosa do nosso patrimônio de estudos – do "estoque" de correntes e tendências que compõem o que chamamos Teoria da Comunicação. Tal esforço ultrapassa os limites e pretensões deste texto e significaria um portentoso trabalho de pesquisa.

De forma mais modesta, e apenas para trazer um outro aspecto dentro desse percurso que orienta a presente reflexão, procurarei traçar um rápido panorama dos estudos e correntes da comunicação.[1]

Autores e livros que tratam das teorias da comunicação impreterivelmente iniciam a apresentação desse panorama com a chamada "Escola Americana" – estudos que tiveram início na década de 1930, nos Estados Unidos, voltados para a análise das funções e dos efeitos dos então chamados "meios de comunicação de massas". Esses estudos se inscreviam notadamente nos marcos da sociologia (funcionalista) e da psicologia social (de orientação behaviorista).

Presença obrigatória é também a Escola de Frankfurt, ou Teoria Crítica – um grupo de autores (filósofos) alemães que, dos anos 1930 a 1960, desenvolveram importantes trabalhos no campo da estética e da crítica da cultura. A bem da verdade, a contribuição (ou a apropriação) dessa tradição para a comunicação está centrada basicamente

[1] A propósito do panorama dos estudos sobre a comunicação, ver: Casasus, 1979; Mattelart e Mattelart, 1986 e 1999; McQuail, 1985; Moragas Spa, 1981; Rüdiger, 1998; Schramm, 1964; Wolf, 1995.

em um texto (e um conceito), que é o ensaio de T. Adorno e M. Horkheimer sobre a indústria cultural. Um autor periférico à escola (associado ao grupo, embora não se inscreva nos marcos da Teoria Crítica), que vem sendo cada vez mais recuperado pelos estudiosos da comunicação, é W. Benjamin (sobretudo seu ensaio sobre a obra de arte na era da reprodução técnica).

Outros autores e correntes têm sua inserção mais pontual ou episódica. Duas tendências americanas, também da primeira metade do século XX – a Escola de Chicago e o interacionismo simbólico –, voltadas para as interações cotidianas, para as cenas urbanas, vêm sendo recuperadas nos últimos tempos como contribuições pertinentes para os estudos da comunicação. São tradições inscritas no campo da sociologia e da psicologia social que, mais ocupadas com as relações e com as formas comunicativas interpessoais, se mantiveram por muito tempo apartadas da pesquisa sobre práticas midiáticas e só muito recentemente vêm sendo incorporadas a esse domínio.

Na tradição francesa, autores ligados à perspectiva estruturalista (dentre os quais se destaca R. Barthes) tornaram-se referências significativas para os pesquisadores da comunicação no terreno de uma semiologia da cultura, da análise dos discursos. Na análise da cultura de massa é necessário resgatar também a significativa contribuição de Edgar Morin.

Ainda no campo da estética, da semiologia e da cultura de massa, sobressai na Itália notadamente a vasta produção intelectual de U. Eco. Pesquisadores italianos também se ocuparam das políticas de comunicação.

Na década de 1970, estudiosos latino-americanos desenvolveram uma perspectiva conceitual própria, desdobrada em duas vertentes: o imperialismo cultural e a comunicação comunitária (ou horizontal). Tais estudos tiveram uma época de grande efervescência e influência, mas hoje encontram-se praticamente esquecidos. Atualmente são os estudos de recepção que ganham um lugar de destaque no campo da pesquisa latino-americana sobre a comunicação.

Aliás, a ênfase na recepção, que teve aqui um desenvolvimento próprio, foi bastante marcada por uma importante corrente – de grande destaque na atualidade –, que são os estudos culturais ingleses. Os estudos culturais (vinculados à Escola de Birmingham) tiveram início por volta da década de 1960 e desdobraram-se em duas direções: análise do papel dos meios de comunicação (sobretudo a televisão) como lugares de produção da cultura contemporânea; análise da audiência, dos contextos de recepção (marcados pelas relações familiares, de gênero, etc.).

Nos Estados Unidos, o estudo dos efeitos dos meios vê-se renovado em novas tendências, como a teoria dos usos e gratificações, a hipótese da "agenda *setting*". Referenciais da antropologia são recuperados na análise dos processos de produção (tendência conhecida como *newsmaking*, que se desenvolve voltada particularmente para o jornalismo).

Um outro tópico presente no panorama dos estudos, com ênfase variável ao longo dos tempos, é a questão da técnica, dos meios ou suportes da comunicação. Um autor pioneiro (além da contribuição vanguardista de W. Benjamin, no ensaio já mencionado) foi McLuhan e seu sugestivo *insight*: "o meio é a mensagem", ainda nos anos 1960. A temática da tecnologia da comunicação é central nos dias de hoje, e aqui as contribuições e autores são numerosos.

A sistematização das temáticas e das tendências contemporâneas é difícil – temos assistido a uma verdadeira explosão de estudos, que se abrem em diversas direções. Além das tendências já citadas, podemos arrolar, mesmo que de forma apenas pontual, várias outras: a discussão da pós-modernidade teve seus ecos no domínio da comunicação; hoje, a ênfase central é na globalização e no multiculturalismo. Também há uma recuperação crescente de autores que tratam da subjetividade, da intersubjetividade, do cotidiano, da experiência e da produção social do sentido. Herdeiro da Teoria Crítica, J. Habermas vem desenvolvendo uma contribuição singular e consistente sobre ação comunicativa e esfera pública. Estudos sobre linguagem, discurso e sentido fazem-se cada vez mais presentes na reflexão sobre a comunicação; as influências e o referencial da semiótica ganham crescente importância.

Enfim, não apenas o leque é extenso, complexo, diversificado, mas, mesmo retratado assim sumariamente, permite uma observação curiosa: se as primeiras referências (as mais antigas) são mais consensuais e até mesmo mais específicas, mais centradas na intervenção e nas características dos meios de comunicação, as últimas, o panorama atual, longe de indicar um maior direcionamento, um maior afunilamento da área, abre-se cada vez mais.

O final do século XX e o limiar do novo século foi/está sendo marcado por profundas convulsões nos sistemas de pensamento; o próprio modelo da ciência encontra-se abalado. Busca-se o pensamento complexo; os leitos disciplinares mostram-se estreitos – a transdisciplinaridade não diz respeito apenas à comunicação, mas à prática científica contemporânea como um todo.

Nesse contexto, não é de se espantar – e é absolutamente salutar – que a comunicação seja tocada pelos debates atuais e traga para seu campo de reflexão as referências teóricas e os autores que mais têm instigado e ajudado a pensar a realidade contemporânea.

Mas aí, de novo, a questão incômoda: grande parte das temáticas e dos autores que arrolamos não propriamente como "da comunicação", mas como referências importantes que nos ajudam a pensar a comunicação – e compõem, portanto, o corpo conceitual, o estoque de conhecimentos que chamamos Teorias da Comunicação –, tanto são as nossas referências como o são de todo o quadro das ciências sociais. Surgem mais uma vez as perguntas: Qual é nossa especificidade? Quem são nossos autores? Quais são nossos conceitos?

Os paradigmas

É absolutamente saudável e enriquecedora a abertura assumida e mantida ainda hoje por nós, pesquisadores da comunicação, para buscar e assimilar as contribuições advindas das várias áreas de conhecimento – filosofia, sociologia, psicologia, lingüística, semiótica, antropologia, educação, ciências da informação e até de campos mais distantes, como a física ou a biologia. O fato de que nossa área não se feche, mas esteja atenta e busque incorporar as diferentes reflexões que pontuam o pensamento atual é fonte de permanente vitalidade. Assim, a reivindicação ou a preocupação com nossa especificidade não significa e não pode ser tomada como uma atitude de fechamento, um movimento para criar fronteiras e tornar-se impermeável às influências dos debates atuais: qualquer iniciativa nessa direção viria representar uma postura retrógrada, imobilizadora, avessa ao espírito de nossa época, que chama aos transbordamentos, às confluências, à mistura, à hibridação.

Nesse aspecto, aliás, o campo da comunicação encontra-se numa situação privilegiada em face de outras áreas, já consolidadas, com uma tradição a preservar, e que, em razão disto, se movem com mais dificuldade, mostram-se mais fechadas, mais rígidas, menos porosas. A comunicação, com sua falta de tradição, nascida de uma dinâmica interdisciplinar, terreno transdisciplinar, representa muito bem a atmosfera atual, que estimula a diluição dos feudos, das demarcações rígidas de terreno, e chama os cruzamentos.

Mas esse movimento de transgressão das fronteiras disciplinares não anula a existência de diferentes perspectivas; não significa que todos falam do mesmo lugar e a mesma coisa; não implica a pasteurização das análises – todas as áreas produzindo as mesmas leituras. Significa, ao contrário, a proliferação dos "pontos de vista" (lugares de onde se vê e se analisa a realidade); a possibilidade de que as mesmas coisas sofram muitas e variadas leituras.

É aqui que a comunicação surge – como uma dessas perspectivas, um desses "pontos de vista". É com essa compreensão que retomo a discussão empreendida por este texto, sobre o objeto da comunicação e a preocupação com nossa especificidade. O lugar da comunicação permite/apresenta um olhar próprio? Uma outra compreensão, uma nova contribuição que vai se somar às demais? Ou nós, pesquisadores da comunicação, apenas recolhemos e repetimos as análises feitas nas outras áreas? Ou antes, não existe esse "lugar", essa "perspectiva da comunicação", mas apenas, como indicam alguns, o objeto empírico – os meios de comunicação, ou a mídia – analisado pelo olhar das muitas disciplinas existentes (e dentro das quais nos colocamos)?

Os avanços já alcançados ao longo do século XX, resultado da confluência de contribuições e do esforço analítico empreendido em torno das práticas comunicativas, indicam-nos claramente as possibilidades do viés comunicacional. Os dois movimentos – os diálogos interdisciplinares e a construção do lugar próprio – não são incompatíveis, mas complementares.

O problema apontado anteriormente (a falta de especificidade) não está, portanto, nessa permanente irrigação, mas na necessidade de melhor construção do "lugar" da comunicação. As influências podem e devem vir numerosas; mas é preciso organizar sua absorção em função de um problema específico, de uma questão própria – que é a própria comunicação. Trata-se, em outras palavras, do modelo comunicativo, do paradigma da área. Retomando a discussão inicial, quando falamos em comunicação estamos falando de quê? Olhando o quê? Qual é o nosso paradigma?

A palavra paradigma vem sendo muito dita atualmente, e sua aplicação indiscriminada dilui o seu conteúdo. Ela é usada de forma genérica para falar de um modelo teórico, e com freqüência é tomada como sinônimo de teoria. Assim, fala-se no paradigma da indústria cultural, no paradigma dos estudos culturais, no paradigma das mediações. Pergunta-se a um pesquisador ou sobre um estudo: "qual é seu paradigma?", para saber das referências teóricas utilizadas.

Ora, paradigma não é bem isso. Se as teorias compreendem sistematizações de conhecimentos, um corpo organizado de idéias, o paradigma refere-se a uma estrutura anterior, subjacente, matricial – é o esquema organizador das teorias. O paradigma direciona a apreensão e o tratamento das teorias; ele é definidor das perguntas a serem respondidas. O paradigma conduz o processo de conhecimento, ordenando a iluminação trazida pelas teorias. Quando usamos o conceito de indústria cultural, por exemplo, ou de mediações culturais, ou do fluxo em duas etapas, eles não são nossos paradigmas – são conceitos, referências teóricas que foram escolhidas e se mostraram pertinentes para aquela análise justamente em função do paradigma utilizado. Assim, quando falamos de paradigma da comunicação, não estamos nos referindo propriamente às teorias acionadas, mas ao esquema cognitivo que nos conduz e nos instrui a ver uma coisa e não outra. Nossos estudos podem nos falar sobre a cultura (pelo olhar da antropologia), sobre as relações (pelo viés sociológico), sobre os discursos produzidos (como feito pela lingüística), ou sobre a comunicação, que dialoga com as demais perspectivas, mas não é a mesma coisa.

O problema da nossa área – o problema do objeto da comunicação – é que ela tem sido muito pouco atenta àquilo que lhe é peculiar. Trabalhando com muitos aportes, os estudos respondem e analisam muitos aspectos, iluminados pelas teorias escolhidas mas, com freqüência, conduzidos por essas teorias, tratam de elementos presentes no processo comunicativo e deixam de responder e apreender *a* comunicação.

Mauro Wolf,[2] de forma muito apropriada, chamou a atenção para isso: os estudos sobre a comunicação utilizam-se de teorias sociais elaboradas, mas trabalham com um modelo comunicativo simplista e simplificador, que é o paradigma informacional. Ao lado desse modelo praticamente hegemônico ele identifica e acrescenta ainda dois outros – o semiótico-informacional e o semiótico-textual.

O paradigma informacional entende a comunicação como um processo de transmissão de mensagens de um emissor para um receptor, provocando determinados efeitos. Não é necessário repetir aqui as numerosas críticas que já lhe foram feitas (unilateralidade, mecanicismo), mas tão-somente chamar a atenção para um aspecto: o movimento analítico por ele provocado segue duas direções básicas. Primeiramente, pautado na naturalidade e na evidência da lógica transmissiva, as análises vão se ocupar dos seus resultados: uma dada mensagem foi ou não bem transmitida, provocou que tipo de efeitos. Um segundo caminho, uma vez que o processo é tomado mecanicamente e cada um de seus elementos tem seu papel fixo, definido previamente, é estudá-los separadamente: estuda-se a lógica da produção, dos emissores; a característica dos meios (natureza técnica, modos operatóricos); as mensagens (conteúdos); a posição e a atitude dos receptores. Diferentes teorias e métodos (buscados na sociologia, política, psicologia social) são acionados para falar de cada um – faz-se uma sociologia dos emissores, uma análise político-ideológica das mensagens e assim por diante.

O modelo semiótico-informacional acrescenta ao primeiro a compreensão da natureza semiótica das mensagens: mais do que um material inerte transportado, as mensagens são unidades de sentido. Essa compreensão provoca um movimento analítico centrado nas estruturas de significação das mensagens. Esse tipo de estudo evoca particularmente a contribuição das ciências da linguagem.

O modelo semiótico-textual quebra o caráter unitário das mensagens, e procura lê-las na sua intertextualidade, desenvolvendo uma semiótica da cultura. Aqui, a presença e o papel dos sujeitos sociais,

---

[2] Wolf, 1995.

mesmo o trabalho de produção e recepção, são negligenciados em função da ênfase na dimensão simbólica e dos sentidos produzidos.

A esses três modelos apontados por Wolf podemos acrescentar também o modelo dialógico, que distingue a comunicação (em contraposição à relação informativa) a partir da bilateralidade do processo, da igualdade de condições e funções estabelecidas entre os interlocutores. Nesse modelo a ênfase é toda centrada na natureza da relação entre os dois pólos, apagando ou desconhecendo os demais aspectos do processo (inclusive a natureza das mensagens e os sentidos produzidos).

Não são muitos mais que esses os paradigmas disponíveis, e sua fragilidade e/ou simplificação são responsáveis pela falta de especificidade dos estudos da área: partindo de um lugar com poucas perguntas, os estudos caminham um pouco à deriva, respondendo e ancorando-se mais no instrumental e nas questões colocadas pelas demais áreas afins.

O percurso e a breve revisão desenvolvidos por este texto tiveram uma finalidade: chamar a atenção e advogar a necessidade de um paradigma mais consistente e complexo para consolidar a área da comunicação. Inúmeras reflexões contemporâneas, assim como o resgate de trabalhos e autores mais antigos, não apenas atestam – pelo seu alcance – a insuficiência do paradigma clássico (emissor/receptor), como trazem os elementos e abrem os caminhos que indicam uma outra forma de tratar a comunicação:

- um processo de troca, ação partilhada, prática concreta, interação – e não apenas um processo de transmissão de mensagens;
- atenção à presença de interlocutores, à intervenção de sujeitos sociais desempenhando papéis, envolvidos em processos de produção e interpretação de sentidos – mais do que simples emissores e receptores;
- identificação dos discursos, formas simbólicas que trazem as marcas de sua produção, dos sujeitos envolvidos, de seu contexto – e não exatamente mensagens;
- apreensão de processos produzidos situacionalmente, manifestações singulares da prática discursiva e do panorama sociocultural de uma sociedade – em lugar do recorte de situações isoladas.

Em suma, a comunicação compreende um processo de produção e compartilhamento de sentidos entre sujeitos interlocutores, realizado por meio de uma materialidade simbólica (da produção de discursos) e inserido em determinado contexto sobre o qual atua e do qual recebe os reflexos.

Poderíamos perguntar o que há de novo nessa configuração, já que, de certa maneira, os mesmos "ingredientes" ou elementos estão aí presentes... Sim, de forma bruta, são os mesmos elementos – mas vistos e dispostos diferentemente. A novidade e a riqueza é que esta outra descrição do processo comunicativo – esta concepção, este esquema teórico de apreensão – busca resgatar a circularidade e a globalidade do processo, a inter-relação entre os elementos que, por sua vez, se constituem, ganham uma nova existência no quadro relacional estabelecido. A especificidade do olhar da comunicação é alcançar a interseção de três dinâmicas básicas: o quadro relacional (relação dos interlocutores); a produção de sentidos (as práticas discursivas); a situação sociocultural (o contexto).

Trata-se portanto, o processo comunicativo, de algo vivo, dinâmico, instituidor – instituidor de sentidos e de relações; lugar não apenas onde os sujeitos dizem, mas também assumem papéis e se constroem socialmente; espaço de realização e renovação da cultura.

É promovendo essa interseção que o viés comunicacional se coloca e se legitima como, de fato, um outro "ponto de vista" (ponto de onde se vê); um lugar frutífero para analisar e compreender a realidade em que vivemos.

Os recortes empíricos possíveis são múltiplos – praticamente infinitos no quadro das situações sociais existentes. Naturalmente eles não se apresentam com a mesma pertinência para os nossos estudos. Sem dúvida, hoje, a potencialidade das novas tecnologias da comunicação, seu papel e centralidade na dinâmica da vida social contemporânea colocam o campo das mídias como um objeto empírico privilegiado. Mas não podemos dizer que são os únicos, ou excluir do campo de estudos da comunicação práticas mais restritas ou pontuais.

A noção de comunicação, de processo comunicativo, deve ser suficientemente sólida e articulada para poder ser aplicada e permitir a análise das mais diferentes situações: a cobertura jornalística de um evento; as estratégias eleitorais de um político; a política interna de comunicação de uma pequena empresa; uma campanha publicitária de cunho social; a performance alcançada pelos membros de um ritual religioso; a relação comunicativa entre médico e paciente, e assim por diante.

Mas deve ser suficientemente específica, direcionada, para nos permitir identificar nessas diferentes situações um mesmo processo básico, fundador. Uma dinâmica que, ao se realizar, converte-se no próprio fulcro da vida social.

É esse *alcance* – permitindo-nos analisar situações tão diferenciadas – e esse *olhar especializado* – possibilitando-nos achar um denominador comum em todas essas situações – que caracterizam o nosso saber e fazem do viés da comunicação um lugar de conhecimento.

Para terminar, e à guisa de ilustração, relato um pequeno episódio, uma conversa que tive com um colega, a respeito de um debate promovido por uma emissora de televisão sobre erotismo na mídia (a proliferação das bundas na tevê). Para esse debate foram convidados um médico, um psicólogo, um advogado, um sociólogo. Comentávamos a ausência de alguém da área da comunicação, indagando: mas ele teria alguma coisa a dizer, além do que os especialistas convidados já estariam dizendo? O papel do especialista em comunicação não seria exatamente promover o debate, ou seja, fazer dialogar esses vários lugares?

Ao fazer essas perguntas, demo-nos conta de que elas estavam assentadas em duas falácias. A primeira delas é supor que o nosso saber já está contido no saber dos especialistas convidados e que estes, por sua vez, se situam em terrenos tão demarcados (são dotados de um saber tão específico) que não se repetiriam. Não é verdade; também o saber que eles detêm é em grande medida compartilhado – só que traduzido de forma própria por cada um, ou de cada lugar. A segunda é que nosso saber é operacional; nosso papel é dispor as falas, promover o diálogo. Sem dúvida, é isso também, e com grande mérito – mas é mais que isso. Para formar bem o profissional que promove esse debate, nós dispomos de um outro saber – que não é o do psicólogo, sobre as atitudes, o do sociólogo, sobre a cultura, o do advogado, sobre a ética e os direitos, o do médico, sobre o corpo. Nossa reflexão incide sobre esse momento fugaz em que a cultura, os valores, os desejos e as fragilidades que habitam a vida social e a existência concreta dos homens tomam formas, são recriados, modificados e, como representações, são reapropriados, convertem-se em modelos, retornam como novas imagens, refletem nos comportamentos e nos corpos – e assim sucessivamente. O especialista da comunicação falaria sobre a natureza dos programas de tevê como parte do movimento da cultura e dos valores de nosso tempo; sobre o papel e a intervenção dos homens que produzem e consomem tais produtos, tais imagens; sobre a dinâmica dessa produção de hoje – que não é totalitária, absoluta, homogênea, mas fragmentada, heterogênea, impura, e que, por meio de seus bons e maus produtos, está – com certeza – viva e em permanente movimento.

Bibliografia

CASASUS, J. M. *Ideología y análisis de medios de comunicación*. Barcelona: Dopesa, 1979.

MATTELART, Armand; MATTELART, Michèle. *Penser les médias*. Paris: La Découverte, 1986.

___________. *História das teorias da comunicação*. São Paulo: Loyola, 1999.

MCQUAIL, D. *Introducción a la teoría de la comunicación de masas*. Barcelona: Paidós, 1985.

MORAGAS SPA, M. *Teorías de la comunicación*. Barcelona: G. Gili, 1981.

RÜDIGER, F. *Introdução à teoria da comunicação*. São Paulo: Edicon, 1998.

SCHRAMM, Wilbur et al. *Panorama da comunicação coletiva*. Rio de Janeiro: Fundo de Cultura, 1964.

WOLF, Mauro. *Teorias da comunicação*. 4. ed. Lisboa: Presença, 1995.

2. O olho do furacão. A cultura da imagem e a crise da visibilidade*

Norval Baitello Junior

Observação preliminar

A necessidade de resgatar cenários futuros, sobretudo em sua capacidade de tecer retrospectivamente diagnósticos do presente, é um dos postulados de uma nova proposta de Teoria da Mídia que vem se desenvolvendo sobretudo na última década. Ancorada sobre o trabalho pioneiro de Harry Pross, recebeu ousados e enriquecedores aportes de áreas próximas e pesquisadores afins, desde Edgar Morin, Michel Serres, Jean Baudrillard e Paul Virilio, até a produção do Centro Interdisciplinar de Pesquisas em Antropologia Histórica de Berlim, em torno de Dietmar Kamper (1936-2001), congregando Christoph Wulf, Hans Belting, Peter Slotterdijk e numeroso grupo. Os estudos do Centro Interdisciplinar de Pesquisas em Semiótica da Cultura e da Mídia de São Paulo têm estado em estreita relação com tais pesquisadores e centros, buscando estabelecer uma base para o diálogo com esses e outros centros. A presente reflexão pretende situar-se nesse quadro de diálogos, concentrando-se em algumas propostas de Dietmar Kamper.

---

* Trabalho apresentado no GT Comunicação e Cultura, para a X Reunião da Compós, Brasília, maio/jun. 2001.

A visibilidade que gera invisibilidades

O trabalho com os diagnósticos da contemporaneidade, sobretudo distanciados das modas e dos climas reinantes que procuram destacar apenas a faceta luminosa dos temas e objetos da comunicação, tem hoje como um de seus principais desafios a busca das invisibilidades, uma vez que a visão, saturada com as intencionalidades da luz, tornou-se a princípio um sentido habilitado apenas para as superfícies iluminadas. A visão para os fenômenos crepusculares e, muito mais ainda, a visão das realidades comunicacionais que se desenrolam nos "limiares semióticos" obscuros foram totalmente recalcados por um saber determinístico completamente discrepante da natureza probabilística de seu objeto, os processos da comunicação. Faz parte desse cenário de recalque ao crepuscular e ao sombrio a exacerbação no culto às imagens e todos os seus templos. A cultura das imagens (e a transformação de toda a natureza tridimensional em planos e superfícies imagéticas) abre as portas para uma crise da visibilidade, dificultando aqui não apenas a percepção das facetas sombrias, mas até mesmo, por saturação, daquelas regiões iluminadas. Assim, como toda visibilidade carrega consigo a invisibilidade correspondente, também a inflação e a exacerbação das imagens agregam um desvalor à própria imagem, enfraquecendo sua força apelativa e tornando os olhares cada vez mais indiferentes, progressivamente cegos, pela incapacidade da visão crepuscular e pela univocidade saturadora das imagens iluminadas e iluminadoras.

Dietmar Kamper, referindo-se à loucura de Hölderlin por volta de 1802, em sua torre em Tübingen, na qual o poeta declara não poder sustentar o sistema de visão e entendimento vivido até então (loucura que muitos acreditavam ser apenas representada), diagnostica que "muito antes do ápice da era óptica já estava anunciada sua decadência: o evanescer da força visionária nos processos culminantes de uma simples observação da observação" (Kamper, 1997: 71-2).

A referência filosófico-literária lembrada por Kamper é emblemática. A "força visionária" passa a ser – cada vez mais – apenas possível fora dos sistemas de visão (e entendimento), porque estes sucumbem em escala vertiginosa ao mal da auto-referência, fracassando em sua missão de conectores. Assim, a observação não conecta senão a si mesma, e a mídia não se refere senão a si mesma.

Corpo e imagem

Como o alimento das imagens é o olhar e como o olhar é um gesto do corpo, transformamos o corpo em alimento do mundo das imagens – refiro-me aqui a um dos tipos de "iconofagia" possíveis (cf. Baitello, 1999b e 2000) – inaugurando um círculo vicioso. Quanto mais vemos, menos vivemos, quanto menos vivemos, mais necessitamos de visibilidade. E quanto mais visibilidade, tanto mais invisibilidade e tanto menos capacidade de olhar. Assim, o primeiro sacrifício desse círculo vicioso termina por ser o próprio corpo, em sua complexidade multifacetada, tátil, olfativa, auditiva, performática e proprioceptiva. A redução do corpo a "observador da observação" é o testemunho mais patente de um processo de perda da propriocepção (o sentido do corpo para a percepção de si mesmo). A transferência das vivências do corpo para o mundo das imagens significa também sua transferência para um tempo *in effigie*, congelado em um eterno presente e, portanto, sem presente. A imagem de um presente será sempre a sua própria ausência. Tal qual já estava presente na palavra latina *imago,* a imagem se associa ao retrato da morte.[1]

A perda do presente

O jornalista e comunicólogo Dominik Klenk, em seu livro *"Gegenwartsverlust" in der Kommunikationsgesellschaft* ("Perda do presente" na sociedade da comunicação), trabalhando com conceitos de Martin Buber, oferece alguns dados concretos de um

[1] A palavra latina *imago* possui um significado recorrente de "retrato (de pessoa morta), sombra, espectro, cópia, imitação, lembrança, fantasma, visão". Sua origem indo-européia não é clara, tendo como um possível radical mais próximo o verbo *magh-*, com o significado de "ter poder". Desse radical vem a palavra presente no latim vulgar *exmagare*, significando "tirar as forças". Do mesmo radical indo-euro-

país relativamente conservador no que diz respeito ao crescimento da mídia visual elétrica (a República Federal da Alemanha): a comparação do tempo gasto com a mídia (jornal, rádio e televisão) e o tempo de trabalho nos anos de 1964 e 1990. A relação é respectivamente de 3 para 8 horas (trabalho) em 1964 e de 5,5 para 6,5 horas diárias (mídia) em 1990. Além disso, o consumo da mídia passou a ocupar, em 1990, 70% do total de tempo livre de cada indivíduo. Klenk nos apresenta, à parte o pressuposto buberiano de construção do "eu" a partir de formas dialógicas com o outro, um quadro crescente de transformação do presente vivido corporalmente em presente vivido imageticamente, *in effigie*.

Ainda a respeito do fenômeno da perda do presente e sua relação com a escalada dos sentidos de distância, Walter Benjamin aponta para a mesma direção, de maneira assustadoramente visionária, quando define a perda da aura trazida pela reprodutibilidade técnica e a conseqüente substituição do "valor de culto" pelo "valor de exposição". Enquanto a aura seria uma "aparição única de uma distância, por mais próxima que estivesse" (cf. Benjamin, 1980: 480), as imagens em profusão, trazidas pela reprodutibilidade, deverão exercer a função de "aparições múltiplas de uma proximidade, por mais distante que esteja". Benjamin nos apresenta a alma das transposições planas: superfícies multiplicadas de uma proximidade sem profundidade, aparências de tatilidades que se resumem a superfícies sob superfícies, repetidas e idênticas, repetição de presenças sem presente.

---

peu, acrescendo-se o sufixo *–ana*, resulta a palavra ática */maXana/*, com o sentido de "invenção engenhosa".
Se buscamos a palavra alemã *Bild*, teremos também uma origem remota obscura, mas que com certeza vem do radical germânico *bil-*, com o significado de "poder (mágico)".
Se tomamos a palavra grega *eikon*, teremos também uma origem obscura, porém a palavra grega *eidolon* significa "imagem, reflexo". Segundo Junito de Souza Brandão (1991: 322), *eidolon*, como *eidos*, "pressupõem o indo-europeu *weid* que exprime a idéia de 'ver' e de 'saber'. Não há que se estranhar [segue J. S. Brandão] no caso o *ver* e o *saber*: é que sendo o *eidolon* uma réplica do morto, ele é uma *imagem* que se *vê* e, por conservar um resíduo latente de *consciência*, é algo que se *sabe*. Em termos de mito e religião grega, *eidolon* é uma espécie de 'corpo astral, insubstancial', um simulacro que reproduz os traços exatos do falecido em seus derradeiros momentos".
Assim, o indo-europeu *weid-* dá origem não apenas aos gregos *eidos*, "forma, imagem", e *eidolon*, "imagem, ídolo", mas também ao verbo latino *video*, "ver".

Dietmar Kamper refere-se, em seu *Unmögliche Gegenwart* (Presente impossível), a um

> triunfo do olho sobre os outros sentidos humanos. As máquinas de imagens trabalham com força total no mundo inteiro. Velhas e novas mídias da visibilidade se superam [a cada dia]. Uma parte cada vez maior das coisas que existem ocorrem [apenas] no olhar (Kamper, 1995: 54).

E acrescenta logo adiante:

> Ver permanece superficial. A profundidade do mundo não é para o olho. E quando o olhar penetra, apenas aumentam novamente as superfícies e as superficialidades. A era óptica já o provou *ex negatio*. Seu lema "Tornar visível todo o invisível" era duplamente enganoso. Não se acercou do invisível e produziu uma nova invisibilidade (Kamper, 1995: 57).

O corpo invisível

Entre as instâncias sem dúvida mais atingidas por esse processo de crescente transferência de valor, por um lado, e agregação de desvalor, por outro, como vimos, está o próprio corpo, em sua motricidade, em sua comunicabilidade, em suas qualidades biofísicas e em suas qualidades culturais, de arquivo vivo e memória da história e da cultura humanas.

A crescente transformação do corpo em imagem do corpo tem história e histórias. E sua inicial indiferença e posterior cegueira, como resposta a esse processo, também. O que seria então o corpo que não se enxerga, não se sente, não se percebe? Por quais caminhos chega-se a esse grau de negação? E por que um corpo se torna invisível para si e para outros corpos? Um corpo invisível seria um não-corpo ou um corpo-máquina, um supercorpo, que, em busca de si mesmo, fugiu para a bidimensionalidade, para a unidimensionalidade ou mesmo para a nulidimensionalidade? Haveria algum cenário possível, ainda que remoto, de superposição e entrelaçamento simultâneos de todas as realidades dimensionais em uma só, sem que uma se impusesse sobre as demais como instância recalcadora?

A verdade é que vivemos hoje sob a marcha triunfal das realidades bidimensionais que trazem em sua alma as fórmulas abstratas da nulidimensão: por trás de uma imagem sintética já não há sequer uma imagem concreta e muito menos um corpo de matéria tridimensional; há apenas o conceito abstrato de entidades numéricas, codificações sem tatilidades. Dietmar Kamper descreve, em uma singular brochura editada pelo Vilém Flusser Archiv, sediado na Kunsthochschule für Medien Köln, uma conferência performática de Vilém Flusser, na qual este expõe com o próprio corpo os quatro passos no caminho da abstração crescente:

> Ele [Flusser] caminhou para trás, falando e gesticulando sobre o palco do auditório, até bater com as costas na lousa. Depois veio de novo para a frente do palco e lecionou (*dozierte*) sobre a tecnoimaginação e as imagens sintéticas. (...) Antes como depois, as sugestões de Flusser, de como se pode efetivar a volta dos retrocessos históricos da abstração, não me parecem convincentes. [Mas] a situação de o homem depender de seus artefatos e estar, como sujeito, submetido a eles raramente foi apresentada e demonstrada de maneira tão imparcial como o fez o último Flusser (Kamper, 1999: 5-6).

O próprio Flusser escreve em seu *Vom Subjekt zum Projekt. Menschwerdung* (Do sujeito ao projeto. Hominização):

> Com o primeiro passo de retorno do mundo da vida (*Lebenswelt*) – do contexto das coisas que dizem respeito ao homem – tornamo-nos manipuladores e a práxis que se segue é a produção de instrumentos. Com o segundo passo de retorno – dessa vez saindo da tridimensionalidade das coisas manipuladas – tornamo-nos observadores e a práxis que se segue é o fazer imagens. Com o terceiro passo de retorno – dessa vez saindo da bidimensionalidade da imaginação – tornamo-nos descritores e a práxis que se segue é a produção de textos. Com o quarto passo de retorno – dessa vez saindo da unidimensionalidade da escrita alfabética – tornamo-nos calculadores e a práxis que se segue é a moderna técnica. Esse quarto passo em direção à abstração total – em direção à nulidimensionalidade – foi dado pela Renascença e atualmente está completo (Flusser, 1998: 21-2).

Flusser oferece-nos uma das chaves para o processo de desmaterialização do corpo, na perda crescente das dimensões do espaço do corpo e do seu tempo de vida (cf. Blumenberg). Os efeitos sobre a pluralidade da existência sensorial são com certeza imprevisíveis, porque o processo atua sobre as bases da propriocepção, gerando um corpo que apenas se vê quando é visto, se observa quando é observado, jamais se sente porque não pode ser sentido.

Assim, também se pode considerar que jamais o gesto civilizatório do olhar, a visão e sua hipertrofia tenham causado efeitos tão devastadores sobre a cultura e a existência humanas. Tal qual o olho de um furacão.

Bibliografia

BAITELLO, N. As imagens que nos devoram. In: <www.sescsp.com.br> (Seminário Imagem e Violência). 2000.

__________. Imagem e violência. A perda do presente. In: *São Paulo em Perspectiva*. Revista da Fundação Seade. v. 13, n. 3, jul./set. 1999a.

__________. Der bilderfressende Mensch, das menschenfressende Bild [O homem devorador de imagens, a imagem devoradora de homens]. Conferência no seminário *Bild und Gewalt, Haus der Kulturen der Welt*, Berlim, 14-15 jan. 1999b.

BENJAMIN, W. *Gesammelte Schriften*, I.2. Frankfurt: Suhrkamp, 1980.

BLUMENBERG, H. *Tempo della vita e tempo del mondo*. Bolonha: Il Mulino, 1996.

BRANDÃO, J. S. *Dicionário mítico-etimológico da mitologia grega*. Petrópolis: Vozes, 1991.

FLUSSER, V. *Vom Subjekt zum Projekt. Menschwerdung*. Frankfurt: Fischer, 1998.

KAMPER, D. *Unmögliche Gegenwart. Zur Theorie der Phantasie*. Munique: Fink, 1995.

__________. Die Enttäuschung des Sehens [A desilusão do ver]. In: *Im Souterrain der Bilder. Die schwarze Madonna*. Bodenheim: Philo, 1997.

___________. *Körper-Abstraktionen. Das anthropologische Viereck von Raum, Fläche, Linie und Punkt*. Colônia: Vilém Flusser Archiv, 1999.

KLENK, Dominik. "*Gegenwartsverlust*" *in der Kommunikationsgesellschaft*. Münster: Lit, 1998.

MACKENSEN, L. *Reclams Etymologisches Wörterbuch der deutschen Sprache*. Stuttgart: Reclam, 1966.

ROBERTS, E. A.; PASTOR, B. *Diccionario etimológico indoeuropeo de la lengua española.* Madri: Alianza, 1996.

3. Aspectos estruturais e ontogênicos da interatividade*

Monica Tavares

A interatividade

A interatividade é uma qualidade própria das NTC que garante a conversibilidade dos dados sob forma numérica; assegura a comutação da informação e, desse modo, garante ao receptor a possibilidade de intervir instantaneamente sobre a mensagem, ao atualizar os estados possíveis de sua matriz operacional.

Esse fenômeno delimita uma relação recíproca entre o usuário e o sistema. Dessa maneira, um sistema é dito interativo quando permite ao receptor responder de forma imediata às perguntas ou solicitações a ele propostas pelo próprio sistema (ou vice-versa). O que a interatividade torna possível é o diálogo do operador humano com as diversas linguagens – codificadas a partir de estruturas lógico-matemáticas memorizadas nas rotinas dos programas. Esse diálogo em tempo real possibilita a transformação dos dados estruturais de uma determinada informação.

O conceito de interatividade originou-se a partir da contribuição do *Sketchpad* de Ivan Sutherland. Em sua tese de doutoramento, defendida no MIT e datada de 1962, o usuário do *Sketchpad* poderia desenhar diretamente sobre o tubo de raios catódicos, a partir da utilização de uma *light-pen,* visualizando a geração de figuras geométricas quase que imediatamente; esse sistema dá um passo decisivo na fundamentação do desenvolvi-

* Trabalho apresentado no GT Criação e Poéticas Digitais, para a X Reunião da Compós, Brasília, maio/jun. 2001.

mento das pesquisas na área da computação gráfica interativa (Goodman, 1987: 21-2).

A princípio, é interessante apreender o conceito de interatividade como uma categoria da comunicação, que, segundo Weissberg,[1] é assim vista como "... un mode singulier de commerce entre des subjectivités et des supports obéissant à des contraintes particulières, dont leur 'programmaticité', au sens informatique du terme, est certainement la principale".[2] Pode-se destacá-la sob uma dupla determinação: de um lado, referida a partir de uma autocomunicação (em que a informação é dirigida ao próprio receptor e o programa funciona como estimulador da composição do papel a ser por ele desempenhado); e, do outro, estabelecida com base em uma metacomunicação (já que, ao atualizar os programas concebidos por outros, o receptor passa a fabricar os seus próprios programas).

Weissberg entende que a interatividade comporta-se como *simulation de l'autre*, em que *l'autre* se refere a um horizonte ou referência, e não a uma presença suscetível de estar implicado ao idêntico. Com isso, releva o aspecto complementar de ela (a interatividade) construir seu *spect-acteur*, da mesma maneira que o livro constrói seu leitor e um público do leitor.

Ademais, esse autor acrescenta que a noção de interatividade como "simulação do outro" traz, no seu bojo, a separação entre *l'interactivité de commande* e *l'interactivité langagière*. Se, na segunda, a linguagem é o vetor principal da interação, na primeira, destaca-se a noção de "simulação corporal", na qual o corpo é transformado em um conjunto de competências limitadas ao interior de quadros de ações simuladas (por exemplo: *videogames*, mundos virtuais baseados na comunicação por avatares interpostos, etc.).[3] Essa

[1] In: <http://hypermedia.univ-paris8.fr/Weissberg/presence/5.html:3-5>.

[2] "... um modo singular de comércio entre subjetividades e suportes obedecendo a sujeições particulares, cuja 'programaticidade', no sentido informático do termo, é certamente a principal".

[3] Todavia, essas duas dimensões ignoram um outro tipo de interatividade não referida como qualidade humana do *interactant*, então definida por Weissberg como automática, que, por sua vez, explora as potencialidades próprias de certos programas informáticos (por exemplo: obras que utilizam programas de vida artificial, literatura gerada por computador, etc.). Ademais, esse autor ainda acrescenta a *interactivité*

maneira de pensar a interatividade é valiosa, pois desloca a problemática da interatividade do âmbito simplesmente técnico e instrumental e traz, em função de sua especificidade comunicacional e, conseqüentemente, produtiva, a perspectiva de encará-la como um fenômeno potencializador de processos de recriação.

Contudo, é também importante apreender o modo como se estruturam e se organizam as diferentes possibilidades de interação, com base na premissa de que o procedimento poético-tecnológico é determinante na produção e, por conseguinte, na recepção de uma imagem interativa. Nesse sentido, nossa intenção será agora estabelecer diferentes níveis de interatividade tomados em função do modo de apropriação da obra pelo receptor.

Para Lévy (1999: 79-83), a possibilidade de reapropriação e de recombinação material da mensagem por parte do receptor marca um fator fundamental na avaliação do grau de interatividade. Esse grau é distinto para cada mídia e pode ser medido em eixos diferentes. Assim sendo, o autor destaca cinco eixos de análise que, ao se mesclarem, complexificam a apreensão da interatividade:

1. As possibilidades de apropriação e de personalização da mensagem, ligadas ao eixo do dispositivo informacional, que qualificam a estrutura da mensagem ou o modo de relação dos elementos de informação, podendo a mensagem assim comportar-se: a) linear (música, romance ou cinema); b) em rede (dicionários, hiperdocumentos); c) em fluxo, em que os dados se colocam em estado contínuo de modificação, de acordo com as instruções dadas pelo receptor, então mediadas pelas interfaces utilizadas; d) em mundo virtual, em que as informações são dispostas em espaço contínuo e não em rede (Lévy, 1999: 62-3).

2. A reciprocidade da comunicação, ligada ao eixo do dispositivo comunicacional, que designa a relação entre participantes da comunicação, distinguida em três princípios: a) um–todos, em estrela (a

---

voilée, relativa às novas gerações de objetos inteligentes (*smart rooms* ou *smart clothes*, etc.), que incorporam uma certa capacidade reflexiva em aprender hábitos humanos. Neste último caso, os objetos são possuidores de uma reatividade, que se ajustam ao comportamento do homem. In: <http://hypermedia.univ-paris8.fr/Weissberg/presence/5.html:8-9>.

imprensa, o rádio e a televisão; b) um–um, em rede [4] (correio, telefone); c) todos–todos, no espaço (conferências eletrônicas, sistemas para ensino ou trabalho cooperativo, mundos virtuais com diversos participantes, www) (Lévy, 1999: 63-4).

3. O pólo da virtualidade no sentido da possibilidade de cálculo computacional, que enfatiza a atualização da imagem em tempo real por um programa, a partir de um modelo e de um fluxo de dados de entrada. Representa o universo dos possíveis calculáveis a partir de um modelo digital e de entradas fornecidas pelos usuários (sistemas de hipertexto, banco de dados, sistemas especializados, simulações interativas, etc.) (Lévy, 1999: 73-4).

4. A implicação da imagem dos participantes nas mensagens, vinculada ao pólo da virtualidade no sentido do dispositivo informacional (Lévy, 1999: 72).

5. A telepresença, considerada como uma projeção virtual de uma pessoa em outro ambiente para comunicar e agir a distância em tempo real.[5]

Não desconsiderando as implicações entre esses cinco eixos de análise que ampliam a investigação dos diferentes tipos de interatividade, focalizaremos a atenção nos pólos dos dispositivos informacionais (em rede, em fluxo, em mundos virtuais) tomados no cruzamento com os dispositivos comunicacionais (um–um e todos–todos). Desse modo, estabelecer-se-ão, por um lado, as possibilidades estruturais de constituição das mensagens, e, por outro, as possibilidades de relações entre os participantes.

[4] Além da relação recíproca entre interlocutores dada em rede, é bom destacar que a troca entre obra e receptor pode acontecer no interior de um espaço delimitado pelo receptor e pela aparelhagem numérica que compõe a obra interativa (computador e interfaces), ou seja, não necessariamente por meio das redes telemáticas. Esta observação demarca uma diferenciação entre obras realizadas *on-line* e *off-line*.

[5] Segundo Fisher (1996: 2/31, 4/31), essas experiências são realizadas por meio de tecnologias que dão a impressão de o receptor estar fisicamente presente em um local ou tempo diferentes daqueles dentro dos quais ele se encontra na realidade. Elas colocam em destaque a noção de virtual e de distância, já que favorecem a imersão do receptor na imagem, assim como o desenvolvimento e o controle de um ponto de vista subjetivo, multissensorial.

É bom lembrar que, como afirma Lévy (1999: 63), tanto os dispositivos informacionais quanto os comunicacionais independem dos sentidos implicados pela recepção e também do modo de representação da informação, ou seja, eles engendram estruturalmente as possibilidades de interação, potencializando a construção da obra e, conseqüentemente, a sua apropriação por parte do receptor, comportando-se ela (a obra) primeiramente como o espaço de troca entre esses elementos.

Dessa maneira, a seguir examinaremos o que cada um desses dispositivos de informação e de comunicação trazem de novidade para o exame da interatividade.

Os dispositivos informacionais em rede e codificados digitalmente potencializam a remissão múltipla, tal como já acontece em dicionários, enciclopédias, bibliotecas, etc. Com a informação numérica surgem os hiperdocumentos (documentos multimodais interativos de suporte digital, tal qual define Lévy, 1999: 65) ou hipertextos (na idéia mais ampla de "texto"), que, em oposição ao texto linear, são constituídos por vários nós e por *links* entre esses nós, possibilitando assim a ligação entre estes últimos (Lévy, 1999: 56).

Os dispositivos informacionais em fluxo apresentam os dados em estado contínuo de modificação, podendo ser percorridos e atualizados pelo receptor, já que se encontram dispersos em memórias e canais interconectados. Esses dados são apresentados ao receptor de acordo com as suas instruções, haja vista os programas, os sistemas de cartografia dinâmica ou outras ferramentas utilizadas para a navegação. Já nos dispositivos informacionais em mundo virtual, a informação é disposta em um espaço contínuo, sendo determinada em função da posição ocupada pelo receptor ou pelo representante dele nesse mundo (subentende-se aqui a noção de imersão) (Lévy, 1999: 62).

Quanto aos dispositivos comunicacionais, a categoria um–um destaca as relações recíprocas entre interlocutores (contato de indivíduo a indivíduo ou ponto a ponto). Já a categoria todos–todos possibilita a construção de um contexto comum, assegurada pela troca comunitária e cooperativa entre os participantes. Como exemplos têm-se: os mundos virtuais para diversos participantes, a www, etc. (Lévy, 1999: 63).

Esses dispositivos (principalmente os informacionais – em fluxo e em mundos virtuais – e o comunicacional – todos–todos) trazem novas estruturas, que ampliam consideravelmente as possibilidades de diálogo "midiatizado". Por sua vez, podem sugerir distintas categorias de interatividade, que implicariam diferentes modos de apropriação da obra (seleção e combinação da mensagem) por parte do receptor.

Por outro lado, considerando o modo de constituição dos diálogos entre obra e receptor, podemos também distinguir, a partir de Ascott (1995: 4), dois tipos de interatividade, a saber: a *trivial* e a *non-trivial*, que, a nosso ver, se identificam tanto com a classificação proposta por Holtz-Bonneau (apud Vittadini, 1995: 168-9), de interatividade de seleção e de conteúdo, quanto com as noções de interatividade simulada (fraca ou forte)[6] e real, sugeridas por Marie-Hélène Tramus (apud Schaeffer, 1996: 39/53, 42/53).

A diferença básica e geral é que, na interatividade trivial, de seleção ou simulada, o receptor atualiza apenas o potencial de escolhas embutido na obra, enquanto na interatividade não-trivial, na de conteúdo ou real, tornada mais propícia no domínio da comunicação *on-line*, o receptor pode enriquecer e transformar a informação que circula ou que está estocada nos terminais.

A seguir, analisaremos separadamente cada uma dessas três classificações acerca da interatividade (trivial e não-trivial, de seleção e de conteúdo, simulada e real).

A interatividade trivial está relacionada a sistemas fechados (*finite data sets*); atualiza-se num jogo finito de opções, e as ações do receptor desenvolvem-se dentro de limites pré-programados; de certo modo, é o artista que possui o controle do processo. Contrariamente

[6] Wallstein (1989: 98-9) também defende a categorização da interatividade, em fraca e forte. Segundo o autor, nos serviços de interatividade forte, o usuário pode reagir ao seu interlocutor, intervindo na comunicação. Tecnicamente, a rede teria de assegurar a bidirecionalidade e a simetria, no sentido de poder veicular a troca mútua e simultânea. Já nos serviços de interatividade fraca (ou média), a rede deveria ser bidirecional, mas não necessariamente o seria simétrica. Implica um diálogo pobre entre o usuário e o serviço, marcado por ações do tipo sim ou não. Ele ainda admite os serviços de interatividade nula, exemplificando-os por meio da radiodifusão ou da teledistribuição pura. Nesse caso, a rede de ligação entre usuário e emissor da informação seria unidirecional. Wallstein sugere que a interatividade forte implica um tempo de resposta curto entre emissor e receptor, inequivocamente contestável. Mas é interessante destacar que, nos tipos de interatividade trivial, de seleção ou simulada, a comunicação também é assegurada em tempo real. Logo, a classificação de interatividade por ele proposta limita-se ao contexto de suas implicações comunicacionais.

a esse tipo de interatividade, Ascott (1995: 4) propõe a interatividade não-trivial, que se desenvolve de forma aberta; é infinita na capacidade, por acomodar novas variáveis; é própria de sistemas (*open-ended systems*) nos quais as ações se desenvolvem pela mediação em rede ou por algoritmos evolutivos; nesse caso, o controle é do usuário (receptor) ou do *environment* (obra).

Para Holtz-Bonneau (apud Vittadini, 1995: 168-9), a interatividade de seleção é exercida por meio das escolhas de caminho, de busca ou de operações que o receptor estabelece. O resultado de sua implicação nesse tipo de interação (o aspecto não totalmente previsível, *a priori*, de sua ação) constitui-se pelo caminho por ele realizado ou pela combinação inédita dos objetivos diversos da consulta, que o levam a estabelecer os significados possíveis; a descoberta desenvolve-se fora da dimensão da própria interação, mas se realiza na sua própria mente (por exemplo: consultas a bancos de dados). Já na interatividade de conteúdo, a implicação do usuário é criativa e exercida por meio da ativação de uma série de possibilidades de ação previstas pelo sistema para chegar à realização de um produto. O aspecto não totalmente previsível da ação do receptor está aqui representado pela combinação das possíveis opções configuradas no sistema, que, por sua vez, o conduzem à conclusão de um objetivo, de uma meta, etc.

Já a interatividade simulada coloca em relação o receptor e o programa, concebido no intuito de o primeiro elemento poder interagir com o segundo. Essa espécie de interatividade é predeterminada pela matriz operacional do programa, em que o receptor não tem meio de ação sobre ela ou sobre as reações que dela se encadeiam. De acordo com Tramus (apud Schaeffer, 1996: 39/53, 42/53), existem dois tipos de interatividade simulada: a fraca, quando o receptor se limita a dar as ordens que o programa vai executar; e a interatividade forte, quando o programa retorna com outras tarefas para o receptor continuar a executá-las. Já a interatividade real consiste em colocar em relação direta dois ou mais receptores graças à interface numérica que lhes serve de lugar de encontro virtual. Cada um dos receptores pode ser capaz de transformar os estados intencionais do outro.

Desse modo, sugere-se que, na trivial, de seleção ou simulada, o receptor tende a escolher e combinar elementos inseridos num esquema predefinido de opções; todavia, quanto maior o número de interações sugeridas pelo artista (e contidas nos modelos lógico-matemáticos), maior será o campo de possibilidades a percorrer. As interações obra–receptor se desenvolveriam, então, com base em estruturas predefinidas.

Cabe aqui demarcar que, em razão da finitude dessas possibilidades, tende-se geralmente a ocultar ou dissimular essa limitação ao receptor. Para simular uma liberdade de diálogo e assim camuflar esse limite, o artista propõe e constrói o chamado "efeito de liberdade" (Lippmann, apud Vittadini, 1995: 164): por um lado, sugerindo um número cada vez maior de opções e de combinações entre elas; e, por outro, detendo-se na forma de apresentação das opções de interação, implicadas na poética por ele proposta. Esse efeito é construído para que a comunicação interativa e "midiatizada" seja percebida como análoga à comunicação interpessoal, numa espécie de interatividade simulada forte, indicando, desse modo, a transição entre simulada fraca e forte.

Já na interatividade não-trivial, de conteúdo ou real, a combinação das ações (de um ou vários receptores) se pautaria na direção de que a obra vai-se construindo pela confluência de ações sucessivas, sendo que ao artista caberia o papel de propor, coordenar, delimitar e operacionalizar a estrutura de interação visando garantir uma obra em constante transformação.

Assim sendo, com base no cruzamento entre os modos de relação dos elementos da informação e de relação entre os participantes (identificados aos dispositivos informacionais e comunicacionais antes analisados), estabeleceremos níveis diferentes de interação, também caracterizados a partir da distinção entre não-trivial *versus* trivial, de conteúdo *versus* de seleção, simulada *versus* real; esses níveis firmam-se na intenção de relacionar modos distintos de apropriação da obra por parte do receptor.[7] Essa análise independe do tipo de mensagem e propõe-se como uma espécie de mapa das possibilidades de efetivação da interatividade.

[7] Entendemos que é em função do procedimento poético-tecnológico empregado pelo artista que se estabelece o modo como a imagem se configura; conseqüentemente, implicando a estratégia de participação proposta e, por sua vez, o modo de interatividade a ela inerente.

Ao se demarcarem essas diferentes categorias de interatividade, configuram-se então as condições estruturais de diálogo estabelecidas em relação aos dispositivos informacionais e comunicacionais, dispostos em mão do artista para criar a obra e, nas do receptor, para reconstruí-la.

Essas condições estruturais sugerem e indicam a possibilidade de realização de categorias distintas de obras (hiperdocumentos, imagens em memória, instalações interativas, *environments* artificiais, *environments* virtuais, etc.), que podem se manifestar também conectadas em redes telemáticas, absorvendo assim outras particularidades.

A Tabela 1, a seguir, identifica as possibilidades de interação, categorizando-as em função do modo de diálogo entre obra e receptor, então decorrente das especificidades informacional e comunicacional, estruturalmente inerentes ao aporte tecnológico passível de ser utilizado. São essas estruturas que o artista pode vir a empregar na definição de sua proposta poética.

Cumpre ainda esclarecer que, em razão da possibilidade de hibridização entre os meios, propiciada pela condição numérica das imagens interativas, cada categoria pode vir a se saturar em outra, vencendo os limites específicos entre elas. Desse modo, é necessário lembrar que essa classificação não é rígida, nem estática, mas que funciona como um guia de apreensão e entendimento das possibilidades de interatividade.

Esse fenômeno aparece, por conseguinte, como potencializador de novas formas de controle e acesso do receptor sobre a obra, não se esquecendo que é o grau de informação por ele apresentado a condição *sine qua non* para o êxito da comunicação.

TABELA 1
As possibilidades estruturais da interatividade

DISPOSITIVOS DE COMUNICAÇÃO		DISPOSITIVOS DE INFORMAÇÃO			
		em rede hiperdocumentos finitude de possibilidades	em rede hiperdocumentos [1] campo dos possíveis	em fluxo	mundo virtual [2]
um–um	*off-line*	trivial de seleção simulada fraca Ex.: sistemas de hipertexto fixos	não-trivial de seleção simulada fraca Ex.: obra potencial; imagens em memória	não-trivial de conteúdo simulada forte Ex.: simulações interativas	não-trivial de conteúdo simulada forte Ex.: realidade virtual
	on-line	trivial de seleção simulada fraca Ex.: banco de dados fixos	não-trivial de conteúdo simulada forte Ex.: *knowbots*	não-trivial de conteúdo simulada forte Ex.: navegação sobre a www	não-trivial de conteúdo simulada forte Ex.: sistemas de VRML
todos–todos		não-trivial de conteúdo real Ex.: hiperdocumentos abertos	não-trivial de conteúdo real Ex.: sistema de publicações em uma comunidade de pesquisa; listas de discussões	não-trivial de conteúdo real Ex.: comunicação a distância por sistemas de teleconferências, de câmeras ou autômatos	não-trivial de conteúdo real Ex.: ambientes compartilhados, MUD ou MOO [3]

Fonte: Com base em Lévy (1999: 82-83).

---

[1] Esta categoria de dispositivo informacional é bastante utilizada (mas não necessariamente) na realização de trabalhos que põem o receptor em interface com o próprio computador, em analogia ao que Penny (1996: 4-6) define como *screen-based "hypertextual works"*.

[2] Lévy (1999: 72) afirma que, em sentido amplo, há duas características distintivas do mundo virtual: a imersão e a navegação por proximidade.

[3] Mult-User Dungeon e Mud Object Oriented referem-se a espécies de ambientes virtuais interativos e comunitários, desenvolvidos na rede.

A ontogênese cibernética

O fenômeno da interação mediado pelas tecnologias eletrônicas pressupõe-se como um processo de realimentação, em que cada ação do receptor condiciona uma conseqüente re-ação da máquina (e vice-versa), possibilitando um contínuo diálogo entre esses elementos.

Tal pressuposto encontra fundamento nos princípios da teoria da cibernética. Com a noção de *feedback* considera-se que tanto a fonte quanto o destinatário podem reciprocamente desempenhar ora a função de emissor, ora a de receptor, quebrando com a estrutura de linearidade (anteriormente proposta por Shannon e Weaver) e a esta contrapondo a concepção de circularidade.

Esse fenômeno distingue-se pela capacidade de introduzir um *loop* ou circuito informacional onde antes havia um fluxo unidirecional. O *feedback* garante exatamente a ação–reação que decorre da relação de causa e efeito entre dados de entrada e dados de saída, sendo que essa relação pode ser invertida a qualquer momento. A relação de causalidade é aberta quando o efeito é simplesmente função da causa exterior aplicada; ela é fechada quando o efeito global depende não só da causa exterior, mas da natureza, da intensidade e da demora da reação, que reenvia parte de seus efeitos sobre as causas que os originaram (Moles e Rohmer, 1977: 39-40).

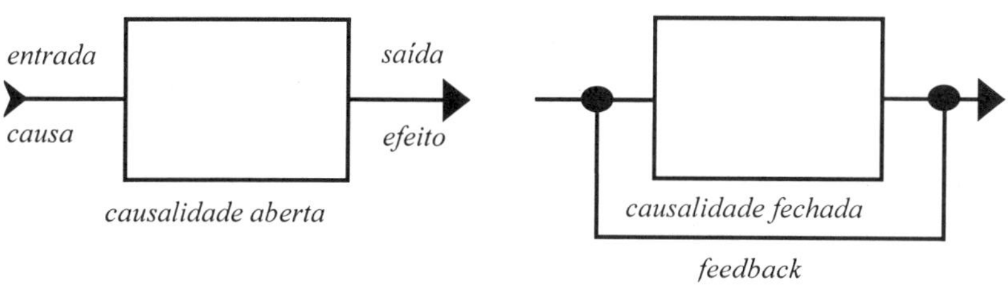

Figura 1 – Tipos de causalidade, segundo a teoria cibernética
Fonte: Moles & Rohmer (1977: 39).

A continuidade das ações e reações mantém-se em função do grau de resistência que elas oferecem, sendo que esse processo não se deve exclusivamente às potencialidades técnicas e tecnológicas, mas também em função da estrutura de percepção fenomenal do indivíduo.

Nesse *continuum* entre ação e reação não só interferem as questões de estímulo gerador das mudanças ou as de especificidade das ações, mas também aquelas outras relativas às próprias idiossincrasias do sujeito envolvido na interação. Sob o ponto de vista da fenomenologia dos atos, esses três elementos intervenientes do processo induzem o receptor a uma resposta que, por sua vez, conforme Moles e Rohmer (1977: 35-8), pode ser traduzida em uma ação energética ou não-energética. A primeira seria o ato propriamente dito, a segunda estaria no plano das opiniões, das idéias, etc. É óbvio que tal processo não se mostra reduzido a uma questão de causa e efeito; nele, deve-se considerar a taxa de aleatoriedade, que escapa de uma funcionalidade mais precisa.

Por outro lado, já que uma imagem aparece para nós mediada pelos seus suportes, então o processo de ação/reação é por eles potencializado, pois tecnicamente asseguram a comunicação como um processo bidirecional. O *feedback* proposto induz a troca entre imagem e receptor, a eles permitindo exercer e desempenhar alternadamente ora o papel de emissor, ora o de receptor. Nessas ações e reações, estão subentendidos sucessivos processos de tradução.

É o aporte da energia elétrica que sustenta a perspectiva de os processos e as técnicas serem traduzidos em sistemas de informação, com isso potencializando o "... poder especificamente humano de traduzir a experiência de um sentido isolado para todos os demais sentidos". As máquinas que decorrem desse tipo de energia são capazes de produzir "conhecimento aplicado", em que a noção de "'aplicado' significa traduzido ou conduzido de uma espécie de forma material para outra" (McLuhan, 1974: 78-81).

Desse modo, nas máquinas automáticas (como o próprio nome indica, aquelas utilizadas na categoria de participação mediada automaticamente[8]), pode-se considerar que, de acordo com McLuhan

[8] Nesse caso, o receptor é inserido e envolvido num tipo de obra, que é expressa sensivelmente e se constrói a partir do uso de artefatos auto-reguladores, então programados para finalidades poéticas específicas (Tavares, 2000: 85-92).

(1974: 392), a geração e a transmissão de energias já estavam separadas do processo de tradução da informação ou aplicação do conhecimento (fato este comum a quaisquer estruturas que envolvem o *feedback*), podendo ser a energia aplicada, indiferente e rapidamente, em distintas tarefas.

Nesses mecanismos, o efeito por eles produzido já age sobre a causa que o gerou, todavia tornam evidente um sistema auto-regulador ou de retroação negativa, no qual a realimentação funciona como uma espécie de reflexo condicionado, como definiria Wiener (1970: 33). Ou seja, a estrutura básica desse tipo de retroalimentação, conforme a teoria dos sistemas (Bertalanffy, 1993: 169), sugere o esquema clássico de estímulo–resposta, em que a cadeia de retroação faz com que a causalidade se manifeste circularmente, mantendo assim o seu funcionamento.

Já na participação mediada instantaneamente,[9] o aporte das tecnologias eletrônicas destaca um deslocamento qualitativo em relação às práticas de participação (as mediadas corporal[10] e automaticamente) (Tavares, 2000: 70-101), pois se demarca a possibilidade de desenvolver-se uma realimentação por aprendizagem (não excluindo a de reflexo condicionado). Agora é a máquina de tipo digital que incorpora, por meio de mecanismos de retroação positiva, receptores sensórios que ao serem acionados desempenham a função de captadores, considerados como os elementos indicadores do desempenho do sistema[11] (Wiener, 1970: 33). Esse tipo de *feedback* é de ordem superior, e a retroação é dita positiva, em razão de o sistema comportar-se de maneira auto-amplificadora. Nele, a experiência passada é utilizada tanto para regular os movimentos específicos, quanto a política de comportamento.

[9] Esse tipo de participação delimita a possibilidade de ação recíproca em modo dialógico entre distintos receptores e/ou estabelecida de per si em tempo real sobre a estrutura da obra.

[10] Esse tipo de participação se consolida predominantemente no nível dos substitutos secundários, pois se desenvolve na dependência da energia corporal e/ou ferramentas e instrumentos elementares (Plaza, 1987: 50). Ademais, requer o envolvimento corporal e cognitivo do receptor, como meio de assegurar a comunicação com a obra.

[11] Estes são conectados a elementos comparadores que, em função da informação transmitida, comandam a reação da máquina.

Diante do aqui exposto, pode-se admitir que, a depender da poética que uma dada obra expõe, implicada pelas propostas de interação viabilizadas a partir das interfaces utilizadas (*hardware* e *software*), o receptor pode vir a agir de duas maneiras (não excludentes) sobre o banco de dados numéricos. Esses dois modos de ação corresponderiam, em analogia com a cibernética, às retroações auto-reguladora e auto-amplificadora. Seja ao reproduzir a retroação negativa ou a retroação positiva, o que mantém o sistema em funcionamento é a ação mútua e simultânea entre receptor e obra.

No caso da retroação negativa, evidencia-se um processo de realimentação circular. O *feedback* reativo[12] entre obra e receptor manifesta-se ao atualizar, por meio de *inputs*, as opções de escolha já predeterminadas e sugeridas pela obra, que se encontram armazenadas em memória. Trata-se de uma regulação em constância, sendo que a finalidade do sistema manifesta-se no propósito de manter o seu comportamento (manter-se em equilíbrio, em homeostase[13]), apesar de a característica digital dos sistemas empregados incorporar, pela aleatoriedade e combinatória a eles inerentes, a possibilidade do não-esgotamento da finitude de opções a explorar. Os possíveis desvios tendem a ser compensados, e assim, quaisquer que sejam as interações realizadas, a obra mantém-se idêntica a sua forma original, prevista pelo artista, mesmo que, a cada interação, ela possa mostrar-se de modo diferente. O receptor tende a atualizar as limitadas possibilidades de ação que a obra comporta. Ou seja, as possibilidades de articulação dos significantes (escolha e combinação) mostram-se finitas.

Já no *feedback* positivo, o receptor, ao agir sobre a estrutura de um banco de dados, propõe uma reorganização da obra (de sua idéia-modelo) a partir da articulação de suas variáveis (regras tecnológicas) (Plaza e Tavares, 1998: 40). Nesse caso, ele estaria incitado, como já disse Moles (1990: 258-9), a não simplesmente fazer novas obras, mas sim criar novas artes, na intenção de apreender-se o infinito pelo

---

12 Como exemplo desses sistemas, têm-se os quiosques eletrônicos criados na intenção de orientar os usuários de *shoppings*, aeroportos, etc. para a aquisição de uma dada informação (compra de bilhetes, roteiros de caminhos, etc.).

13 Ou seja, estado de equilíbrio de um organismo vivo em relação às suas funções e à composição química de seus fluidos e tecidos.

artifício do finito (1990: 133). Aqui, a perspectiva envolvida é de o receptor, se não definir o algoritmo combinatório, recriar, a partir das regras estruturais já nele predefinidas, uma multiplicidade de novas artes, reconfirmando a máxima de que, na arte, as regras são finitas e os eventos infinitos. Logo, ressaltam-se a diferença entre a noção de finitude das possibilidades a atualizar (por essência, reativa ou auto-adaptativa, em semelhança a uma auto-regulação negativa) e o conceito de "campo dos possíveis" a ser explorado pelo receptor (por essência, instável ou autodidata, em analogia a uma auto-regulação positiva); nesse último caso, ele passaria a agir como uma espécie de metacriador.

Ainda com base na cibernética (Epstein,1986: 31-53), poderíamos admitir que nessa noção de "obra como modelo", referida no parágrafo anterior (ou segundo as suas várias denominações: "obra combinatória", "obra-mãe", "obra matricial" ou "obra permutatória"), o sistema de participação comportar-se-ia na tendência à instabilidade, pois a possibilidade de sua desintegração (em razão dos desvios) assegura uma mudança de patamar de funcionamento desse sistema. Ademais, dando margem à criação de novas artes. Essa transformação pode ser identificada naquelas experiências artísticas que se utilizam das pesquisas de vida artificial e reconhecimento de formas, visto que, nesses casos, o programa de tratamento da informação vai sendo elaborado e aperfeiçoado à medida que o seu funcionamento é assegurado por uma auto-aprendizagem. Poder-se-ia até admitir que esses tipos de sistemas sugerem uma espécie de rompimento da homeostase, ou seja, incorporam no seu desenvolvimento um período de transformação, que instaura uma reconfiguração do sistema em outro(s), sem contudo perder a sua estrutura formal, mas manifestando-se como um sistema que em si é isomórfico, e que pode vir a gerar outros distintos, de caráter homomórfico. No intuito de melhor caracterizar a diferença entre o *feedback* negativo e o *feedback* positivo, daremos os seguintes exemplos.

O primeiro deles, a imagem *Continue* de Dieter Kiessling, deixa-se ver por meio de uma participação mediada instantaneamente, mas a ação do receptor é requerida com base num diálogo, que funciona semelhantemente a um sistema auto-regulador, de retroação negativa.

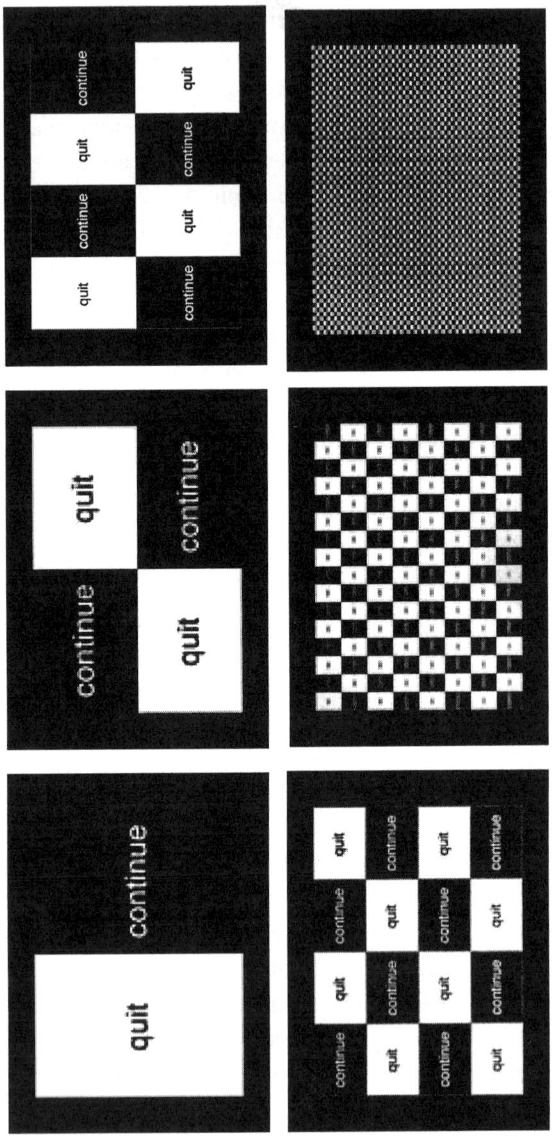

FIGURA 2 – "Continue" (1997), Dieter Kiessling.
Fonte: Artintact 4 (Germany, Cantz Verlag, 1997).

O trabalho sugere uma analogia em relação às leis que regem as noções de código binário. A cada nova demanda do receptor, ele se depara com uma nova tela (0/1) – *Quit or Continue? Sim ou Não? Branco ou Preto?* – até chegar, pelas sucessivas ações e reações preestabelecidas no programa, no limite da imagem composta pelo número total de *pixels* que comporta a tela. Essa analogia foi proposta como forma de transgredir a estrutura binária própria aos meios tecnológicos, no intuito de vencer a "margem de indeterminação" (Simondon, 1969) que a própria máquina oferece.

Os nós comportam-se como *triggers* da cadeia de significação, permitindo a continuidade na compreensão dos significados. As associações por similaridade mostram-se como mantenedoras da seqüência das ações. No primeiro momento, a escolha potencializa aquilo que é da ordem das qualidades de sentimento ou aparência; no segundo, concretiza-se a ação que é sugerida pelo indicador *continue*; e, no terceiro, legitimam-se as interpretações e assim sucessivamente.

A estrutura do hipertexto é utilizada de uma maneira simples, mas numa intenção crítica, ao mesmo tempo em que possibilita à imagem mostrar-se em função de suas qualidades icônicas, apesar de a participação demandada ao receptor estruturar-se com base num *feedback* reativo. Aqui, a imagem permite apenas ao usuário atualizar as opções para ele dispostas na tela, induzindo-o a refletir sobre a própria utilização do meio como forma de criação. Desse modo, o não-esgotamento das possibilidades (que o meio em potencial dispõe) sugere em contraponto uma reflexão interrogativa, colocando a obra na polaridade entre o "novo" e o "velho", demarcando uma exploração dos limites entre eles. E é desse conflito que resulta a poética proposta.

Essa imagem mostra-se como um claro exemplo de uma participação mediada instantaneamente, pois o aporte tecnológico permite-lhe a restauração dos dados de forma imediata. Ao imitar ou simular uma ação/reação em cadeia, a obra é construída à semelhança de um sistema de retroação auto-reguladora, intencionalmente utilizado no intuito de ora evidenciá-lo ora negá-lo, já que é dessa dialética (entre o sim e o não) que a obra se reconstrói. Mesmo ao utilizar a complexidade eletrônica, enfatiza-se uma ação/reação de estrutura circular, contudo requisitando-se do receptor não simplesmente uma recepção ótica (baseada no hábito), mas necessariamente uma recepção tátil (baseada no uso), como diria Benjamin (1993: 192-4), dada a qualidade poética apresentada pela imagem. Como exemplo de obra que, em analogia à cibernética, se utiliza do *feedback* positivo ou da retroação auto-amplificadora, cabe evidenciar o trabalho *A-volve*, de C. Sommerer e L. Mignonneau.[14]

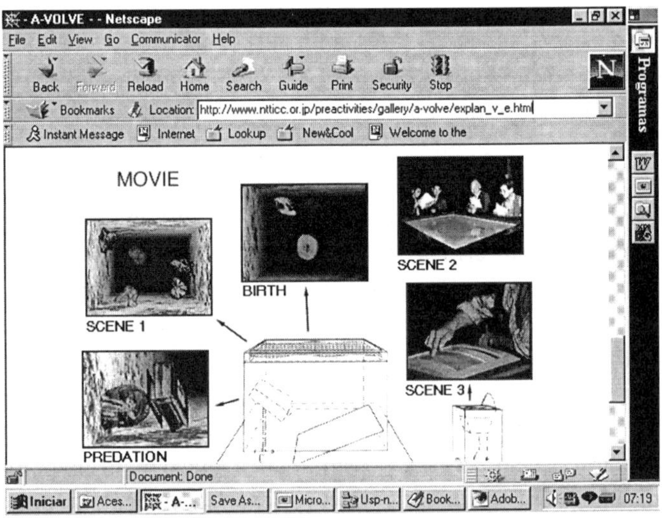

Figura 3 – "A-Volve"(1994), C. Sommerer & L. Mignonneau.
Fonte: Sommerer & Mignonneau (<http://www.ntticc.or.jp/preactivities/gallery/a-volve/explan_v_e.html>).

[14] In: <http://kultur.aec.at/lab/futureweb/english/prix/indexe.html>.

Nesse *environment* interativo, os receptores podem interagir com organismos virtuais que se locomovem num espaço real de uma piscina cheia de água. Sobre uma tela sensitiva, o receptor desenha uma determinada forma bidimensional que, ao ser visualizada nessa piscina, é imediatamente percebida como uma criatura tridimensional movente. Tal como um organismo vivo, essa criatura tridimensional é sensível ao movimento da mão do receptor, pois reage de acordo com o gesto por ele impresso. Tais organismos movem-se, nadam e podem se auto-reproduzir, já que são gerados a partir de algoritmos que embutem leis de evolução.

Nessa obra, o receptor pode fazer parte da recriação do sistema evolutivo, já que o comportamento de cada nova criatura depende tanto da sua forma (que é por ele articulada) quanto do modo como ele estabelece a interação. A água é utilizada como metáfora do nascimento, e cada nova criatura se apresenta como um ícone do modelo matemático responsável pela sua geração, que por sua vez assegura, em tempo real, as possíveis e futuras mudanças de forma.

Não simplesmente se atualiza o banco de dados a partir das regras estruturais já predefinidas, mas principalmente, como afirmam os próprios artistas, cria-se uma espécie de *living system*, representado pelas trocas diretas e simultâneas entre o receptor e as sucessivas gerações de criaturas artificiais.

Diante do exposto, inicialmente, o que se torna explícito é a diferenciação (de caráter ontogênico) entre obras que, mesmo ao demandarem uma participação mediada instantaneamente, se mostram ou na tendência do *feedback* negativo (sistemas reativos) ou do *feedback* positivo (sistemas instáveis). Ademais, a nossa intenção implícita foi deslocar o eixo do debate, do contexto simplesmente tecnológico para o criativo, já que se propôs, com base nos exemplos apresentados, destacar que ambas as imagens trazem, no escopo dos seus projetos criativos, a pretensão de solicitar um tipo de receptor informado, que saiba galgar e recuperar o papel de recriador; para tanto, devendo atualizar a proposta poética, condicionada ao procedimento tecnológico adotado.

Nesses dois casos, a proposta de inserção do receptor é pontualmente marcada pela instantaneidade, o que lhes distingue tecnologicamente como interativos. Contudo, entre elas, demarca-se uma diferença, de cunho estrutural, já que, na obra de *feedback* negativo (a primeira analisada), a estrutura do funcionamento de uma máquina automática auto-adaptativa é metaforicamente traduzida para o novo meio (o eletrônico), no propósito poético de demarcar a sua própria negação. Mesmo ao reproduzir um sistema auto-regulador, essa obra sobressai pelo seu caráter criativo. Logo, chama a atenção que a diferença entre elas não é da ordem do pensamento criativo, já que ambas demarcam a qualidade estética na sua proposta de interação, mas sim da ordem do instrumental, então configurada na dialética entre reativo *versus* instável.

A diferenciação antes exposta destaca a perspectiva de a obra *Continue* apresentar-se qualitativamente por vencer o limite oferecido pelo meio[15] (em exceção, já que os sistemas reativos estruturalmente tendem a manter-se em repetição, não demandando a originalidade). Tal distinção é sobretudo importante, pois (ao se destacar o caráter estruturador do *feedback* negativo) à nossa mente remete-se um grande número de trabalhos (produzidos a partir da instantaneidade) que, ao basicamente privilegiarem (sem proposta poética que assim se justifique) o caráter auto-regulador das máquinas automáticas do período industrial-mecânico (inerentes aos sistemas reativos), se auto-intitulam interativos, em razão simplesmente da possibilidade de uma resposta imediata.

E aqui, esta nossa observação é reforçada a partir das idéias de Enzensberger e de Williams (apud Machado, 1997: 144-5), que, desde a década de 1970, já pressupunham (mesmo que indiretamente) essa distinção. O primeiro, ao destacar a noção de interatividade como um mecanismo de troca permanente de papéis entre emissores e receptores; e o segundo, ao admitir o conceito de interatividade na "... possibilidade de resposta autônoma, criativa e não prevista da audiência, ou mesmo no limite, a substituição total dos pólos emissor e receptor pela idéia mais estimulante dos agentes intercomunicadores (...)".

Todavia, se esta troca chega a existir, uma coisa é certa, ela só se torna evidente por meio de um receptor informado e, por isso mesmo, situado na prazerosa dicotomia entre deslocar-se da função de

[15] Não esqueçamos que a intenção dos artistas cinéticos era justamente vencer a finalidade pragmática implícita a essas máquinas automáticas reativas.

receptor e dedicar-se recriativamente ao papel de emissor. Aqui, recupera-se a noção de que a possibilidade de o receptor agir sobre a obra não o coloca necessariamente na condição de recriador nem na de co-autor, mas sim dá, com certeza, condição de ele tornar-se um operador ou ator, no pressuposto do neologismo proposto por Weissberg: *spect-acteur*.[16]

Outrossim, não minimizando a distinção anteriormente exposta (sistema reativo *versus* instável), que se baseia em pressupostos bem distintos para a captura do receptor, cumpre relevar dois pontos que nos permitem, a partir deste momento, delimitar (com base na cibernética) diretrizes estruturais de formação de uma imagem interativa.

A primeira diretriz trazida pelo aporte do imediato e do instantâneo destaca a garantia de a ação mútua e simultânea dar-se entre sistema e receptor; a segunda evidencia a potencialidade das NTC em produzir o *feedback* positivo (apesar de também incorporar, pela possibilidade de tradução entre meios, o *feedback* negativo); desse modo, podendo vir a ser utilizado como forma de engajar o receptor em uma atividade recriativa.

Bibliografia

Ascott, Roy. The A-Z of interactive arts. *Leonardo Eletronic Almanac*, v. 3, n. 11, nov. 1995. In: <http://mitpress.mit.edu/ejournals/LEA/ARTICLES/ASCOTT4.html>.

Benjamin, Walter. A obra de arte na era de sua reprodutibilidade técnica. In: *Magia e técnica, arte e política*: obras escolhidas. 5. ed. São Paulo: Brasiliense, 1993. v. 1. p. 165-96.

Bertalanffy, Ludwig von. *Teoría general de los sistemas*. Madri: Fondo de Cultura Económica, 1993.

Epstein, Isaac. *Cibernética*. São Paulo: Ática, 1986.

Fisher, Scott. L'après simulation. In: *Actualité du virtuel*. Paris: Centre George Pompidou, 1996. CD-Rom.

[16] Remetendo à noção de *acte*, esse termo destaca o sentido gestual em oposição à apreciação mental, visto que o traço de união reforça a função perceptiva (*spect*), na idéia de "... regarder à l'accomplissement de l'acte" (in: <http://hypermedia.univ-paris8.fr/Weissberg/presence/5.html:2>. Segue a tradução: "...olhar para o cumprimento do ato").

GOODMAN, Cynthia. *Digital visions*: computer and arts. Nova York: Harry N. Abrams, 1987.

KIESSLING, Dieter. Continue. In: *Artintact 4*. Germany: ZKM, 1997. CD-Rom.

LÉVY, Pierre. *Cibercultura*. São Paulo: Editora 34, 1999.

MACHADO, Arlindo. Hipermídia: o labirinto como metáfora. In: DOMINGUES, Diana (Org.). *A arte no século XXI:* a humanização das tecnologias. São Paulo: Editora da Unesp, 1997. p. 144-56.

MCLUHAN, Marshall. *Os meios de comunicação como extensões do homem*. São Paulo: Cultrix, 1974.

MOLES, Abraham. *Arte e computador*. Lisboa: Ed. Afrontamento, 1990.

MOLES, Abraham; ROHMER, Élisabeth. *Théorie des actes*: vers une écologie des actions. Bélgica: Casterman, 1977.

PENNY, Simon. From A to D and back again: the emerging aesthetics of interactive art. *Leonardo Electronic Almanac,* v. 4, n. 4, p. 4-7, 1996. In: <www.mitpress.mit.edu/LEA>.

PLAZA, Julio. *Tradução intersemiótica*. São Paulo: Perspectiva, 1987.

PLAZA, Julio; TAVARES, Monica. *Os processos criativos com os meios eletrônicos*: poéticas digitais. São Paulo: Hucitec, 1998.

SCHAEFFER, Jean-Marie. Arts et médias numériques. In: *Actualité du virtuel*. Paris: Centre George Pompidou, 1996. CD-Rom.

SIMONDON, Gilbert. *Du mode d'existence des objets tecniques*. Paris: Aubier-Montaigne, 1969.

SOMMERER, C.; MIGNONNEAU, L. A-volve. In: <http://kultur.aec.at/lab/futureweb/english/prix/indexe.html>.

__________. A-volve. In: <http://www.ntticc.or.jp/preactivities/gallery/a-volve/explan_v_e.html>.

TAVARES, Monica. *A recepção no contexto das poéticas interativas*. São Paulo: Escola de Comunicações e Artes da USP, 2000. Tese de doutorado.

VITTADINI, Nicoletta. Comunicar con los nuevos media. In: BETTETINI, Gianfranco; COLOMBO, Fausto (Orgs.). *Las nuevas tecnologías de la comunicación*. Barcelona/Buenos Aires: Ed. Paidós, 1995. p. 103-76.

WALLSTEIN, René. *Les vidéocommunications*. Paris: PUF, 1989.

WEISSBERG, Jean-Louis. *Présences à distance;* déplacement virtuel et réseaux numériques: pourquoi nous ne croyons plus la télévision. In: <http://hypermedia.univ-paris8.fr/>.

WIENER, Norbert. *Cibernética e sociedade:* o uso humano de seres humanos. São Paulo: Cultrix, 1970.

4. Memória e recepção: lembranças do sensacional*

Marialva Barbosa

Considerações iniciais

Este texto é parte integrante de um projeto de pesquisa, que conta com o auxílio do CNPq e da FAPERJ, cujo objetivo é reconstruir a história da imprensa no Rio de Janeiro pelo olhar do leitor, tomando também como pressuposto a idéia de que pelas memórias do passado é possível apreender a lógica receptiva dos leitores que, com sua própria leitura, constroem uma dada história da imprensa.

Neste ensaio destacamos a importância da percepção da memória como construção do presente para o entendimento do processo de recepção. Uma tipologia de notícia – as chamadas notas sensacionais – é enfocada nessa análise, pela importância que ganha na história da imprensa dos anos 1920.

Um crime e a memória da recepção...

Rio de Janeiro, final dos anos 1920. No noticiário do jornais um crime ganha repercussão. Roberto Rodrigues, um jovem de apenas 23 anos, é baleado na redação do jornal dirigido por seu pai, por uma mulher que se sentira caluniada pelas notícias sobre o seu desquite veiculadas por aquele jornal. A notícia policial, ou as "tragédias", como

---

* Trabalho apresentado no GT Mídia e Recepção, para a X Reunião da Compós, Brasília, maio/jun. 2001.

era chamada, dominava a imprensa da época e passa a ser a característica inflexiva da imprensa carioca na década de 1920.

Essas notícias possuem uma série de marcas singulares: alicerçadas nos fatos anteriores ao próprio acontecimento, essas reportagens contêm, a rigor, duas histórias, a do crime e a de seus antecedentes, que englobam outras notícias semelhantes.

O narrador conta não apenas "o que se passou efetivamente", ou explica de que forma tomara conhecimento daqueles fatos, como também transporta para o relato algo que, de certa forma, já é do conhecimento do público. A popularidade da vítima, sua bondade e originalidade, por exemplo, podem vir destacadas no texto ao relembrar a sua vida. Mas, ao particularizar esses detalhes, o narrador compõe uma seqüência textual na qual o leitor também pode se visualizar.

O fato e a trama das notícias policiais mostram, assim, não apenas o que se passou, mas evocam uma realidade, acontecimentos semelhantes que se desenrolam na vida dos próprios leitores. Ao se perceberem na narrativa, aumentam a identificação com o veículo, que materializa suas vidas de forma romanceada.

O crime passa a ser detalhe secundário na trama. Interessam tanto ou mais a particularização da vítima, a descrição quotidiana de sua vida, dos seus hábitos e tudo o que a transforma numa pessoa e não apenas num personagem.

Era essa lógica narrativa que dominava as chamadas "notas sensacionais", produzindo um entendimento da trama e uma percepção receptiva do jornal diferenciados, nos quais as formas de leitura têm papel central.

Essas formas de leitura e essa memória da recepção do sensacional podem ser encontradas em narrativas plurais, incluindo o próprio gênero memorialístico.

Luiz Costa Lima (1986: 187-239) chama a atenção para as diferentes formas que o gênero memorialístico adota: o autor pode ser testemunha de uma época ou apresentar sua experiência diante de algo capital, assumindo uma direção analítico-teórica ou analítico-narrativa. Consideradas como um gênero literário, as memórias seriam, pois, uma forma específica de comunicação, com regras e exigências que as distinguiriam de outros gêneros, como o ficcional.

Os gêneros são molduras menores que se integram a cada discurso, como modalidades de sua manifestação. Adotando regras básicas que orientam o próprio processo de comunicação, as memórias, o romance, a lírica, entre outros, podem ser vistos como gêneros pertencentes a um mesmo *corpus* de texto, no caso o discurso literário.

Ao visualizar a autobiografia como um gênero dentro do discurso literário, consideramos dois pressupostos: o do indivíduo relatando sua experiência de vida e a sua própria independência diante de um discurso ficcional. A autobiografia e a ficção seriam espécies discursivas distintas. Na ficção o eu empírico do escritor é suporte de invenção, enquanto na autobiografia é fonte de experiências que o autor tentará transmitir (Costa Lima, 1986: 260-99).

Como então trabalhar nessa intercessão memória e recepção? Ou melhor, de que forma a memória, como conceito, pode ajudar a construir o mundo da recepção?

Em primeiro lugar é preciso perceber memória como um conjunto de relações, de acumulação de fatos e, sobretudo, como uma dialética entre lembrança e esquecimento. A memória seria uma seletiva reconstrução do passado, baseada em ações subseqüentes – ou seja, não localizáveis nesse passado –, em percepções e novos códigos, mediante os quais se delineia, se simboliza e se classifica o mundo. A memória não preservaria o passado, mas o adaptaria, para enriquecer e manipular o presente (Lowenthal, 1989). A memória é uma construção do presente, na qual tem lugar central a percepção do mundo dos envolvidos no ato da lembrança ou do esquecimento.

Há que sublinhar também a característica social da memória. Mesmo os relatos baseados em memórias individuais são, por natureza, sociais, uma vez que foram produzidos por indivíduos inscritos num grupo a partir de suas referências dentro desse grupo. Além disso, reportam-se a símbolos, sinais sociais e não seriam recuperados sem as imagens do passado que ainda têm significação na memória coletiva hoje. A memória é uma operação de natureza simbólica.

Dessa forma, pode-se falar de uma memória do público contida nos relatos que particularizam as suas leituras diferenciadas e plurais. E por meio desses registros chega-se às formas de apreensão de sentido desse público ou às apropriações diferenciadas que faziam do mundo a sua volta.

Leituras de uma tragédia...

No dia 27 de dezembro de 1929, o leitor que abriu o jornal *Crítica* viu estampada na sua primeira página uma grande manchete sobre mais um crime: "A meretriz Sylvia Thibau alvejou a bala em premeditada emboscada, levada a efeito na tarde de ontem nesta redação, o nosso companheiro Roberto Rodrigues".

Ao noticiar o fato, o jornal destaca de maneira emocional a brutalidade que se abatera sobre a cúpula do jornal. Roberto Rodrigues, filho do diretor Mário Rodrigues, é descrito em minúcias, fazendo com que se torne um personagem reconhecido do leitor. "Apesar de sua pouca idade, Roberto Rodrigues não tem na sua vida de artista e de homem um fato desses que a adolescência explica e absolve. Austero nos seus costumes íntimos, já chefe de família, sua vida é um exemplo de circunspecção".

No calor dos acontecimentos, o leitor tem a reconstrução do fato em uma descrição também pormenorizada.

> Como era dos seus hábitos, já às 15 horas da tarde de ontem, Roberto Rodrigues encontrava-se nesta redação palestrando com vários companheiros. Em dado momento, sem fazer-se anunciar, de maneira insólita a criminosa, útero dos apaziguados de Assis Chateaubriand, penetra esta redação e, dirigindo-se ao primeiro que lhe veio ao encontro, indaga, em desembaraço e impolidez, se o nosso diretor, Dr. Mário Rodrigues, estava presente.

E continua:

> Obtendo resposta negativa, isso não a impediu contudo de ir até a porta do gabinete da chefia de redação cuja porta empurrou, examinando o interior do aposento inteiramente vazio e propício, pois, ao seu plano sanguinário. Ato contínuo dirigiu-se ao nosso companheiro Roberto e, sem alteração nenhuma da voz, gesto ou fisionomia, disse-lhe desejar falar-lhe (*Crítica*, 27 dez. 1929, p. 8).

A descrição coloca o leitor na cena, isto é, na redação de *Crítica*. "Roberto, que se encontrava sentado, levantou-se à aproximação da mulher e cortesmente indicou-lhe uma cadeira ao lado, dispondo-se a ouvi-la".

A seguir informam que a mulher preferiu encaminhar-se ao gabinete ao lado, por tratar-se de um lugar mais reservado, tendo em vista o aspecto particular do assunto que tinha a tratar. Criando um clima de suspense, o texto apela a todos os sentidos.

> Minutos após, do gabinete da chefia da redação, para onde os dois se haviam retirado, partia uma detonação, seguida de um apelo de socorro clamado pelo nosso Roberto. Imediatamente ao estampido, ao grito e ao baque do corpo, os que se achavam na sala da redação lançaram-se ao local de onde viera a detonação, indo encontrar a criminosa, em cinismo sorridente, de arma fumegando à mão e, ao solo, estorcendo-se com o ventre perfurado, Roberto, vítima da emboscada e da vilania da amante de todos os flibusteiros de imprensa dessa terra (idem).

A narrativa implica, por outro lado, uma integração do leitor àquele mundo. Ao se identificar com a notícia, sai de seu lugar natural (o de leitor) e integra-se ao mundo do relato, para depois voltar novamente ao seu lugar natural. Evidentemente, quando evocamos referimo-nos a uma "função" de leitor, implícita mesmo no texto, da mesma maneira que implícita também está a função de narrador.

Segundo Todorov (1979), essa função de leitor estaria inscrita no próprio texto, com a mesma precisão dos movimentos dos personagens. Ao interpretar a leitura, ao se apropriar das mensagens de forma diferenciada, ou simplesmente ao proceder a uma interpretação, o leitor sairia do mundo dos personagens e voltaria ao seu lugar natural, o que pressupõe uma construção textual empreendida pelo próprio leitor. O público, dentro dessa concepção, é sobretudo autor.

Como um narrador onisciente e onipresente, o jornalista recompõe a trama, destacando elementos que conduzem necessariamente à reflexão e à participação do leitor na apreensão do sentido daquele texto. Um crime premeditado, frio, cruelmente arquitetado contra um jovem adolescente que fazia serenamente o seu trabalho. Como não sentir asco, repulsa, indignação?

Mesmo os que visualizam aquele mundo como distante percebem, nas marcas distintivas do texto, elementos que o tornam próximo. A indignação, o asco e a dor são atitudes previsíveis em uma narrativa que apela sobretudo a valores emocionais.

Um texto composto com esses ingredientes remete a leituras diversas: participativa, comentada, particularizada nos dias subseqüentes, quando a composição da trama ainda está fixada no leitor ou ainda é imaginada como verídica.

Na sua teoria da interpretação, Paul Ricoeur (1991) afirma que faz parte da significação do texto estar aberto a um número indefinido de leitores e, por extensão, de interpretações. A leitura, como um fenômeno social, obedece a certos padrões e sofre limitações específicas. Um texto, em princípio, seria dirigido àqueles que poderiam reter a sua mensagem, mas é preciso estar ciente de a obra criar ela mesma seu público, alargando o círculo e iniciando novos modos de comunicação.

Os fatos cotidianos descritos nessas notícias que envolvem crimes, desastres, roubos, incêndios, enfim, as tragédias diárias transportam para aqueles textos uma cidade real, composta de lugares existentes e personagens identificáveis. A sociedade parece de tal forma contida naquelas narrativas que o leitor tem a impressão não só de estar em contato, como também de estar participando dessa realidade. Compondo o texto a partir de um mundo, o repórter gera um novo mundo. Mas também o leitor recompõe o texto gerando um novo universo.

Esse mundo mescla realismo e romance. As notícias sensacionais remontam a estrutura narrativa dos folhetins, embora os personagens sejam retirados da realidade. O leitor deseja também a edição fantasiosa de sua realidade. E os jornais se apressam em atender a essa expectativa cultural existente entre o público.

Ao transpor a realidade para a narrativa, o autor das notas sensacionais constrói, na verdade, personagens e representações arquetípicas. Quando consegue isso produz uma narrativa que representa a existência, atingindo diretamente o público. Não é a representação de dados concretos que produz o senso da realidade, mas é a sugestão de uma certa generalidade que dá consistência tanto aos dados particulares do real quanto aos do mundo fictício.

> Sylvia Thibau, a sós com Roberto Rodrigues, verberou asperamente a reportagem que ontem foi publicada sobre o seu desquite. *Gentleman*, Roberto procurou, com a mesma delicadeza, explicar a

> atitude do jornal, mas a meretriz não deu tempo, trazia o crime premeditado. Queria matar. Roberto estava sentado a uma mesa, em cuja cabeceira se encontrava também sentada a criminosa. Disfarçadamente, Sylvia Thibau abriu a bolsa onde trazia um revólver Galant, tipo pequeno, e de lá retirou a arma (*Crítica*, 27 dez. 1929).

Reconstruindo o fato como um narrador onipresente, capaz de visualizar o que se passara num cômodo no qual apenas a vítima e a criminosa estavam presentes, o redator descreve todos os detalhes, imaginando a cena para o leitor poder também reimaginá-la.

> Roberto nada percebera. De repente, erguendo-se, a prostituta fez pontaria e deu ao gatilho. A bala foi atingir em pleno ventre. Roberto ergue-se da cadeira, soltando um grito de dor, para cair ensangüentado no assoalho. Sylvia, arma em punho, ainda tentava alvejar Roberto, quando foi presa em flagrante pelo inspetor Garcia (*Crítica*, 27 dez. 1929).

O público é movido pelo inusitado da trama e pela participação, ainda que indireta, na vida daqueles personagens. As notas sensacionais podem introduzir os leitores em ambientes estranhos ou reconfigurar a realidade. Pode também mostrar as tragédias quotidianas próximas da realidade do leitor.

A leitura apreendida nos seus mais diferentes sentidos serve à identificação de situações homólogas ou ao romanceamento do real. Identificar-se com os personagens significa uma apropriação do texto de forma participativa. Transportar-se para a realidade, por meio da imaginação e do sonho, significa uma leitura contemplativa e, portanto, indica as apropriações diferenciadas realizadas pelo receptor.

A edição fantasiosa, entretanto, deve ser apresentada dentro de determinados parâmetros, em que a verossimilhança é o principal deles. Assim, ao mesmo tempo que elementos passionais não podem ser ocultados, sob pena de não despertar o interesse do leitor, também não é possível exagerar nas tintas descritivas, sob pena de transportar a notícia para o lugar da ficção. O leitor participativo na trama deve acreditar na veracidade da narrativa, para poder comentar o fato, querer saber dos detalhes, visualizar a emoção que salta dos textos e aprisioná-la.

Durante quatro dias o leitor acompanha o desfecho da trama. Roberto Rodrigues agonizando no hospital, as manifestações de solidariedade, a prisão de Sylvia Thibau, a morte e o enterro da vítima.

Narrativas emocionadas criam um mundo simbólico e imaginado, fazendo o público sentir-se participativo daquela realidade mitificada. O público, ao mesmo tempo em que se informa sobre o mundo a partir da leitura, estabelece uma relação direta com o periódico.

Se as relações se estabelecem entre o público e o periódico em função das táticas e das estratégias de recepção, forjadas nos limites culturais do leitor e das suas práticas de leitura, cria-se na memória daqueles que participam mais diretamente da trama e da construção desse modelo de jornalismo uma apreensão de sentido semelhante. As chamadas notas sensacionais são visualizadas pelos homens de imprensa como um lugar ideal para a edição fantasiosa da realidade, favorecendo a criação textual. Na memória individual construída como memória do grupo, as lembranças do sensacional do jornalismo carioca apresenta as mesmas nuanças que possui para o público: possibilitar a recriação de uma realidade fantasiada e imaginada.

Por outro lado, usando as mesmas memórias do grupo, mas sobretudo de um personagem que esteve presente na cena do crime ocorrido na redação de *Crítica* – Nelson Rodrigues –, percebe-se nesses vestígios características essenciais para se entender o processo de recepção.

Vestígios e farrapos de lembranças...

Considerando que mesmo os relatos baseados em memórias individuais são, por natureza, sociais, uma vez que foram escritos por indivíduos inscritos num grupo a partir de suas referências dentro desse grupo, deve-se visualizá-los não como recomposições do passado. Reconstruindo a trajetória do grupo, sofrendo a influência dos trabalhos de memória, ou seja, das escolhas, dos esquecimentos e das deformações da memória daquele grupo, essas narrativas constroem no presente a própria memória, legitimando-a como dominante no tecido social.

Essas memórias, além de descrever o trabalho que se desenvolve nas redações e o funcionamento do próprio jornal, indicam como é a fabricação dessas notícias sensacionais.

"Quando fui trabalhar no jornal do meu pai, *A Manhã*, o secretário me perguntou: – Você quer ser o quê? Dei a resposta fulminante: – Repórter de polícia".

A razão da escolha súbita deve-se ao fato de poder nesses textos fantasiar a realidade.

> Volto à redação. Comecei fazendo atropelamento. No dia seguinte, ia reler a meia dúzia de linhas, e com que vaidade estilística. Um dia, mandaram-me fazer um pacto de morte em Pereira Nunes. Com mais confiança em mim mesmo, inundei de fantasia a matéria. Notara que, na varanda da menina, havia uma gaiola com respectivo canário. E fiz do passarinho um personagem obsessivo.

Na descrição pormenorizada da realidade – a mesma que faz o público visualizar a trama e a cena da tragédia – introduz o aspecto ficcional pedido e reclamado nas leituras plurais.

> Descrevi toda a história – a menina, em chamas, correndo pela casa e o passarinho, na gaiola, cantando como um louco. Era um canto áspero, irado, como se o passarinho estivesse entendendo o martírio da dona. E forcei a coincidência: – Enquanto a menina morria no quintal, o canário emudecia na gaiola.

Mas o mundo do jornalismo e o mundo dos leitores não permitem o distanciamento de uma realidade previsível. É preciso ligar fantasia à realidade.

> Quase, quase matei o canário. Seria um efeito magistral. Mas como matá-lo se a rua inteira ia vê-lo, feliz, cantando como nunca? O bicho sobreviveu na vida real e na ficção jornalística. E foi um sucesso no dia seguinte. Perguntavam: – Quem escreveu a história do passarinho? Eu era apontado. Muitos queriam saber: – Mas aquilo foi verdade mesmo? Respondia, cínico: – Claro. (Nelson Rodrigues, Segredos da vida jornalística, in *O reacionário*: memórias e confissões.)

Considerando que um texto sempre aponta para fora de si – ou seja, para o momento de sua produção ou recepção –, é preciso ver os discursos que formam uma imagem do grupo como relatos repletos de intencionalidade, em que o autor conta histórias, narrando o dia-a-dia da profissão, forjando a identidade do próprio grupo. Ao lembrar um número restrito de acontecimentos, ao priorizar fatos e relegar outros ao esquecimento, mas principalmente ao manter um mesmo fio condutor, percebe-se que essas histórias de vida são instrumentos de reconstrução da identidade do grupo e não apenas relatos factuais.

Assim, por mais literárias que sejam, as memórias documentam uma maneira de pensar própria do grupo num determinado tempo. Nelas, o que mais importa são as reações do autor diante dos eventos vividos por ele mesmo, do que propriamente o relato.

Utilizando como contraponto a concepção bergsoniana de memória, se não se pode reduzir a memória à representação que possuímos dela, também é falso fazer da matéria algo que produziria representações.

Em Bergson (1990) se interpenetram os conceitos de memória, tempo, devir e energia. Ao fazer a sua fenomenologia, destaca que a lembrança se une à consciência atual e, portanto, ao corpo das idéias e das representações.

Nas memórias individuais estariam presentes, pois, uma percepção do meio físico e social que circunda o sujeito. Esse presente contínuo manifesta-se por movimentos (ações e reações) do corpo sobre o ambiente. Na sua concepção, o lugar ocupado por quem relata tem influência decisiva no processo da lembrança.

O escritor-jornalista como detentor da palavra, cuja função social seria sempre a de relatar, reconstrói sua vivência baseado nesse lugar social ocupado. Os pontos de significação da sua lembrança, nessas memórias de vida, relacionam-se ao ambiente de trabalho. Destacando a escolha subjetiva do jornalista na construção da notícia a ser tornada pública, prioriza na memória individual, apresentada como memória do grupo, o trabalho desenvolvido no noticiário policial, no qual quase todos os repórteres começam e, mais uma vez, a importância de mesclar realidade e fantasia dentro dos limites de expectativa do público, em função da significação construída pelo jornalismo junto dos seus leitores como lugar de produção da verdade.

Considerando a memória como representação e ao mesmo tempo como ação, isto é, fazendo parte do presente, sendo revivida, no momento da lembrança, Bergson conclui que a memória intercala o passado no presente, condensando momentos múltiplos da duração. O passado se armazenaria, pois, de duas formas extremas: nos mecanismos motores que o utilizam e nas imagens-lembranças que desenham os acontecimentos com seu contorno, sua luz e seu lugar no tempo (1990: 55-61).

Essas observações são extremamente valiosas para se perceber a inclusão, nessas memórias do grupo, de toda uma nostalgia do passado. Escritas no instante em que o jornalista-escritor se sente distante daquela vivência, esses relatos estão repletos não só de imagens-lembranças, mas dos movimentos motores de seus autores. A distância física do mundo do jornalismo, no presente, reforça a caracterização do passado.

Daí toda uma nostalgia mítica do tempo de antes, apresentado como o momento da intensa atividade profissional, em contraposição ao presente, no qual a rememoração ocupa o lugar principal. A memória do grupo é construída, assim, por meio das imagens pessoais e da ação vivida não no passado, mas no presente.

> Hoje a reportagem de polícia está mais árdua do que uma paisagem lunar. Lemos jornais dominados pelos idiotas da objetividade. O repórter mente pouco, mente cada vez menos. A geração criadora de passarinhos parou com o Castelar. Eis o drama – o passarinho foi substituído pela veracidade que, como se sabe, canta muito menos. Daí por que a maioria foge para a televisão. A novela dá de comer a nossa fome de mentira (Rodrigues, idem, ibidem).

Por meio de mecanismos peculiares, em que se destaca a transformação da profissão em imagem significativa, essas memórias expõem também um corpo de idéias e representações da sociedade acerca do papel que deveriam ter os jornalistas no presente.

Para Nelson Rodrigues, o jornal no presente – isto é, no final dos anos 1960 – carece de inventividade. A construção de um jornalismo baseado nos pressupostos da "neutralidade, objetividade e clareza", disseminado com a técnica do texto informativo (lide, sublide, corpo de copidesque, etc.), a partir dos anos 1950, retirara, na sua opinião, a fantasia e o sonho das matérias policiais. A memória do sensacional, permeada de emoção e inventividade, existe apenas nas suas imagens-lembranças.

Como leitor, é dessa forma que ele agora percebia os diários do Rio. Baseados em novos critérios redacionais, nos quais a objetividade é o padrão buscado pela técnica e pela regulamentação ferrenha das atividades profissionais, os jornais se transformam para ele, leitor-jornalista, no lugar de construção de uma pretensa realidade. A mítica do sonho é direcionada a outro veículo. As telenovelas transformam-se, para o receptor, no lugar da fantasia e da emoção.

Nas suas memórias sobre essas reportagens que popularizam o jornalismo carioca, destaca a repercussão que essas notícias tinham entre o público. Comentada diariamente, pelas ruas, nos cafés, nos bondes, "as tragédias apaixonavam a cidade".

Comentando uma dessas tragédias ("nós chamávamos tragédia", acrescenta o escritor), descreve:

> Um deputado, ou senador, desconfiou da mulher. Ao contrário do que pretende a ópera bufa, o marido é o primeiro a saber. Os enganados são os vizinhos, os amigos, inimigos, etc. Eis como o senador percebeu tudo. Uma noite chega em casa e, como fazia sempre, curvou-se para beijar a mulher. [...] Ao ser beijada, a esposa desvia, ligeiramente o rosto. Em vez de oferecer a boca, deu a face. [...] E tanto bastou. Pensa, imediatamente. Me trai (Rodrigues, idem, ibidem).

A seguir detalha aquilo que lera nos jornais ou que ouvira falar (afinal tinha apenas 13 anos quando do acontecimento relatado): a obsessão do pretenso traído, que passa a vigiar os passos da mulher, o dia em que a viu entrar num prédio de três andares, como subiu as escadarias, o riso da mulher, que escuta junto à porta. A seguir o desfecho da trama: "puxa o revólver e faz saltar, a bala, a fechadura. Em seguida, invade o quarto". O amante enfiou-se debaixo da cama, e a infiel, "mais ágil, mais elástica, acrobática, quase alada", atira-se do terceiro andar.

Na sua memória de leitor dos diários sobressaem, portanto, os detalhes romanceados daquela narrativa que apaixona o público, fazendo com que possa, a partir dessa descrição pormenorizada, imaginar cada detalhe evocado na cena.

Mas as suas memórias do dia 26 de dezembro de 1929, quando seu irmão é baleado na redação de *Crítica*, são profundamente diversas de suas memórias de leitor. Premido pela emoção ainda presente, pelo inusitado do fato do qual fora testemunha participativa, registra aspectos que diferem da narrativa construída para o público, pelo próprio jornal, sobre aquele acontecimento.

A memória de Nelson Rodrigues sobre o crime de 26 de dezembro é de natureza afetiva e não do mundo da leitura.

> São duas da tarde ou pouco menos. É a redação da *Crítica* na Rua do Carmo. Ao lado, há uma serraria; e, em seguida, um restaurante, chamado "Virosca". Estamos eu, Roberto, o chofer Sebastião, que servia meu pai há anos e anos; o detetive Garcia, que ia muito lá, conversar fiado. Roberto acaba de tomar uma cajuada. Eu não me lembro do contínuo que fora buscar o refresco. É essa a única presença que me falta (Rodrigues, O grito, in op. cit.).

É dessa forma que Nelson Rodrigues rememora aquele dia. A hora do crime, duas e não três da tarde, como noticiara o jornal. A explicação da presença de um inspetor na cena do crime: Garcia ia lá, segundo ele, "conversar fiado". O chofer, que não aparece na notícia do crime, e muito menos o fato de Roberto ter acabado de tomar uma cajuada. São detalhes que a emoção fixa para sempre na memória do irmão da vítima.

> Ouço a voz perguntando, cordial, quase doce: – Doutor Mário Rodrigues está? Não ocorreu a nenhum de nós a mais leve, tênue, longínqua suspeita de nada. Como desconfiar de uma naturalidade total? O chofer Sebastião respondeu: – Doutor Mário Rodrigues não está. Nova pergunta: – E Mário Rodrigues Filho está? Também não. [...] Vejo os passos que vão até a sala da frente. É empurrada a porta de vaivém. Ninguém lá. Os passos voltam.

A recriação da cena da tragédia faz-se mediante as sensações que ficam impressas na lembrança do escritor. A criminosa não é identificada, transformando-se, propositadamente, na crônica de Nelson, em um personagem do esquecimento. Mas os detalhes de seus gestos ficam gravados para sempre: a voz doce, a naturalidade, os passos que caminham e voltam...

As sensações continuam permeando a narrativa:

> A voz pede (e há um vago sorriso): O senhor podia me dar um momento de atenção? Roberto está do outro lado da mesa, sentado. Ergue-se: – Pois não. Enquanto ele faz a volta, passando por mim e por Sebastião, os passos vão na frente, entram pela porta de vaivém. Roberto entra, em seguida. Ele tinha 23 anos. Era pai de duas crianças. Sua mulher estava grávida.

Na memória individual não interessa pontuar a gentileza da vítima (o *gentleman* Roberto), o seu caráter, ao contrário do que faz a narrativa do jornal para torná-lo um personagem reconhecido pelo público. Detalhes da notícia, como a informação de que passaram a uma sala reservada por solicitação da criminosa, também passam ao esquecimento. Na memória da leitura do dia seguinte ao acontecimento, o crime deveria ser adjetivado para ganhar uma dimensão significativa para o público. Na crônica, o que se destaca na reconstrução da imagem-lembrança é a emoção.

> Enquanto Roberto caminhava para a sala, eu me dirigia para a escada. Ia ao café, na esquina da Rua do Carmo com Sete de Setembro. Lá dentro, não houve tempo para uma palavra. Roberto levou o tiro ao entrar. Parei com o estampido. E veio, quase ao mesmo tempo, o grito. Não apenas o grito do ferido, mas o grito de quem morre. Não era a dor, era a morte. Ele sabia que ia morrer, eu também sabia.

Os detalhes da cena do crime desaparecem. O diálogo imaginado na descrição da notícia do jornal do dia 27 de dezembro, que revela para o público a razão do crime (a reportagem sobre seu desquite), nunca existiu. Eles ficaram nas leituras realizadas e na memória do público e não na do cronista. As suas lembranças retêm traços que dizem respeito a sua ação individual. É a narrativa dos seus passos em contraposição à dos passos de seu próprio irmão.

> Todos corremos. Na frente, de revólver na mão, ia o detetive Garcia. Atrás, Sebastião, eu me lembro, agora me lembro – um bom crioulo, o Quintino, cego de um olho. Eis o que vi: – Roberto caíra de joelhos; crispava as duas mãos na mão que o ferira. O detetive

> apontava o revólver. A voz estava dizendo: – Vim matar Mário Rodrigues ou um dos filhos. Simplicidade, doçura. Matar Mário Rodrigues ou um dos filhos (Rodrigues, idem, ibidem).

A frase que expressa a crueldade do ato, proferida pela vilã, aparece nas duas narrativas e é fixada na lembrança e reatualizada permanentemente como um verdadeiro *slogan* daquele crime. "Vim matar Mário Rodrigues ou um dos filhos".

Também no jornal *Crítica*, na edição de 27 de dezembro de 1929, a mesma frase aparece na íntegra. Apenas o verbo vir é substituído pelo verbo querer: "Eu queria matar Mário Rodrigues ou um de seus filhos".

A intencionalidade da criminosa é, portanto, reforçada na notícia, construindo uma imagem-lembrança, para o leitor, que prioriza a crueldade da assassina. Na narrativa do jornal a frase aparece várias vezes. Segundo a descrição da cena, ao ser subjugada declara, mais uma vez: "Nada mais quero fazer. Eu queria matar Mário Rodrigues ou um dos seus filhos!"

> Naqueles cinco, seis minutos, acontecera tudo (...) vinte e seis de dezembro de 1929. Nunca mais me libertei do seu grito. Foi o espanto de ver e de ouvir, foi esse espanto que os outros não sentiram na carne e na alma. E só eu, um dia, hei de morrer abraçado ao grito do meu irmão Roberto, Roberto Rodrigues (Rodrigues, idem, ibidem).

Considerando que a memória é um trabalho do presente e que os textos não são mudos em relação aos leitores, favorecendo leituras plurais, a intercessão memória e recepção pode ser rica para os pesquisadores que acreditam que os estudos de recepção não estão condenados a uma temporalidade retrospectiva. Por outro lado, a percepção do simbolismo da memória de natureza social permite perceber que o pertencimento de um indivíduo a diversos grupos se traduz efetivamente na sua própria construção de sentido a partir da leitura que produz quotidianamente.

Assim, na memória do leitor das notícias policiais que dominam a imprensa naquele final dos anos 1920, Nelson Rodrigues, o que sobressai é a própria trama narrativa que é montada na composição daquelas cenas. O romanceamento da realidade, a criação de uma aura de fantasia e de sonho, os detalhes que colocam o leitor na cena do acontecimento.

Na memória do jornalista Nelson Rodrigues, a leitura das notícias policiais fazia-se por comparação com aquelas primeiras notas que ainda jovem lê e lhe causam admiração. A mudança no estilo do texto dos anos 1960 lhe faz retornar na imagem-lembrança toda a idealização da profissão, que se configura como lugar da criação. O texto dessas notícias é objeto de sua análise apaixonada.

Mas na memória de Nelson Rodrigues sobressai também uma tragédia que marca sua existência: a morte de seu irmão Roberto. No texto que apresenta, recordando-se daquele dia, destacam-se suas impressões individuais, sua emoção, seu sentimento.

Mas o leitor que em 27 de dezembro de 1929 abre o jornal *Crítica* e vê a notícia do crime depara com uma outra narrativa. Sua memória daquele fato fica repleta também dos vestígios impressos no periódico. São esses traços, esses restos, esses vestígios que permitem a sua apropriação daquele texto, o seu entendimento daquele fato, a inserção daquele acontecimento num mundo real.

Bibliografia

Bergson, Henri. *Matéria e memória*: ensaio sobre a relação do corpo com o espírito. São Paulo: Martins Fontes, 1990.

Costa Lima, Luiz. *Sociedade e discurso ficcional*. Rio de Janeiro: Guanabara, 1986.

Crítica. Edições de 27, 28, 29, 30 e 31 de dezembro de 1929.

Ferrarotti, Franco. *Il ricordo e la temporalità*. Roma: Laterga, 1987.

Halbwachs, Maurice. *La mémoire collective*. Paris: PUF, 1950.

Jeudy, Henri-Pierre. *Memórias do social*. Rio de Janeiro: Forense, 1990.

Lowenthal, David. *The past is a foreign country*. Nova York: Cambridge University Press, 1989.

Namer, Gérard. *Memoire et societé*. Paris: Meridiens Klincksleck, 1987.

NORA, Pierre. *Les lieux de mémoire*: la republique. Paris: Gallimard, 1984. v. 1.

POLLAK, Michael. Memória, esquecimento, silêncio. In: *Estudos Históricos*. São Paulo, 1989.

RICOEUR, Paul. *Teoria da interpretação*. Lisboa: Edições Setenta, s.d.

TODOROV, Tzvetan. *As estruturas narrativas*. Rio de Janeiro: Perspectiva, 1979.

RODRIGUES, Nelson. *O reacionário*: memórias e confissões. Rio de Janeiro: Record, 1977.

Parte II

Tecnologias e mudanças na comunicação

5. Comunicação e inteligência artificial - Interagindo com a robô de conversação *Cybelle**

Alex Fernando Teixeira Primo

Luciano Roth Coelho

Vôo de reconhecimento

Ao sobrevoar-se a área da inteligência artificial (IA), pode-se observar um terreno instável, entrecortado por diversas disciplinas (neurociência, informática, lingüística, psicologia, filosofia, entre outras), que, ao mesmo tempo que buscam uma contribuição interdisciplinar, se chocam em velhas certezas paradigmáticas, características das comunidades que representam. A partir desse cenário, pode-se logo concluir a fertilidade dos temas aí semeados e a necessidade de novos e constantes insumos que permitam às idéias que aí florescem acompanhar as variações do ambiente em questão.

Mas mesmo o observador mais descuidado de pronto percebe que os debates que aí se travam estão longe de chegar a qualquer consenso. Os produtos dos projetos experimentais de alta tecnologia mal chegam a deslumbrar os olhos do grande público e já provocam o ceticismo dos críticos da IA. Além disso, às evidências apresentadas por defensores e críticos da real potencialidade da inteligência artificial somam-se paixões ensandecidas, que às vezes se parecem (em

---

* Trabalho apresentado no GT Comunicação e Sociedade Tecnológica, para a X Reunião da Compós, Brasília, maio/jun. 2001.

intensidade e emoção) com discussões entre torcedores fanáticos por times rivais de futebol.

E, com certa freqüência, pesquisadores de alguma popularidade perigosamente se rendem ao fácil alento de que não se deve jamais duvidar da tecnologia, nem mesmo de sua capacidade redentora. Pierre Lévy, em uma grande conferência na PUC/RS no ano de 2000, comentava que pelo rápido progresso da tecnologia, hoje está cada vez mais difícil escrever ficção científica. E, para tentar calar temporariamente aqueles que se levantaram contra seu exacerbado otimismo, acrescentou que, se há cem anos não se podia imaginar o estágio tecnológico desta virada de milênio, então não se deve duvidar do que pode vir a acontecer tecnologicamente nos próximos séculos.

Trata-se de um argumento (o de não duvidar da tecnologia) fácil para legitimar mesmo a mais lunática das previsões. Porém, a verdade é que, por detrás de robôs que já ensaiam passos (e conseguem com muito custo desviar de pequenos objetos brilhosos em seu trajeto) e de robôs que simulam a fala, os reveses e as dificuldades enfrentadas pela robótica e pela inteligência artificial não encontram soluções fáceis. Pode-se dizer que muitas vezes tais dificuldades mais parecem barreiras gigantescas, cujas alternativas de ultrapassagem normalmente levam a novas barreiras ou desfiladeiros.

Pois é sobre algumas dessas dificuldades que este trabalho se ocupa. Em verdade, já se faz necessária uma maior atenção à inteligência artificial por parte dos pesquisadores de comunicação. Depois de grande dedicação ao estudo da comunicação de massa, existe hoje uma renovada demanda por pesquisas sobre comunicação interpessoal (que parecia estar como que "fora de moda"), tendo em vista que o ramo da inteligência artificial dedicada ao estudo da "linguagem natural" trabalha basicamente com simulação de diálogos.

Como linguagem e interação são objetos de estudo da comunicação, os robôs que simulam diálogos *(chatterbots)* nos interessam particularmente. Dessa forma, quer-se aqui colocar em discussão esses simuladores e os grandes temas que trazem para o debate. Além disso, este artigo pretende apresentar o projeto da primeira robô de conversação da *web* brasileira: Cybelle (uma abreviatura para "Cyber Belle"), que pode ser visitada em <http://cybelle.cjb.net>

ou <http://www.cybelle.com.br>. A partir dessa experiência pioneira, criada pelos autores deste trabalho, Alex Primo e Luciano Coelho, pretende-se fazer uma argumentação crítica da inteligência artificial.

Mas, enfim, o que são *chatterbots*? A palavra "robô" teve origem na peça "R.U.R." de Karel Capek, escrita em 1921. A sigla era uma abreviatura para *"Rossum's Universal Robots"*, onde *robota* quer dizer em tcheco "trabalho". *Bot* é uma simplificação da palavra *robot*. Para Simon Laven (<http://www.toptown.com/hp/sjlaven/>), um *chatterbot* é um programa para simular uma conversação, com o intuito de, pelo menos temporariamente, enganar um ser humano fazendo-o pensar que está falando com outra pessoa.

A primeira experiência com robô de conversação não é recente. Desenvolvida entre 1964 e 1966 no MIT por Joseph Weizenbaum, Eliza é um dos programas de inteligência artificial mais antigo e mais conhecido no mundo. Pode-se também dizer que é um dos programas mais estudados na história da informática. O objetivo desse pequeno programa, de apenas 204 linhas de código, é simular uma conversação entre uma psicóloga de estilo rogeriano e seu paciente (sendo assim, normalmente responde às perguntas com outras perguntas). Eliza é bastante compreensiva com seu paciente, mas não lembra de nada que foi dito na interação. Por outro lado, mesmo sendo uma implementação pioneira, Eliza tem uma das personalidades mais bem definidas entre os robôs de conversação, apesar de sua simplicidade.

Pode-se encontrar em Hutchens (1996) que programas como Eliza e outros baseados em seu modelo têm eficácia em seu objetivo, pois as pessoas tendem a ler muito mais significado nas curtas respostas dos *chatterbots* do que realmente está lá. Isto é, há uma tendência em ludibriar-se com a simulação, a ler estrutura no caos e a ser bastante tolerante com evasivas. Sabe-se que mesmo Weizenbaum se espantou com a reação positiva do público com Eliza. Em 1976, ele destacou três fenômenos principais que lhe chamaram a atenção: muitos psiquiatras praticantes acreditaram que Eliza poderia ser desenvolvida até um sistema quase totalmente automatizado de psicoterapia; os usuários se envolviam muito rapidamente com o programa (a secretária de Weizenbaum, inclusive, pediu para ficar sozinha com Eliza); algumas pessoas acreditaram que o programa demonstrava uma solução geral para o problema computacional de compreensão.

Mas, se até há pouco tempo robôs que "falam" povoavam apenas os filmes de ficção científica e podiam ser testados apenas por pessoas ligadas à informática, hoje estão acessíveis via *web* a qualquer internauta (ver uma listagem de *bots* em <http://www.botspot.com>).

Já o ano de 2001 começou com a grande mídia referindo-se, com alguma insistência, ao filme *2001 – Uma Odisséia no Espaço*, no qual o robô HAL (um programa que falava) se rebela contra a tripulação de uma nave espacial. Mas, se a questão "pode uma máquina pensar?" se populariza com esse filme, ela na verdade foi lançada em 1950 pelo matemático inglês Alan Turing, de grande importância para o desenvolvimento da informática. No seu trabalho, *Computing, machinery and intelligence*, ele propõe um teste que chamou de "Jogo da Imitação" para responder àquela pergunta.

O Teste de Turing (como ficou conhecido) envolveria um sujeito interrogador que se comunicaria com outros dois sujeitos por meio de um terminal de computador. Ele sabe que um dos sujeitos é uma pessoa e o outro um programa. Sua tarefa é determinar quem é quem. O programa deve tentar enganar o interrogador levando-o a fazer a identificação errada. A pergunta que deveria se fazer sobre a possibilidade de inteligência de um programa de computador, então, deveria ser: "na média, depois de *n* minutos ou *m* perguntas, a probabilidade de o interrogador identificar corretamente os sujeitos não é significantemente maior que 50%?".

O Teste de Turing, mesmo tendo sido proposto em 1950, só foi ter uma aplicação formal 45 anos depois, na competição promovida por Hugh Loebner. O primeiro concurso de Loebner foi realizado em 8 de novembro de 1991, no Boston's Computer Museum, e desde então confere prêmios anualmente aos melhores *chatterbots*.

Mas será o Teste de Turing adequado e a melhor definição para o pensar? Voltaremos a essa questão mais tarde.

Cybelle – Experiência brasileira pioneira na *web*

Cybelle, a primeira *chatterbot* na *web* a falar português, simula um diálogo com internautas a partir de uma estrutura semelhante àquela de Eliza. Na verdade, esta *chatterbot* é composta basicamente por duas partes: o mecanismo e o "conhecimento". O mecanismo *(engine)* é um programa CGI que analisa os *inputs* do internauta. A relação entre mecanismo e conhecimento rege-se por uma lógica estímulo–resposta. Isto é, o *input* do internauta é analisado, buscando-se por estímulos previstos ou suas combinações. A análise obedece a critérios de relevância, associando respostas mais específicas a estímulos sobre temas mais específicos (sendo assim, assuntos como "esporte" e "futebol" exigem respostas diferenciadas). Muitas são as circunstâncias em que para um mesmo estímulo existe mais de uma resposta prevista, possibilitando o sorteio entre essas alternativas, evitando que a robô se repita se o mesmo tópico for abordado mais de uma vez. Se porventura o internauta escrever algo que a robô não possa responder adequadamente, uma mensagem padrão é sorteada (muitas vezes trata-se de uma evasiva, um convite para discutir outro assunto, uma mensagem irônica ou uma menção a uma história ficcional da qual Cybelle participa). Existem outras características que qualificam o desempenho da *chatterbot*. A interface gráfica do *site* apresenta uma ilustração sensual de Cybelle, que pode ser manipulada, e um arquivo de áudio com a "voz" da robô que diz: "Oi! Meu nome é Cybelle. Eu preciso muito de sua ajuda". Isso faz com que muitos internautas conversem sobre sua "aparência" ou sobre sua condição de robô, já que ela demonstra em suas respostas uma certa "depressão" por estar "consciente" de suas limitações e considerar um cárcere seu código e o computador. Ainda que Cybelle possa se dirigir ao internauta pelo nome e usar trechos das perguntas em suas respostas, ela não "lembra" qual foi a pergunta anterior e não tem autonomia para criar e inventar suas próprias respostas e histórias. Desse modo, ela pode se repetir e oferecer respostas descontextualizadas. Para minimizar isso, que prejudica a simulação, várias são as respostas que não são específicas, ainda que tratem do tema proposto; muitas vezes ela responde com uma pergunta, ou convida o internauta a conversar sobre um assunto que ela possui cadastrado; ou a robô lamenta sua condição de robô e pede ajuda ao visitante.

Na verdade, as dificuldades encontradas por *chatterbots* e que os levam a falar coisas sem sentido é que para seu funcionamento S–R eles se utilizam de uma lógica que dispensa o *compreender*. Conforme Lévy (1998), todas as atividades de construção e exploração de modelos mentais que se dão no raciocínio espontâneo é trocado pela execução de regras formais sobre proposições. A partir disso, pode-se lembrar do trocadilho de computadores "estúpidos, mas perfeitamente lógicos". Para ilustrar o caráter artificial de tal lógica, aquele autor recorre a um exemplo de Anderson:

1) "Se nevar amanhã, iremos esquiar".
2) "Se formos esquiar, ficaremos contentes".
3) "Nós não ficaremos contentes".

Segundo essas proposições, pode-se deduzir, a partir de (2) e (3), uma quarta proposição: "Nós não iremos esquiar". Finalmente, a partir de (1) e (4), pode-se deduzir (5): "Não nevará amanhã". O raciocínio lógico é correto, mas não se pode defender com segurança as deduções retiradas. Pode haver muitas outras razões para que o descontentamento ocorra, além de uma possível falta de neve. Isto é, muitos são os modelos mentais que podem ser construídos a partir da terceira proposição. Porém, o logicismo apresentado se reduz a (4) e (5), já que se resume às premissas explícitas. Já o raciocínio espontâneo recorre a todos os conhecimentos que tem sobre a situação. Assim, extrapola as premissas explícitas relacionando um conjunto de conhecimentos muito mais vasto.

Mesmo Lévy (1993), um otimista confesso, sugere que a lógica é uma tecnologia intelectual datada, que é baseada na escrita e não no pensamento natural. De fato, a maioria dos raciocínios humanos não se utiliza de formalismos lógicos e regras de dedução. Reside nisso a impossibilidade de a inteligência artificial baseada na lógica formal chegar a uma simulação profunda da inteligência humana. O que a inteligência artificial pôde produzir é uma nova tecnologia intelectual, como os *sistemas especialistas*, e não uma réplica do pensamento humano.

A questão da autonomia também é de grande importância para os estudos de inteligência artificial. Na verdade, muitos são os programas cujos desenvolvedores alegam ser autônomos. Porém, nesses casos, "autonomia" pode não passar de um argumento de venda.

Baseando-se em Maturana e Varela (1997), pode-se afirmar que a autonomia apresenta uma complexidade muito maior do que supõe grande parte dos programadores em informática. Para tanto, vale acompanhar, ainda que brevemente, a diferenciação que os autores fazem entre máquinas autopoiéticas, que apresentam autocriação (como os seres humanos), das alopoiéticas.

As *máquinas autopoiéticas* são autônomas, em contraposição às *máquinas alopoiéticas*, como o automóvel. As primeiras (por exemplo, o homem) apresentam autonomia, pois têm todas as suas mudanças subordinadas à manutenção de sua própria conservação organizacional (independentemente da profundidade das transformações). Já as máquinas alopoiéticas não são autônomas, pois as mudanças que sofrem em seu funcionamento subordinam-se à produção de algo diferente delas mesmas.

Enquanto as operações das máquinas autopoiéticas estabelecem os próprios limites de sua unidade no processo de autopoiese, nas máquinas alopoiéticas seus limites são determinados pelo observador, que, "especificando as superfícies de entrada e de saída, determina o que é pertinente a seu funcionamento" (Maturana e Varela, 1997: 73). Nas máquinas autopoiéticas a criação das próprias fronteiras define o sistema como uma unidade e especifica o domínio das operações da rede. Por outro lado, as fronteiras das máquinas alopoiéticas são determinadas por fatores independentes.

Ora, se o desempenho de um *chatterbot* (uma máquina alopoiética) depende do que seu código determina, isto é, do que seu programador permite e limita, como pode-se supor que ele seja autônomo? Na verdade, muitos debates sobre inteligência artificial contaminam-se de metáforas por demais otimistas e imprecisas, gerando fantasias que passam a ser vistas como reproduções perfeitas do comportamento humano. Questões como autonomia e aprendizado são alguns conceitos tratados de forma superficial por pesquisadores de IA que estão sempre presentes em tais discussões.

Na verdade, os desenvolvedores de Cybelle já receberam um bom número de *e-mails* argüindo por que ela não aprende sozinha. Antes de se discutir a questão do aprendizado humano, e assumindo inicialmente o que a informática entende por aprendizado de *software*, pode-se dizer que essa possibilidade não foi habilitada na *chatterbot* para se evitar uma série de problemas. Dois exemplos ilustram os problemas que podem decorrer da falta de discernimento ou compreensão da robô.

Cybelle conhece as capitais dos países e sabe falar um pouco sobre eles. Porém, como um internauta digitou o nome do país de forma equivocada, a robô não soube responder. A pessoa digitou então que a capital de tal país era "Burugundum". Logo depois, repetiu a pergunta. Se a robô pudesse gravar novas informações automaticamente ("aprender"), daria a resposta cadastrada pelo internauta. Logo, responderia de forma equivocada, pois não tem capacidade de avaliar a veracidade da informação.

Em outro momento, um internauta escreveu algo como "João é idiota". Quando uma pessoa que tinha esse nome começou a dialogar com Cybelle, a robô disparou: "Você é um idiota". Isso demonstra que o mecanismo teria "aprendido" a informação, mas não tinha como contextualizar, discernir ou ponderar sobre o conteúdo "aprendido". Nesse sentido, é preciso tomar cuidado com a informação divulgada por diversos programas que alegam aprender com o usuário. Aprender não é apenas armazenar novos *inputs* e relacioná-los por associação simples a determinados *outputs*. Essa lógica behaviorista reduz o processo de aprendizado a um automatismo mecânico, deixando de lado a construção ativa de significados e a dinâmica cognitiva. Esse encaminhamento é freqüentemente utilizado para justificar a produção de sistemas especialistas em inteligência artificial, mas pouco pode contribuir para o estudo da cognição humana.

Para Piaget (1996), nenhum conhecimento, mesmo que por meio da percepção, é uma simples cópia do real. O conhecimento tampouco se encontra totalmente determinado pela mente do indivíduo. É, na verdade, o produto de uma interação entre esses dois elementos. Sendo assim, conhecer é agir sobre o real, transformando-o (em aparência ou na realidade). Percebe-se então que o conhecimento não é apenas uma acumulação mecânica de dados.

Isso nos conduz a outra questão. Se, para muitos profissionais e pesquisadores que trabalham com inteligência artificial, a memória "é condição necessária para a inteligência", conforme relata Teixeira (1998: 52), ao cadastrar-se, por exemplo, tudo o que Einstein escreveu, um sistema especialista[1] poderia reagir como ele. "O sistema como um todo simula a atividade do cérebro de Einstein e permite manter com ele uma conversa póstuma. Todas as respostas fornecidas são exatamente o que Einstein teria dito se estivesse vivo".

Mas será que a inteligência é apenas acúmulo de informações? E, para polemizar ainda mais, se isso fosse verdade, ao cadastrarmos tudo o que escreveram Nietzsche e Heidegger em um programa, obteríamos um Foucault informático? E se acrescentássemos informações de sua família, biografias de seus amigos? Textos de revistas que leu, cartas que recebeu... será que assim asseguraríamos a criação de um Foucault automatizado?

Vale dizer ainda que a memória não é como um baú que mantém intactos e estáticos os objetos que ali se depositam. Se assim fosse, bastaria recorrer ao baú para encontrar determinado objeto-memória ali depositado, com suas características e seu lugar mantidos. Porém, o passado em nossas memórias não é uma narrativa inerte, fotografia perfeita do que já passou. O significado da memória é *recriado* no presente. Isto é, em relação a certos contextos atuais. Por outro lado, para que um robô funcione de forma estável, é preciso que seu conhecimento seja de tipo "estoque", permitindo nenhuma ou poucas variações dinâmicas.

E, enfim, qual o estatuto de verdade que possuem nossas lembranças? Piaget (1990: 241) comenta que veio a descobrir aos 15 anos que uma de suas lembranças de infância mais antigas e mais vivas que tinha (uma tentativa de lhe sequestrar quando estava sendo levado para passear em um carrinho de bebê), era na verdade uma mentira que sua babá lhe tinha contado e que ele sempre teve como fato real. Tendo dito isso, pode-se perguntar como pode decidir um robô sobre o que é verdade, relevante, fantasia, etc.? Mais uma vez, deve-se apontar que essas conclusões quase nunca são definitivas, pois dependem, por exemplo, de contextos temporais e sociais, humores, do outro interagente, entre outros fatores.

Piaget lembra também que interesses, prazeres e tristezas, alegria do êxito e tristeza do fracasso fazem parte da atividade intelectual. Para ele, "a afetividade regula a energética da ação" (1990: 266).

[1] Segundo Teixeira (1998: 51), sistemas especialistas "são solucionadores de problemas acoplados a imensos bancos de memória onde o conhecimento humano acerca de uma determinada área ou disciplina encontra-se estocado".

Podemos também acrescentar que, além do bem, do útil e do correto, a criação humana também se move por afetos e sentimentos pouco lembrados em textos de IA, como a inveja, a raiva, a competição, a ganância, a luxúria, o ciúme e o medo. Que seria da história da humanidade (desde as conquistas territoriais até as artes) se tais fatores não existissem ou fossem irrelevantes? E como implementar isso em um robô? A resposta pode parecer simples: basta programar "tenha raiva de Fulano em tais situações". Entretanto, mais uma vez cai-se na ilusão de que se pode prever e determinar por antecedência todas as ações futuras, e que elas independem de outros fatores contextuais e da própria interação em si (quando, onde, como e com quem o encontro se dá).

Na prática a implementação de robôs não possui tais dinâmicas. Todas as associações contidas no "cérebro" de Cybelle são, na verdade, estáticas. Quando um internauta fizer perguntas que foram previstas pela equipe de programação, as respostas de Cybelle poderão parecer sempre adequadas e até contextualizadas. Porém, o mecanismo não compreende o que está sendo dito ou sobre o que se está falando. Portanto, o diálogo parecerá "natural" e "inteligente" enquanto o internauta fizer perguntas e comentários que haviam sido previstos pela equipe de programação. Quando a previsão falhar, a robô não tem como criar, de forma autônoma, respostas ainda não cadastradas e nem mesmo aprender com o internauta.

Atualmente, o mecanismo e o conhecimento da robô estão sendo aperfeiçoados, o que permitirá que ela possa reconhecer o sujeito de uma frase indicado por pronomes (neste momento, a robô não sabe a quem o pronome "ele" se refere, já que não "lembra" o que foi dito antes) e, também, permaneça falando sobre um mesmo tópico enquanto desejar o internauta, sem que ele tenha de ser explícito sobre isso. Esses novos recursos permitem que a simulação seja ainda mais eficiente, qualificando a fantasia interativa criada. Com essas novas características e com a ampliação progressiva das regras e associações entre informações cadastradas, a performance de Cybelle será cada vez melhor. Pode-se especular que, com essa progressão, em algum momento será difícil para um internauta reconhecer se do outro lado da linha encontra-se uma outra pessoa ou um *chatterbot*. Se isso acontecer, tal programa terá passado no Teste de Turing. Porém, poder-se-ia concluir então que esse *chatterbot* é inteligente?

Searle (1998) critica o Teste de Turing, e suas conclusões contribuem sobremaneira para o debate a respeito da pretensa "inteligência" de programas como *chatterbots*. Segundo ele, a dita "manipulação de símbolos formais" não tem intencionalidade. E mais, não configurariam nem uma manipulação de símbolos, já que eles não simbolizam nada para o programa, pois possuem apenas sintaxe, mas não semântica. Dessa forma, a atividade de um *chatterbot* seria inteiramente "cega". Para ilustrar sua crítica, Searle cria uma situação hipotética. Imagine-se uma pessoa que apenas fale português trancada em um quarto. Ela possui apenas um texto em chinês e um conjunto de regras de transformação (em português), que lhe permite operar sobre o texto em chinês, que lhe é incompreensível. Baseando-se nessas regras, ela passa a escrever seqüências de símbolos em chinês, como resposta aos textos que vai recebendo sucessivamente. Após um certo tempo, a pessoa no quarto manipula cada vez melhor as regras de transformação. Um observador do processo, analisando as páginas por ela escritas, poderia concluir que aquela pessoa *compreende* chinês. Isso seria um contra-senso para Searle. A pessoa no quarto não conhece o significado dos símbolos, e os analisa e responde de forma meramente mecânica. Logo, isso constituiria um procedimento cego de associação de signos sem significado, não uma autêntica compreensão lingüística.

O autor conclui então que o Argumento do Quarto Chinês, como essa ilustração ficou conhecida, apresenta a seguinte estrutura:

a) programas são totalmente sintáticos;
b) as mentes têm uma capacidade semântica;
c) a sintaxe não é a mesma coisa que a semântica, nem é, por si só, suficiente para garantir um conteúdo semântico.

Diante dessa argumentação, Searle sugere uma tipologia a respeito de dois direcionamentos em inteligência artificial. A tentadora metáfora da mente como um computador, que parece ganhar cada vez mais força entre os entusiastas da IA e mesmo entre psicólogos cognitivos, propõe que a mente é para o cérebro o mesmo que o *software* é para o *hardware*. Assim, a mente não passa de um programa do computador digital que é o cérebro. Defensores dessa perspectiva defendem então o que Searle chamou de inteligência artificial forte. Por outro lado, os defensores da inteligência artificial fraca entendem que o computador é uma ferramenta útil para simular a mente. Sendo assim, trata-se de uma visão mais ponderada.

Tendo feito essa apresentação e apoiando-se no Argumento do Quarto Chinês, Searle (1998: 37-8) dispara contra a IA forte:

> Termos conseguido fazer tanto, com um mecanismo tão limitado, é um dos feitos intelectuais mais surpreendentes do século XX. Mas, para os objetivos do momento, o ponto principal é que o mecanismo é totalmente definido em termos da manipulação de símbolos. A computação, nesta acepção, é simplesmente um conjunto sintático de operações, no sentido de que os únicos atributos dos símbolos que importam para a implementação do programa são os formais ou os sintáticos. Mas sabemos, por experiência própria, que a mente consiste em algo mais do que a mera manipulação de símbolos formais. A mente tem conteúdos. Por exemplo, quando pensamos em inglês, as palavras inglesas que vêm às nossas mentes não são apenas símbolos formais não-interpretados. Pelo contrário, sabemos o que elas significam. Para nós, as palavras têm um significado, uma semântica. A mente não poderia ser apenas um programa de computador, já que os símbolos formais do programa de computador, tomados isoladamente, não são suficientes para garantir a presença do conteúdo semântico que ocorre na mente.

Por outro lado, devemos apontar que, como conseqüência da progressão qualitativa das simulações informáticas, um entusiasmo de pouca cautela vem criando uma utopia turva e desfocada de que muito em breve o homem terá conseguido igualar-se a Deus e criar um ciborgue a sua imagem e semelhança. Ao comparar-se a mente a um computador reduz-se o criador (homem) a sua criatura (o computador). Toma-se inicialmente o computador como metáfora, para logo a seguir igualá-lo ao cérebro real. É como, após terminar uma escultura, dizer que ela é a mesma coisa que a modelo que posou para sua confecção.

Informação, caixa preta e interação

Depois de muitos meses de desenvolvimento contínuo, hoje Cybelle (como outros *chatterbots*) pode manter um diálogo de boa simulação. Mas o projeto contribui principalmente para demonstrar que a mente e a comunicação humana são muito mais do que estímulo–resposta e transmissão de sinais frios. Além disso, os autores deste trabalho buscaram criticar a inteligência artificial forte olhando de dentro, isto é, a partir de um projeto de IA real (Cybelle) e de resultados no mínimo curiosos.

Com esse direcionamento, pode-se detectar que grande parte dos projetos em inteligência artificial tem em sua base a inspiração da teoria matemática da informação e do behaviorismo. Mesmo que a teoria da comunicação contemporânea tenha se batido tanto contra tais orientações, o debate ainda não se encerrou. Pelo contrário, parece que um novo *round* acaba de começar. Nesse sentido, faz-se hoje mais do que necessário atualizar as críticas a esses paradigmas, pois, como as metáforas se tornam hoje cada vez mais sofisticadas tecnologicamente, o debate sobre o conhecimento e a comunicação humana corre mais uma vez o risco e a tentação do reducionismo simplificador.

Depois de tantos debates contra as teorias mecânicas da comunicação, estuda-se hoje como implementar a mecanização da comunicação! Isto é, o desenvolvimento de máquinas e algoritmos que permitam a um robô, por exemplo, reagir a *inputs*, por meio de um mecanismo binário, apresentando, com velocidade, *outputs* associados àquelas entradas no banco de dados (o chamado "conhecimento" dos robôs). Como se pode perceber, tal empreitada se alicerça na teoria da informação e no behaviorismo. Quando se pensava ter tal discussão ultrapassada, ela volta renovada e com nova vestimenta tecnológica, enfeitada com animações em 3D e sintetização de voz.

Em verdade, o modelo transmissionista da teoria da informação de Shannon e Weaver (desenvolvido em 1949) não visava demonstrar o processo de comunicação humana e sim processos eletrônicos, tendo em vista que esses autores trabalhavam na Bell Telephone Company. O próprio Shannon afirmou, em 1956, que sua teoria fora desenvolvida para a engenharia da comunicação, mas que a importância da teoria da informação havia sido elevada além de suas conquistas reais (Lebow, 1991).

Shannon estava preocupado em estudar como transmitir sinais de forma correta e eficiente, principalmente por meio da telefonia. Era, pois, uma descrição de interesse da engenharia de telecomunicações, com a intenção de maximizar a eficiência da transmissão (medida em *bits* por segundo) entre o emissor e o receptor, e de garantir a fidelidade da informação. Mesmo diante do fato de que a teoria da informação foi criada para o estudo de um tipo de comunicação muito particular – a telefônica – esse corpo teórico foi generalizado para outros contextos comunicativos. Isso se deve, inicialmente, ao último capítulo do livro *Teoria matemática da comunicação*, onde Weaver pretendia expandir o poder explicativo da teoria em questão para outros eventos comunicativos.

Por outro lado, Smith (1970: 18) diz que o modelo de Shannon e Weaver não pode ser visto como um modelo de processo de comunicação humana, já que ele somente descreve "a cadeia transmissora de informação nos termos de suas partes componentes estacionárias", isto é, o modelo proposto estuda os sinais em seu estado físico, ignorando os níveis semânticos e pragmáticos da comunicação. Eco (1991) acrescenta que a teoria da informação se preocupa basicamente com a quantidade de informação e não leva em conta o conteúdo com que lidam as unidades. Ora, tudo isso condiciona os projetos de IA, afastando-a da compreensão da mente e da comunicação humana. Contudo, a teoria da informação presta-se bem à implementação de produtos informáticos, isto é, trata-se de uma teoria computável (também pudera, ela foi desenvolvida justamente para o cenário maquínico!). Mas, e o que fazer de tudo aquilo que não é quantificável na comunicação e no pensamento humano? Negar sua importância já que não pode ser verificado, testado e reproduzido infinitamente com os mesmos resultados?

Sendo assim, o projeto de simular o diálogo humano a partir de uma perspectiva desenvolvida para o estudo técnico da transmissão telefônica é, em sua gênese, problemática e mal orientada. Claro, é um encaminhamento tentador para os programadores, já que faz uso de um linguajar familiar: *bits* por segundo, quantificação de informação, perda de sinal, etc. Porém, tenta-se forçar a interação humana para dentro de um molde que tem a forma de um telefone ou transmissor.

Já a crítica de Sfez (1994) à visão representacionista pode servir como uma pertinente crítica a esse posicionamento freqüente na inteligência artificial (principalmente na IA simbólica). Para ele, a concepção representativa vislumbra uma máquina cartesiana (um sujeito emissor envia uma mensagem ao sujeito receptor por meio de um canal), cujo processo se parece com a trajetória de uma bola de bilhar (cujo andamento e impacto sobre o receptor pode ser calculado). Aqui a causalidade é linear, e sujeito e objeto permanecem em separado. A realidade é objetiva e universal, exterior ao sujeito. Logo, assume-se uma posição dualista cartesiana, que formula a relação entre duas substâncias diferentes (corpo/espírito, sujeito/objeto, homem/mundo). A representação é, pois, a única maneira de garantir a realidade do sujeito e a realidade da natureza, garantido sua coincidência.

Essa visão defende a linearidade do movimento e a conservação de sua integridade. Para a comunicação são necessários dois sujeitos que tenham o mesmo estoque lexical e sintático. É um modelo estocástico, na medida em que se comunica de forma pontual, em determinado momento e com certos objetivos. É também atomístico, pois subentende dois sujeitos separados, e mecanicista, em função da linearidade maquínica. Em função também da atomização do elementos, eles não se interpenetram. A análise dos fenômenos comunicativos é realizada de forma estrutural e seqüencial, isto é, estudam-se os momentos distintos e em separado e isolam-se as variáveis que a compõem. A análise isola partes de uma experiência que na verdade se apresentam como uma totalidade. O que interessa é saber se o movimento mecânico emissor–mensagem–receptor, tipo "bola de bilhar", atinge seus objetivos. Logo, o que vale é estudar a melhor maneira de tornar a mensagem compreensível pelo receptor, evitando os obstáculos e ruídos na linha (para que se possa encaçapar a bola de bilhar).

Sfez também lembra que a teoria matemática da informação veio reforçar a "cientificidade" do modelo. Para esse paradigma, a mensagem ainda é mais reduzida, relegada ao seu nível técnico, longe de qualquer conteúdo semântico. Importa estudar como os símbolos comunicativos podem ser transmitidos com exatidão. Assim, a mensagem é reduzida à produção de unidades discretas em sucessão. A codificação é binária e quantificada em termos da escolha entre possibilidades, isto é, a mensagem é calculada probabilisticamente de forma estocástica, levando em conta as escolhas pontuais anteriores na seqüência. Nesse sentido quantitativo, quanto mais informação mais aumenta a entropia (medida da incerteza da organização dos elementos do sistema físico).

De acordo com o paradigma representativo, a mensagem representa o emissor junto do receptor. O processo tem visibilidade quase total e mantém em separado os pólos ativos e passivos. Enfim, o modelo mostra

> a primazia do sujeito individual e atomizado, a análise seqüencial e linear da ação, a exterioridade e a fragmentação dos elementos entre si enquanto unidades discretas, a teoria do processo de informação com emissor, canal e mensagem, a distinção entre o sintático e o semântico, entre a conotação e a denotação (Sfez, 1994: 47).

Tal orientação prejudica sobremaneira a visão do que é a interação humana e suas características. Isso tudo fica ainda mais complicado (mesmo que com a aparência de mais "científico") ao ser associado ao behaviorismo.

O paradigma do estímulo–resposta (S–R) foi adotado como uma fundamentação psicológica ao modelo linear discutido acima. Vale lembrar que tanto a psicologia quanto a comunicação não gozavam, na primeira metade do século XX, do *status* de cientificidade. Por tratarem de fenômenos da comunicação e da mente, recebiam a crítica de poder dizer o que se quisesse pois nada se poderia provar. A teoria matemática da comunicação e o behaviorismo aproximaram a comunicação e a psicologia dos métodos das ciências duras. Por outro lado, pagaram o preço de se afastar da espontaneidade do comportamento humano, ao procurar a delimitação de leis e a redução do processo sistêmico não-somativo e interdependente a relações formais, discretas, quantificáveis e previsíveis.

A tradição behaviorista (comportamental) em psicologia defende o estudo de padrões comportamentais entre estímulos e respostas. E é essa a lógica por trás de *chatterbots* como Eliza e

Cybelle, pois funcionam mediante associação de certas respostas a certos estímulos.

O behaviorismo tem, pois, um forte traço determinístico, buscando prever comportamentos a partir de condições anteriores. Desse modo, desconsidera-se o poder criativo do sujeito. Na verdade, o que se passa entre um estímulo e uma resposta não interessa aos behavioristas, ou melhor, é como uma caixa preta em que não se pode ver o que se passa em seu interior. O que importa é isolar os *inputs* e os *outputs* e generalizar a relação entre eles. Não interessa, então, o que aqui se chamará de *throughput*, isto é, o que se passa entre *input* e *output*.

Além da busca de invariâncias comportamentais e da eliminação das intermediações não-observáveis (a mente como caixa-preta), Del Nero (1997) cita algumas limitações sérias ao behaviorismo. A primeira apontada refere-se a um problema quântico. Na física clássica, obtendo-se uma descrição precisa do estado de um sistema em um dado instante, pode-se definir o estado seguinte no próximo instante. Contudo, tal determinismo se esvai no nível dos *quanta* (nível mais elementar do mundo físico), dada a impossibilidade de descrição completa do sistema. Logo, se a descrição precisa de um sistema se mostra inalcançável, qualquer ideal determinista de relação estrita entre partes se vê comprometida.

O problema da não-linearidade é outra característica que inviabiliza o projeto comportamental de desconsiderar o que se passa entre os estímulos e as respostas e modelar o comportamento. Del Nero considera como linear os sistemas que têm comportamento uniforme em todas as suas regiões quantitativas. Nesses sistemas vale o princípio da superposição, isto é, se diante de um estímulo S o efeito é igual a 2, ao dobrar-se o estímulo (2S) o efeito será igual a 4. Os sistemas não-lineares não apresentam a superposição: a soma das partes não garante o conhecimento do todo.

> A tentativa behaviorista de eliminação das variáveis intermediárias entre o estímulo e a resposta poderia ter conseguido modelar o comportamento, não fosse a forte possibilidade de existência de não-linearidades e eventualmente caos no processo intermediário. A modelização dos dois extremos da cadeia, isto é, do estímulo e da resposta, se ganha em observabilidade e objetividade, só

> pode vingar quando o sistema for linear e, ainda assim, bem comportado (p. 157).

Finalmente, esse autor cita o problema semântico enfrentado pela tradição comportamental. Se o positivismo busca matematizar os objetos e os processos em estudo, a questão da representação traz uma nova problemática. Inicialmente, representar é entendido como reapresentar: o mesmo conteúdo apresentado sob outra forma. Porém, a atividade cognitiva humana pode expressar objetos que não tenham ligação com o mundo físico, isto é, não tenham existência concreta. Essa instância constitui uma barreira intransponível para uma tradução radical do vocabulário mental e de suas categorias a similares físicos ou quantificáveis.

Vemos então que a inventividade e a criação não são contemplados por esse modelo. Podemos lembrar que sistemas reativos (voltaremos a eles em breve) em informática pretendem duplicar fenômenos da comunicação e da inteligência humana por meio da programação (isto é, da predeterminação). Porém, essa problemática semântica apontada torna-se mais um empecilho a essa aproximação.

Ao implementar robôs para interação por meio da linguagem natural alicerçados nessas perspectivas, reduz-se a interação à transmissão linear, mecânica e previsível, que associa, por programação, certos *outputs* a determinados *inputs*.

Mas, mais uma vez, quer-se aqui enfatizar que a questão da inteligência artificial não diz respeito apenas à informática. Os estudiosos da comunicação têm muito a contribuir, principalmente no que se refere à *interação*.

Encontramo-nos diante de duas posições extremas. A primeira, defendida pelo mercado e adotada pelo grande público, considera interativo praticamente tudo que demande ou apresente algum tipo de reação. A segunda, em outro pólo, não considera interativo o que é disparado por alguma predeterminação.

A primeira perspectiva, e mais comum, pouco contribui para o estudo da interação mediada por computador, já que não permite nenhuma distinção, achatando os processos em uma massa indiferenciada. Ora, se tudo é interativo, resta-nos perguntar: e o que fica de fora? Nada? No caso da Internet, tudo é interativo da mesma maneira? Se em todas as páginas da *web* o internauta seleciona/aponta/clica, todas elas são igualmente interativas?

Por outro lado, e levando em conta a segunda perspectiva, será que apenas o que é considerado interativo é válido? Sistemas reativos não oferecem nenhuma possibilidade interativa ao internauta, por exemplo?

É nesse sentido, e na expectativa de valorizar as diferentes intensidades de cada processo, que este trabalho quer oferecer uma distinção que permita estudar diferentes tipos de interação. Na verdade, este artigo dá continuidade aos estudos de interação em ambientes informáticos iniciados no trabalho "Interação mútua e interação reativa: uma proposta de estudo".[2] Portanto, cabe agora apresentar, ainda que brevemente, como se entendem esses dois tipos de interação. A interação mútua seria caracterizada por relações interdependentes e processos de negociação, em que cada interagente participa da construção inventiva da interação, afetando-se mutuamente. Já a interação reativa é linear, limitada por relações determinísticas de estímulo e resposta.

Sendo assim, irá se considerar aqui que tanto (a) chutar uma pedra quanto (b) um diálogo romântico, como (c) clicar em um *link* e (d) uma inflamada discussão por *e-mails* são interações. Porém, pretende-se distingui-las qualitativamente. Pretende-se agora questionar onde se posiciona o pesquisador para efetuar tal análise. Dois são os posicionamentos mais comuns. Por um lado, o foco recai sobre a *produção*. Quer-se investigar, por exemplo, por que naquele momento a enunciação foi aquela e não outra.

Outra ênfase seria sobre a *recepção*, estudando como se dá a decodificação e interpretação das mensagens e o que faz o sujeito a partir disso. Porém, este trabalho propõe posicionar-se no centro desses dois pólos. Considerando que interação é "ação entre" e comunicação é "ação comum", quer-se estudar o que se passa nesse interstício.

No caso de um diálogo, mais do que dois sujeitos criando mensagens, encontramos um terceiro elemento: *uma relação entre eles*,

---

[2] Esse trabalho foi apresentado na XXI Intercom, em 1998, no Recife, e foi publicado pela *Revista da Famecos*, n. 12, da PUC/RS. O texto também pode ser encontrado no *site* <http://www.usr.psico.ufrgs.br/~aprimo>.

que vai sendo atualizada a cada momento ou encontro. Além da imagem que faz de si e do outro, o comportamento de um sujeito se "modela" diante da relação que os aproxima ou afasta. Com o decorrer do diálogo, não apenas os sujeitos se transformam, mas também a própria relação é constantemente recriada.

Retomando os exemplos de interações mencionados anteriormente, pode-se apontar que nas interações (b) e (d) os interagentes se transformam mutuamente durante o processo e a relação que *emerge* entre eles vai sendo recriada a cada momento. Pode-se afirmar que se torna impossível prever com exatidão o que acontecerá nessas interações aqui chamadas de *mútuas*, pois isso é decidido entre os interagentes apenas durante seu encontro. Por outro lado, as interações *reativas* (a) e (c) são limitadas por certas determinações e, se a mesma ação fosse tomada uma segunda vez, o efeito seria o mesmo.

Considerações finais

Com cerca de 50 mil acessos no ano, Cybelle é uma personagem virtual que desperta a curiosidade de quem a conhece. É interessante perceber (por meio dos diálogos gravados) como, mesmo sendo um programa "frio", Cybelle mexe com as pessoas com quem conversa, despertando desde paixões confessas a comentários raivosos. O que motiva a atenção daqueles que a visitam é que a robô mantém uma conversação sobre diferentes assuntos simulando um comportamento dialógico humano. Além disso, diferentemente de outros *chatterbots* americanos, Cybelle simula ter emoções: é deprimida, pois se sente presa ao computador; se irrita com comentários maldosos; e muitas vezes se apaixona por quem conversa com ela. A robô ainda conta histórias na qual teria se envolvido, como sua traumática experiência com os "engenheiros da zona 13" e a sua perseguição pelo *hacker* Salieri.

Cybelle já apareceu em diversas matérias jornalísticas (revistas *Veja*, *WebGuide*, *Revista da Web*; Jornais *Zero Hora*, *O Estado de S. Paulo*; TV Globo, etc.). Desperta, pois, grande interesse como *site* de entretenimento. Mas que valor pode ter essa experiência para o estudo das novas tecnologias de comunicação?

A implementação da *chatterbot* Cybelle e a análise dos resultados apurados levantam uma série de questões relevantes para a comunicação, como as que seguem. Pode um robô pensar e interagir como um ser humano? A interação homem–máquina por meio da linguagem natural iguala-se a um encontro interpessoal humano? Pode um robô compreender um texto? O cérebro e/ou a mente humana podem ser reproduzidos artificialmente?

Ainda que sejam poucas as questões que aqui se pôde apresentar e o espaço limite uma maior argumentação, algumas considerações finais ainda são necessárias. Se assumirmos uma postura defensora da teoria da informação e do behaviorismo (tão comum em inteligência artificial) e entendermos que o Teste de Turing é um método adequado para verificar a inteligência e o "pensamento" de uma máquina, ficaremos então tentados a inferir que, tendo em vista o sucesso de alguns robôs de conversação, o computador pode, ou brevemente poderá, pensar e interagir exatamente como um ser humano. Porém, a partir desse entendimento estaremos supondo que a mente humana não passa de um grande banco de dados de armazenamento cumulativo e estático, e de um mecanismo previsível de associação técnica, que reage a *inputs* oferecendo *outputs* relacionados a essas entradas. Além disso, supõe-se também que a mente é determinada de fora para dentro. Sendo assim, o cérebro não seria nada mais que um computador.

Contudo, a questão e sua solução não são tão simples. Os testes para avaliar inteligência de programas informáticos acabam, por um lado, sendo generosos com o computador e, por outro lado, ridicularizando a mente humana. Se Cybelle pode durante certo tempo parecer fazer sentido nos diálogos que conduz, não quer dizer que seja inteligente ou que pense. Como aponta Searle (1997: 36), o problema não é "mesmo-comportamento-portanto-mesmos-fenômenos-mentais". Se esse for o encaminhamento (como no Teste de Turing), então "os rádios são conscientes porque exibem comportamento verbal inteligente"!

Mas, como interação, o que falar de Cybelle? Pode-se dizer que Cybelle é uma interface de hipertexto diferenciada. Em páginas da *web* convencionais, *links* são programados para levarem a uma determinada página. Trata-se pois de uma interação reativa, já que a relação internauta–*site* encontra-se determinada, isto é, sempre que oferecer o estímulo X o internauta será conduzido ao *link* Y. No diálogo com Cybelle não existem *links* para serem clicados, mas as palavras usadas (e suas combinações) servem de âncoras para certos textos predeterminados. Logo, Cybelle é, em última instância, um hipertexto no qual o internauta recebe novos textos que se associam aos estímulos que ele dá entrada. Com esse perfil, entendemos que a interação mantida com a *chatterbot* brasileira é reativa, pois acontece por meio da previsão e da programação. Mesmo a entrada de frases totalmente desconhecidas pelo internauta é prevista (o que dispara uma resposta *default*).

A conversa de um adolescente com Cybelle, por exemplo, não configura uma interação do tipo mútua, pois não há implicações e transformações recíprocas. As respostas de Cybelle afetam o internauta, mas ela jamais se transforma diante do comportamento daquele que a argúi. Se o rapaz repetir a mesma sequência de perguntas obterá as mesmas respostas (exceto nas situações em que mais de uma resposta foi programada para dado estímulo). O comportamento de Cybelle foi previsto e definido mesmo antes da interação com o jovem começar. A robô não pode aprender com ele, pois recebe todas as suas informações da equipe de programação. Enfim, não se observa negociação ou cooperação entre Cybelle e seus interagentes. Finalmente, a *chatterbot* não compreende o que lhe escrevem. Suas reações são automatizadas por uma relação estímulo–resposta. E, como não apresenta interpretação ou compreensão, também não lembra o que foi dito instantes atrás. Sendo assim, a conversa com Cybelle está sempre começando, pois não existe evolução ou construção cooperada. Por mais que se trate de uma interação, ela é de um tipo restritivo e limitado.

Enfim, o desenvolvimento da inteligência artificial vem atualizar o interesse por temas tão difíceis quanto desafiantes, como inteligência, mente, interação, linguagem, consciência, cooperação, entre tantos outros.

Bibliografia

BOTSPOT. *Bot descriptions: the spot for all bots on the net.* In: <http://www.botspot.com>.

DEL NERO, Henrique Schutzer. *O sítio da mente*: pensamento, emoção e vontade no cérebro humano. São Paulo: Collegium Cognitio, 1997.

ECO, U. *Tratado geral de semiótica.* São Paulo: Perpectiva, 1991.

HUTCHENS, Jason L. *How to pass the Turing Test by cheating.* 23 abr. 1996. In: <http://ciips.ee.uwa.edu.au/~hutch/research/papers/>.

HUTCHENS, Jason L.; ALDER, Michael. *Introducing MegaHAL.* In: <http://ciips.ee.uwa.edu.au/~hutch/research/papers/>.

LAVEN, Simon. *The Simon Laven page.* In: <http://www.toptown.com/hp/sjlaven/>.

LEBOW, Irwin. *The digital connection*: a layman's guide to the information age. Nova York: Computer Science Press, 1991.

LÉVY, Pierre. *A ideografia dinâmica*: rumo a uma imaginação artificial? São Paulo: Loyola, 1998.

____________. *As tecnologias da inteligência*: o futuro do pensamento na era da informática. São Paulo: Editora 34, 1993.

LOEBNER PRIZE. *The home page of the Loebner Prize – The first Turing Test.* 15 mar. 1999. In: <http://www.loebner.net/Prizef/loebner-prize.html>.

MATURANA, Humberto. *A ontologia da realidade.* Belo Horizonte: UFMG, 1997.

MATURANA, Humberto; VARELA, Francisco. *De máquinas e seres vivos*: autopoiese – a organização do vivo. 3. ed. Porto Alegre: Artes Médicas, 1997.

____________. *El árbol del conocimiento*: las bases biológicas del entendimiento humano. 7. ed. Santiago del Chile: Editorial Universitaria, 1990.

PIAGET, Jean. *A formação do símbolo na criança*: imitação, jogo e sonho, imagem e representação. Rio de Janeiro: LTC, 1990.

____________. *Biologia e conhecimento.* 2. ed. Petrópolis: Vozes, 1996.

____________. *O desenvolvimento do pensamento*: equilibração das estruturas cognitivas. Lisboa: Dom Quixote, 1977.

RABUSKE, Renato Antônio. *Inteligência artificial*. Florianópolis: UFSC, 1995.

SEARLE, John. *O mistério da consciência*. Rio de Janeiro: Paz e Terra, 1998.

____________. *A redescoberta da mente*. São Paulo: Martins Fontes, 1997.

SFEZ, Lucien. *Crítica da comunicação*. São Paulo: Loyola, 1994.

SHANNON, C.; WEAVER, W. *The mathematical theory communication*. Urbana, IL: University of Illinois, 1962.

SMITH, R. G. *Speech communication*: theory and models. Nova York: Harper & Row, 1970.

TEIXEIRA, João de Fernandes. *Mentes e máquinas*: uma introdução à ciência cognitiva. Porto Alegre: Artes Médicas, 1998.

TURING, Alan M. *Computing machinery and intelligence*. 1950. Mind, 59, 433-560. In: <http://www.loebner.net/Prizef/TuringArticle.html>. 1950.

WHALEN, Thom. *Thom's participation in the Loebner Competition 1995 or how I lost the contest and re-evaluated humanity*. In: <http://debra.dgbt.doc.ca/chat/story95.html>.

6. Democracia e a Internet como esfera pública virtual: aproximando as condições do discurso e da deliberação*

Rousiley C. M. Maia

É a Internet um instrumento de democratização?

Os dispositivos das novas tecnologias de comunicação e informação, interativos e multifuncionais, têm sido freqüentemente notados como recursos para fortalecer o processo democrático. A Internet oferece uma grande variedade de informações, não apenas material de origem oficial. Reduz os custos da participação política e permite envolver diferentes parceiros de interlocução, desde a troca de *e-mails* numa base cidadão–cidadão, os *chats* e os grupos eletrônicos de discussão, até as amplas conferências. Isso significa um potencial de interação inédito se comparado com os veículos de comunicação tradicionais. A rede pode proporcionar um meio pelo qual o público e os políticos podem se comunicar, trocar informações, consultar e debater, de maneira direta, rápida e sem obstáculos burocráticos.

No domínio da sociedade civil, não há dúvidas de que as comunidades virtuais estão criando plataformas suplementares, importantes, para a participação política. Contudo, em grande parte da literatura

---

* Trabalho apresentado no GT Comunicação e Política, para a X Reunião da Compós, Brasília, maio/jun. 2001. Este texto é uma versão reformulada da comunicação apresentada no Congresso Internacional "Internet, Democracia e Bens Públicos" (FAFICH/UFMG, 6 a 9 nov. 2000).

sobre a chamada ciberdemocracia ou democracia digital,[1] é comum enfatizarem-se exageradamente as dimensões tecnológicas e associar-se deterministicamente o potencial das novas tecnologias com a revitalização de instituições e práticas democráticas. Colocar a questão simplesmente nos termos de se "a Internet é um instrumento de democratização" pode levar a diversos equívocos. Em primeiro lugar, se as novas tecnologias podem proporcionar um ideal para a comunicação democrática, oferecendo novas possibilidades para a participação descentralizada, elas podem, também, sustentar formas extremas de centralização de poder. No mercado, empresas com produção em larga escala e provedores disputam o controle desses meios e vendem serviços e produtos num mundo virtual rápido, quase sem fronteiras (Malina, 1999: 24; Moore, 1999: 42-4). Isso fortalece o grupo das elites transnacionais e pode beneficiar a expansão de grupos de orientação antidemocrática.

Em segundo lugar, é preciso levar em consideração que, para fortalecer a democracia, são necessárias não *apenas* estruturas comunicacionais eficientes, ou instituições propícias à participação, mas também devem estar presentes a motivação correta, o interesse e a disponibilidade dos próprios cidadãos para se engajar em debates. As novas aplicações tecnológicas, independentemente de favorecer ou dificultar a democracia, devem ser pensadas de maneira associada com os elementos sócio-históricos próprios dos atores sociais e com os procedimentos da comunicação estabelecida entre os sujeitos comunicantes concretos.

Neste artigo, busco examinar as características da Internet como uma *esfera pública virtual.* A minha premissa é que a topografia da rede e o procedimento da interação comunicativa são elementos, simultaneamente, autônomos na sua origem, mas interdependentes no efeito que provocam. Assim sendo, procuro investigar, na primeira parte do texto, o modo pelo qual o suporte tecnológico da Internet configura de maneira peculiar as condições da comunicação, sem

[1] A noção de democracia digital faz referência a uma variedade bastante extensa de aplicações tecnológicas, incluindo "parlamentos populares" televisionados ou júris cidadãos, voto eletrônico, atividades de *lobby* e campanha por *e-mails,* redes cívicas e grupos de discussão eletrônica, prestação de serviços públicos pela Internet, etc. (Hague e Loader, 1999: 3).

perder de vista o "procedimento" da comunicação democrática. Para desenvolver tal problemática, busco uma aproximação com as regras do discurso, ou seja, as regras de universalidade, de racionalidade, de não-coerção e de reciprocidade, propostas pelo quadro teórico habermasiano. Na segunda parte, busco explorar particularmente o modo pelo qual os atores da sociedade civil, ligados aos setores periféricos do sistema político, podem agir como atores discursivos e contribuir para o estabelecimento da deliberação e de uma conversação relevante politicamente. Argumento que os procedimentos do discurso prático, se tomados numa perspectiva de debate público a longo prazo, não são tão exigentes quanto o são no discurso singular (o encontro dialógico único).

Esfera pública e democracia

Habermas, em suas obras recentes, considera de maneira mais ativa a dimensão comunicativa na política e constrói o modelo de democracia deliberativa em termos de um modelo de circulação de poder (Cronin e De Greiff, 1998).[2] Para evitar as ciladas das abordagens comunitaristas, que supõem níveis elevados de virtude cívica, bem como a confiança excessiva das abordagens liberais no papel das instituições para promover procedimentos deliberativos, Habermas procura construir um modelo combinado (Habermas, 1995 e 1997). O autor busca mostrar que a democracia, num contexto pluralista, depende, de um lado, da institucionalização das condições necessárias e dos procedimentos para o estabelecimento da comunicação entre os cidadãos e, de outro lado, da interpenetração entre a tomada de decisão institucionalizada e a opinião pública constituída de modo informal, mas, ainda assim, racionalizada. A teoria da democracia

[2] Segundo Cronin e De Greiff (1998), Habermas constrói o modelo de democracia deliberativa em termos de circulação de poder: "on the input side, influence generated in the public sphere is transformed through the democratic procedures of elections and parliamentary opinion – and will-formation into communicative power; which in turn is transformed through the legal programs and policies on parliamentary bodies into administrative power; at the output end, administrative programs create the necessary conditions for the existence of civil society and its voluntary associations, and hence of a vibrant political public sphere" (p. xvi-vii).

deliberativa habermasiana é construída em dois planos. Há uma distinção e descrição normativa (a) do processo informal da formação da vontade na esfera pública e (b) da deliberação política, a qual é regulada por procedimentos democráticos e é orientada para a tomada de decisão em sistemas políticos específicos. Essas são duas dimensões dependentes. Em uma sociedade descentrada, a soberania popular procedimentalizada, ligada às esferas públicas periféricas, e o sistema político encontram-se intimamente associados.[3]

Em suas formulações recentes, Habermas (1992 e 1997) busca construir um conceito de esfera pública a-histórico, não-datado, "como um fenômeno social elementar, do mesmo modo que a ação, o ator, o grupo ou a coletividade":

> A esfera pública pode ser descrita como uma rede adequada para a comunicação de conteúdos, tomadas de posição e *opiniões*; nela os fluxos comunicacionais são filtrados e sintetizados, a ponto de se condensarem em opiniões *públicas* enfeixadas em temas específicos (1997: 92).

Esfera pública é caracterizada como o *locus* da comunicação, os espaços nos quais as pessoas discutem questões de interesse comum, formam opiniões ou planejam a ação. A definição de esfera pública, desenvolvida em *Direito e Democracia* [1997] assim como na influente obra *Mudança estrutural da esfera pública* [1984], refere-se ao reino constituído pelo debate, fora das arenas formais do sistema político, onde as atividades das autoridades políticas podem ser confrontadas e criticadas pelo argumento racional e livre (Gomes, 1997 e 1999; Calhoun, 1992). A noção presente de "debate crítico" ainda retira inspiração da concepção kantiana do "uso público da razão", do valor da publicidade e da importância do argumento, conduzido de maneira racional, entre cidadãos considerados como iguais moral e politicamente, como um meio de formar a opinião pública. No entanto, dentro do paradigma lingüístico da ética do discurso, a noção de discurso recebe uma formulação mui-

---

[3] A democracia está associada, diz Habermas, "não apenas à ação coletiva da cidadania, mas também à institucionalização dos procedimentos de comunicação correspondentes" (Habermas, 1998: 248).

to mais detalhada e complexa. Discurso refere-se a situações de argumentação idealizada, seguindo basicamente as condições de universalidade, racionalidade, não-coerção e reciprocidade. Discursos são tipicamente contrafactuais e não serão, como regra, satisfeitos, pois são realizados, ao invés disso, apenas de maneira aproximativa.

Na definição contemporânea de Habermas, a esfera pública, como *locus* da discussão, está associada tanto às interações simples que ocorrem nas arenas conversacionais da vida cotidiana quanto aos fóruns mais ou menos organizados da sociedade civil. Nas palavras de Habermas,

> A esfera pública constitui principalmente como uma *estrutura comunicacional* do agir orientado pelo entendimento, a qual tem a ver com o espaço social gerando no agir comunicativo, não com as funções, nem com o conteúdo da comunicação cotidiana (1997: 92).

> Qualquer encontro que não se limita a contatos de observação mútua, mas que se alimenta da liberdade comunicativa que uns concedem aos outros, movimenta-se num espaço público, constituído pela linguagem. Em princípio, ela está aberta para parceiros potenciais do diálogo, que se encontram presentes ou que poderiam vir a se juntar [...] Quanto mais elas [as esferas públicas] se desligam de sua presença física [...] tanto mais clara se torna a abstração que acompanha a passagem da estrutura espacial das interações simples para a generalização da esfera pública (1997: 93).

A comunicação informal, que se desdobra livremente entre indivíduos e comunidades, fora das arenas políticas formais, deve ser vista como recurso importante para uma interpretação produtiva de preocupações políticas e formulações de demandas a serem enviadas aos corpos administrativos e deliberativos do sistema político. Assim sendo, na obras recentes do autor, há uma mudança crucial da percepção do ideal de uma esfera pública única e singular, para uma multiplicidade de esferas públicas:

> Em sociedades complexas, a esfera pública forma uma estrutura intermediária entre o sistema político, de um lado, e os setores privados do mundo da vida e sistemas de ação especializados em

> termos de funções, de outro lado. Ela representa uma rede supercomplexa que se ramifica espacialmente num sem-número de arenas internacionais, nacionais, regionais, comunais e subculturais, que se sobrepõem umas às outras; essa rede articula-se objetivamente de acordo com os pontos de vista funcionais, temas, círculos políticos, assumindo a forma de esferas públicas mais ou menos especializadas, porém ainda assim acessível a leigos [...] (1997: 107).

Além disso, a esfera pública deve ser vista de maneira diferenciada, de acordo com "a densidade da comunicação, da complexidade organizacional e do alcance", numa diversidade de associações e organizações – desde movimentos sociais e organizações voluntárias, passando por grupos de iniciativas cidadãs que se mobilizam em torno de causas específicas (tais como violência, fome, menor abandonado, etc.) até grupos de auto-ajuda, agrupamentos episódicos e dispersos de pais esperando por filhos na saída da escola, aqueles aguardando horas de visita em hospitais, prisões, etc. Habermas propõe três tipos de esfera pública:

> Esfera pública *episódica* (bares, cafés, encontros na rua); esfera pública de *presença organizada* (encontro de pais, público que freqüenta o teatro, concertos de rock, reuniões de partido ou congressos de igrejas) e esfera pública *abstrata*, produzida pela mídia (leitores, ouvintes e espectadores singulares e espalhados globalmente) (Habermas, 1997: 107).

Habermas não tematiza o que poderia ser considerado "uma esfera pública virtual", constituída pela infra-estrutura das novas tecnologias da informação e da comunicação. Procurarei desenvolver esse ponto a seguir. Por ora, basta indicar que, nesse quadro teórico habermasiano reformulado, a comunicação cumpre o mais importante papel tanto na esfera pública informal (arenas comunicativas na vida social) quanto nas instâncias de decisão dos sistemas políticos constitucionais. O autor sustenta que as esferas públicas parciais são porosas, permitindo ligação entre elas. E no interior da esfera pública geral, definida por meio de sua relação com o sistema político, nos Estados constitucionais, não há fronteiras rígidas. Os princípios constitucionais do Estado democrático de direito preservam o princípio de inclusão de novos temas e de novos participantes no debate público. Isso se dá seja por meio da "politização" de novas questões, seja por meio da tematização da inadequação moral de uma certa forma de exclusão. A inclusão, bem como a transformação das fronteiras "daquilo que é considerado de interesse público ou não", depende, em grande medida, da própria ação discursiva dos atores da sociedade civil. Nesse quadro, as esferas públicas parciais têm seu complemento no governo legalmente regulado; a opinião pública procedimentalizada deve informar e sustentar processos formais de deliberação em sistemas políticos, legalmente regulamentados. A sociedade que promove a deliberação pública possivelmente será mais sensível aos interesses de uma porção mais ampla da população.

A topografia da Internet e as condições de universalização

Como *locus* da discussão que potencialmente engaja a todos, a esfera pública política permite à sociedade chegar a uma percepção comum de seus próprios problemas e dilemas; essa é uma percepção reflexiva, porque deve resultar do argumento aberto e do debate como meio de resolver questões políticas controversas (Melucci, 1996: 221; Taylor, 1997: 263). Evidentemente, a Internet mostra-se como um importante "lugar", uma "arena conversacional", na qual o espaço se desdobra e novas conversações e discussões políticas podem seguir seu curso. As redes eletrônicas permitem que as pessoas interajam localmente ou transcendam as fronteiras do Estado-Nação, para trocar informação e compartilhar interesses comuns em fóruns virtuais, em escala global.

O potencial da Internet para expandir os fóruns conversacionais faz emergir inevitavelmente o problema do acesso. Em termos ideais, a aproximação das condições de universalidade do discurso significa, em primeiro lugar, que não pode haver barreiras excluindo certas pessoas ou grupos do debate. Supõe idealmente a inclusão de todos aqueles potencialmente concernidos ou afetados. Vários críticos já objetaram que o acesso profundamente desigual às tecnologias da comunicação cria novas e severas assimetrias entre os "plugados" e os "não-plugados", ou destituídos das tecnologias da informação (Wilhelm, 1999 e 2000; Milner, 1999; Tsagarousianou, 1998).

Se tomarmos a questão do acesso às novas tecnologias de maneira muito literal, pouco teríamos a recomendar acerca dessa "esfera pública virtual" para ampliar a participação democrática, visando à inclusão de *toda* a população. O alto custo da tecnologia (da linha telefônica e das ligações) e o elevado índice de analfabetismo barram o acesso de muitos ao espaço cibernético. Anthony Wilhelm, elaborando o modelo centro-periferia do acesso tecnológico, discute o problema da barreira digital (*digital divide),* chamando a atenção para a necessidade de se distinguir entre os vários níveis de "acesso" e de "utilização" dos meios, a fim de capturar a lógica de exclusão proporcionada pelas novas tecnologias. No centro da sociedade de informação há aqueles que têm pleno acesso aos seus recursos como instrumentos de informação e comunicação. Na camada seguinte, há os "usuários periféricos", que, embora tenham acesso às tecnologias, utilizam-nas de maneira episódica, sobretudo para propósitos comerciais e de entretenimento. Na camada seguinte, estão aqueles que têm "acesso periférico", que podem ter o próprio computador, mas não estão conectados à rede e dependem de acesso público. Por fim, estão os chamados "imunes ao progresso", aqueles que nunca usaram o computador, não dispõem da educação necessária para fazê-lo e encontram-se irremediavelmente excluídos. Conforme Wilhelm busca evidenciar, tais barreiras digitais acabam por reforçar os eixos de exclusão socioeconômicos e culturais quando as instituições políticas decidem fazer uso das novas tecnologias para formular serviços baseados na escolha dos cidadãos, disponibilizar serviços e democratizar os processos de tomada de decisão. Isso gera um mecanismo retroalimentador, reforçando assimetrias e ampliando as exclusões (Wilhelm, 2000: 73-85).

Para evitar que as "barreiras digitais" ampliem as desigualdades sociais, reforçando ainda mais as vozes daqueles que já são privilegiados no sistema político, o poder público, em parceria com o setor privado, deve estabelecer políticas agressivas para garantir o *acesso comunitário* às novas tecnologias, mediante a implementação de equipamentos na rede escolar, em bibliotecas e em pontos públicos. Além disso, para que as pessoas possam utilizar as tecnologias com propósito e confiança, pouco adianta ter computadores e conexões disponíveis, se os recursos educativos e cognitivos e a capacitação técnica específica não são providos. Projetos de democratização do acesso às tecnologias e de capacitação para plena participação são urgentes e fundamentais.

Entender, contudo, a participação apenas como uma questão de acesso físico individual à tecnologia é equivocado. A questão da participação traz à tona o complexo problema relacionado à formação discursiva da vontade, que diz respeito, também, a uma cultura política favorável ao desenvolvimento do potencial discursivo. Garantir que o maior número de visões esteja presente em um debate público eficaz requer que um alto nível de participação seja mantido. Isso significa não necessariamente um alto nível de ativismo político, mas de interesse político. Há pouca evidência de que o acesso mais amplo às tecnologias irá, por si só e sem mais, expandir o interesse pelas questões políticas simplesmente porque uma parcela maior do público tem chances de participar. Ao invés disso, estudos recentes têm mostrado que os principais obstáculos para a realização da política deliberativa, que pressupõe uma resolução discursiva de problemas afetando o interesse comum, advêm geralmente de uma forma de apatia política e não de empecilhos à liberdade de expressão ou de comunicação.[4]

É improvável que alcancemos uma cultura política perfeitamente discursiva, na qual todos os cidadãos tenham um interesse ativo em discussões políticas ou questões públicas gerais. Não é irreal, contudo, supor que as pessoas estarão (e já estão) envolvidas em questões que afetam mais diretamente as suas vidas, e que se engajem em debates específicos, considerados relevantes ou significativos para uma ação comum efetiva. É exatamente nesse aspecto que os movimentos sociais e as organizações voluntárias da sociedade civil se mostram importantes para "captar situações-problema", utilizando os termos de Habermas (1996b), ou para "traduzir experiências", na expressão de Alexander, "do particular para o geral, do institucional

[4] Estudos sobre a experiência da implementação da Internet em Bolonha, que garantiu a universalidade do acesso a toda a população, evidenciou que os grupos de discussão mais populares estavam ligados a *sites* de entretenimento e temas a-políticos, como culinária, esporte e viagem (Tambini, 1998: 96-7; Guida, 2000).

para o civil e vice-versa" (1997: 25). Uma crescente literatura vem mostrando o modo pelo qual os movimentos sociais ou as associações voluntárias enraizadas em esferas sociais, lidando com questões práticas da existência ou da identidade, fazem surgir os impulsos mais promissores para a reconstrução da democracia (Minow, 1997; Young, 1997; Castells, 1997; Melucci, 1996; Costa, 1994, 1997b).

As práticas interpretativas do meio cultural revelam uma multiplicidade de posições de vítima (em contraposição à noção de classe oprimida) e locais onde lutas estão sendo travadas, as quais se inter-relacionam, ao mesmo tempo, com fatores institucionais e históricos. Nesse sentido, nova atenção tem sido dada aos movimentos sociais e organizações não-governamentais para a "politização de novas questões" (Melucci, 1996: 221). Disseminadas pelo tecido social, essas redes cívicas – movimentos feministas, movimentos de grupos étnicos e de minorias, de portadores de deficiência física e mental, de catadores de papel, organizações em defesa da criança e do adolescente, associações de bairro, grupos de auto-ajuda, movimentos ecológicos, pela paz, contra a violência, etc. – devem ser vistas como "arenas discursivas temáticas", locais de contestação, de argumentação e de deliberação. Apesar de, do ponto de vista institucional, serem consideradas pré-políticas, elas podem proporcionar um revigoramento de demandas e projetos específicos a serem enviados para as arenas políticas institucionais. Essas redes podem captar a dimensão da experiência dos excluídos do debate, catalisar fluxos comunicativos dos setores mais periféricos da sociedade e agir como ativos interlocutores para "construir problemas de forma convincente nesta ou naquela esfera, e de transmitir essa realidade ao conjunto da sociedade" (Alexander, 1997: 25).

Nessa perspectiva, não é preciso operar com a noção fictícia de uma assembléia deliberativa discutindo sobre questões de interesse comum. A universalidade – a possibilidade de inclusão das vozes daqueles potencialmente afetados no discurso público – não pode ser pensada de maneira muito literal, como na metáfora de uma assembléia, na qual todos discutem frente a frente, numa participação direta, num encontro dialógico único. Como discutirei adiante, as redes cívicas vêm tornando possível a inclusão de muitos dos concernidos nesse fórum virtual, *ao menos* no nível do discurso.

Aproximando as condições de racionalidade e de não-coerção

Se o fortalecimento da democracia e das redes cívicas diz respeito não apenas ao problema do acesso físico individual à tecnologia, mas, também, ao interesse e à motivação para a participação política, devemos examinar *as condições da racionalidade* do debate público. Em termos estruturais, a Internet oferece grandes potencialidades para a auto-expressão e para o estabelecimento da comunicação sem coerções. Os usuários da rede têm a possibilidade de produzir e compartilhar a informação sem que esta esteja sujeita a controle, revisão ou sanção do Estado (Hague e Loader, 1999: 6; Tsagarousianou, 1998: 170-6). Além da auto-expressão, os usuários têm amplas possibilidades para a livre associação: podem unir-se às comunidades virtuais que compartilham interesses comuns em escala global, sendo que o pertencimento e a permanência são voluntários

Em princípio, o ambiente da rede parece apresentar muitas vantagens para o debate crítico-racional. A prática comunicativa tende a ser principalmente baseada numa atividade dialógica, numa relação eu–tu, indo além do mero contato para observar um ao outro (relação eu–ele/ela). Não há necessidade da presença física (face a face) dos interlocutores ou de uma duração determinada no tempo. A comunicação pode ser multidirigida, não há necessidade de parceiros fixos ou autorizados. Pela Internet, pode haver uma troca irrestrita de idéias no pano de fundo da cultura da sociedade civil, sendo que todos os problemas pessoais, sociais e institucionais encontram-se abertos para o debate. Aí os participantes são livres para apelar para qualquer consideração que achem convincente e explorar as próprias visões compreensivas. Todos podem questionar e introduzir uma opinião, bem como expressar seus próprios desejos e necessidades. E ninguém deve ser impedido, por força ou coerção, de exercer tais direitos. Nenhum participante no debate pode arbitrariamente encerrar o processo de interpretação e de avaliação das visões compreensivas dos parceiros.

Além disso, o ciberespaço, por prescindir da presença física dos indivíduos, cria um anonimato. Alguns autores defendem que esse anonimato contribui para estabelecer uma condição mais paritária de participação no debate, já que as desigualdades do mundo real (estigmatizações culturais, de classe e de gênero; papéis sociais, diferenças de *status;* habilidade retórica dos participantes, etc.) sofrem um certo apagamento (Barglow, 1994; Rheingold, 2000). Se a discussão acontece em um ambiente livre de medo, de intimidação ou de ridículo, uma variedade maior de pontos de vista pode ser expressa. A "força do melhor argumento", que não guarda relação com o papel social dos participantes, tem maiores chances de se impor num fórum público virtual.

Contudo, se haverá ou não *o processo* de debate é algo que não pode ser decidido *a priori*, pois o debate depende da livre motivação e da ação dos próprios concernidos, que é contingencial e imprevisível. Além disso, o "debate" é mais que uma pura pluralidade de vozes. O debate é focado e caracteriza-se por discussões singulares. Requer que os parceiros construam, de maneira coordenada e cooperativa, um entendimento partilhado sobre uma matéria comum. Os parceiros da interlocução devem expressar o que eles têm em mente; devem ouvir o que os outros têm a dizer e responder às questões e questionamentos. Isso demanda, por sua vez, uma atitude de respeito mútuo.

Autores como A. Wilhelm (1999 e 2000) e Hill e Hughes (1998), preocupados em examinar, mediante pesquisas empíricas, se o procedimento da deliberação está efetivamente presente em grupos virtuais de discussão política, apresentam um quadro que deixa poucos motivos para o entusiasmo. No ambiente da rede não é incomum que o público fique inundado por palavras sem edição, filtros ou outros dispositivos que facilitam a apreensão. Se todos falam e ninguém ouve, temos o resultado semelhante ao de uma torre de Babel. Conforme os estudos de Wilhelm (1999: 169-75) e Hill e Hughes (1998: 71) evidenciam, a grande maioria dos participantes em listas de discussão política e em *chats* expressa a própria opinião, "busca" e "disponibiliza" informação, sem que se vincule a um debate propriamente dito. A prática argumentativa, o dizer e o contradizer visando resolver discursivamente ("por razões") impasses ou diferenças de pontos de vista, é relativamente reduzida se comparada com outras modalidades de comunicação nesses grupos. As tecnologias da informação e da comunicação facilitam o armazenamento e a circulação dos estoques informativos, agilizam as buscas, tornam a vida mais veloz. Contudo, *não determinam* o procedimento da interação comunicativa nem *garantem* a reflexão crítico-racional.

Além disso, dada a utilização da Internet por grupos da sociedade civil, não se pode estabelecer antecipadamente os propósitos políticos da mobilização. A Internet, apesar de abrir as possibilidades para uma comunicação mais horizontal e de favorecer os alegados "efeitos desinibidores", pode ser utilizada de forma altamente hierárquica, reproduzindo padrões autoritários de comunicação de grupos sectários e xenofobistas. Por exemplo, o estudo de Oliver Schmidtke (1989: 73) demonstra o modo pelo qual grupos racistas e da extrema direita em Berlim têm usado a Internet de maneira altamente eficiente e relevante publicamente. No caso examinado, a Internet, como *medium*, facilitou a integração e a coordenação da ação de grupos que antes se encontravam dispersos e favoreceu a disseminação ilegal de propaganda nazista.

Estaríamos, então, adotando uma posição de profundo ceticismo quanto às possibilidades oferecidas pelas novas tecnologias e pela rede de comunicação flexível para favorecer a participação e fortalecer a democracia? Vou agora reformular tais questões mudando o foco da reflexão. Ao invés de pensar a deliberação como o resultado de um encontro dialógico singular (o ato de fala que acontece pela Internet), podemos pensar as condições da deliberação numa dimensão cultural mais ampla. Nessa visada, discurso é concebido num sentido cultural abrangente, na medida em que objetiva, em parte, a formação de preferências e de convicções, e não apenas a agregação de interesses para competição. Tal abordagem oferece uma perspectiva mais ampla para apreciar o potencial que a Internet oferece às redes cívicas para que renovem os impulsos democráticos.

Aproximando as condições de reciprocidade: a sociedade civil e as diferentes dimensões da deliberação

O modelo da conversação particular, tal como representado na situação ideal de discurso,[5] contribui para explicar o complicado processo pelo qual racionalizamos nossas intuições e defendemos nossas convicções. No entanto, é equivocado adotar esse modelo de maneira muito literal para a compreensão da dinâmica do debate público. A dinâmica argumentativa está articulada a uma rede de conversações que opera de maneira distinta da conversação singular, do encontro dialógico "aqui e agora". A formação consensual da vontade é o produto cumulativo de um conjunto de discussões sobre um determinado tempo. É um processo de interpretação coletiva a longo prazo, e não apenas um procedimento de tomada de decisão.

Retomo aqui o problema da deliberação. Na perspectiva da política deliberativa, os atores políticos devem perseguir e especificar o próprio interesse, mas devem também ser responsáveis, justificar os seus propósitos. Se apreciamos o processo de debate público mais a longo prazo, as condições de razoabilidade e de reciprocidade não se apresentam tão exigentes e utópicas quanto pode parecer na situação do diálogo singular.

É irrealista esperar que os cidadãos estejam inteiramente preparados e prontos para especificar racionalmente suas próprias necessidades (Benhabib, 1996; Gutmann e Thompson, 1996). Com relação a questões sociais e políticas complexas, os cidadãos têm inclinações e desejos, mas raramente um conjunto ordenado e coerente de preferências. Muito freqüentemente eles não estão cientes das implicações, méritos e riscos relativos dessas preferências. No entanto, é plausível defender que é por meio do próprio debate público, envolvendo as informações dos especialistas, bem como questões efetivamente colocadas por aqueles sujeitos envolvidos, que as pessoas podem clarear os problemas em questão e os interesses em conflito. Pelo próprio debate, as pessoas tornam-se mais críticas a respeito de suas opiniões e preferências iniciais. Esse é um processo de aprendizagem e organização de um corpo de conhecimento que permite novas interpretações de necessidades, implicando novas atitudes e orientações políticas.

[5] As condições de um discurso ideal não são, jamais, perfeitamente realizadas no mundo real. O discurso ideal encontra várias e inevitáveis limitações no mundo real, já que os atores se encontram sob a pressão das condições assimétricas de poder e *status*, premidos pela necessidade de agir, sob as limitações de tempo e espaço, etc. Por tudo isso, o discurso ideal deve ser visto como um princípio regulativo, sendo os discursos práticos falíveis e de fim aberto, sempre passíveis de revisão.

Críticos têm demonstrado que, quanto mais aberto e livre o debate, menos provável que se chegue a um entendimento final. No debate, há uma enorme variedade de opiniões que permanecem sem acordo. Entramos na conversação possuindo um conjunto de opiniões e dela saímos com o mesmo conjunto de opiniões. Muitas vezes, não gostamos de mudar o nosso ponto de vista imediatamente, numa situação de debate. Contudo, o processo de reavaliação de nossas próprias posições ocorre, com maior freqüência, nos intervalos *entre* as conversações, do que propriamente *nas* conversações. Conforme Simone Chambers (1996) apontou, nem somos, geralmente, capazes de perceber, com clareza, que a nossa visão se alterou em função de críticas e desafios que nos foram endereçados. Esse é um processo gradual e disperso, que nem sempre pode ser localizado num ponto determinado do tempo. Nesse sentido, o debate público é útil para esclarecer reciprocamente os parceiros; a discussão encoraja as pessoas e os grupos a articularem "boas razões" para defender suas causas e autocorrigir argumentos, de maneira tal que possam ser aceitos pelos demais participantes. Assim sendo, por meio do discurso chegamos não propriamente à descoberta de nossos "reais" interesses, mas a uma "interpretação coletiva" de como devemos "entender" nossos interesses mais importantes. Como resultado da interpretação coletiva, um interesse generalizável é sempre aberto à revisão. É também um processo de aprendizagem social daquilo que o bem comum e a justiça demandam.

Além disso, os "interesses generalizáveis" não precisam repousar em interesses particulares idênticos, como se fossem mera sobreposição de interesses particulares. Pesquisas empíricas a respeito da construção da opinião pública sobre tópicos controversos, tais como poder nuclear (Gamson e Modigliani, 1989), destruição ambiental (Alario, 1994), aborto (Dillon, 1993) e assédio sexual, evidenciam que o discurso público – ainda que seja uma atividade constante de interpretação – apresenta a tendência de selecionar e sintetizar, no decorrer do processo, as diferentes compreensões e os pontos de vista, para aglutiná-los em feixes de opiniões tematicamente especificadas (Habermas, 1996a: 360). Num intervalo de tempo mais longo, não é difícil perceber que os modos mais falaciosos e rudes de tratar os problemas tendem a ser questionados no próprio debate público; alguns argumentos mostram-se melhores do que outros e certas soluções são acatadas como mais razoáveis e justas; alguns argumentos se fortalecem enquanto outros se enfraquecem ou, mesmo, desaparecem.

Visto de tal modo, o processo de racionalização do debate,[6] baseado na *prática* da argumentação que acontece na esfera pública, não é tão exigente como imaginado pelos teóricos liberais clássicos. Diferentemente do discurso singular, que tem por objetivo chegar a um consenso para uma decisão obrigatória, num determinado tempo e lugar, e que normalmente exige um alto comprometimento dos participantes, tempo e ativismo político, o ideal presente no discurso prático diz respeito a um processo comunicativo mais reflexivo e disperso, que já acontece, com maior ou menor intensidade, em nossas vidas.

Permanece, entretanto, a questão de como transformar os fluxos comunicativos surgidos nas esferas públicas periféricas em poder comunicativo, a fim de informar e subsidiar os processos de deliberação nos corpos políticos de tomada de decisão. Como transportar tais demandas para as instâncias políticas formais, de maneira que contribua na formulação de programas administrativos? Por certo, muitas das práticas comunicativas que acontecem nos contextos socioculturais da vida diária e nas esferas públicas periféricas não alcançam as instâncias formais do sistema político. Permanecem sem expressão política e, conseqüentemente, sem eficácia política. Contudo, podemos ser menos céticos quanto à possibilidade de os atores da sociedade civil exercerem influência no sistema político, se entendemos os membros dos movimentos sociais e das associações voluntárias como "avaliadores fortes". Os grupos cívicos são mais aptos que os cidadãos comuns para organizar um conhecimento *próprio,* derivado da experiência – tanto da *vivência* prática do problema quanto da *convivência* com outros concernidos em fóruns específicos, tais como encontros informais, reuniões, grupos de discussão, etc. Na

[6] Uso o termo "racionalização" para significar a avaliação crítica das razões que os interlocutores apresentam para sustentar, ou não, um sistema de regras e normas. Nessa perspectiva, o racionalismo no debate é introduzido não como um plano racional (projetos, prognósticos, constituições, etc.) para a sociedade, mas como um *processo* para racionalizar os fundamentos das visões e dos interesses em conflito.

acepção de Taylor (1994), os avaliadores fortes possuem uma atitude reflexiva em relação à própria motivação para agir; desenvolvem a capacidade de examinar criticamente os próprios desejos e interpretar a própria situação na relação com os outros atores sociais. Paralelamente, eles alcançam uma capacidade de articular discursivamente os próprios valores e interesses, numa linguagem que torna tais questões inteligíveis publicamente.

Assim sendo, no quadro da sociedade em rede, com as novas tecnologias da informação e da comunicação ultrapassando a perspectiva dos meios massivos e o monopólio da informação, o processo de aprendizagem social apontado anteriormente deve ser seriamente considerado. Os membros da sociedade civil podem conhecer, por meio do vasto material informativo à disposição, o posicionamento dos diversos atores sociais a respeito de questões específicas. Eles podem definir e interpretar a própria situação diante de valores e compromissos divergentes; identificar argumentos preconceituosos e estigmatizantes. Com efeito, os participantes das redes cívicas, como avaliadores fortes, podem adotar uma posição mais crítica diante das situações que dizem respeito aos seus próprios interesses, e destacar mais facilmente os elementos relevantes dos eventos ou dos discursos que circulam na sociedade, pela mídia, a fim de construir suas interpretações e planejar a ação.

Contudo, esse não é um processo dado. A força decisiva nessas negociações é a comunicação. Os projetos e as soluções somente se tornam racionalmente compreensíveis mediante práticas interativas concretas, *dentro* de um campo de constrangimentos e de oportunidades, que inclui normas institucionalizadas e negociações pragmáticas. Os atores da sociedade civil *podem* beneficiar-se da comunicação mais horizontal e interativa proporcionada pelas novas tecnologias da informação; *podem* beneficiar-se da redução de custos propiciada pela Internet para se auto-organizar, coordenar a ação coletiva e recrutar membros, bem como para produzir e distribuir material informativo de maneira autônoma. Entretanto, não há mecanismos automáticos levando à democratização da vida pública. Os interesses não existem antecipada ou independentemente de sua articulação no discurso. Os atores da sociedade civil devem, sobretudo, ser *competentes* para elaborar uma metalinguagem civil, a fim de relacionar os problemas práticos de suas causas ao conjunto de categorias simbólicas da sociedade, bem como ao sistema normativo. Devem *estabelecer pontes comunicativas* entre os diferentes atores sociais e ambientes de conhecimento. Devem ser *convincentes* para interferir nos consensos éticos que orientam a co-existência social e articular, de modo conseqüente, demandas específicas, a fim de que possam ser mais facilmente encampadas pelas instituições políticas. Por fim, o modo pelo qual os atores das redes cívicas transformam os padrões normativos e administrativos de uma dada sociedade depende, ainda, das relações concretas que se estabelecem entre a sociedade civil e as instâncias decisórias e institucionalizadas do Estado.

Bibliografia

ALARIO, M. Environmental destruction and the public sphere: on Habermas's discursive model and political ecology. *Social Theory and Practice*, *20* (3): 327-41, outono 1994.

ALEXANDER, J. Ação coletiva, cultura e sociedade civil: secularização, revisão e deslocamento do modelo clássico dos movimentos sociais. *RBCS*, *13* (37), jun. 1998.

AVRITZER, L. Teoria crítica e teoria democrática: do diagnóstico da impossibilidade da democracia ao conceito de esfera pública. *Novos Estudos Cebrap*, n. 57, 1999.

BARGLOW, R. *The crisis of the self in the age of information*. Londres: Routledge, 1994.

BENHABIB, S. Toward a deliberative model of democratic legitimacy. In: BENHABIB, S. (Ed.). *Democracy and difference*: contesting the boundaries of the political. Princeton: Princeton University Press, 1996.

CALHOUN, C. (Ed.) *Habermas and the public sphere*. Cambridge: MIT Press, 1992.

CASTELLS, M. *The power of identity*. Oxford: Blackwell, 1997.

CHAMBERS, S. *Reasonable democracy*: Jürgen Habermas and the politics of discourse. Londres: Cornell University Press, 1996.

COHEN, J. Deliberation and democratic legitimacy. In: BOHMAN, J.; REHG, W. (Eds.). *Deliberative democracy*. Londres: MIT Press, 1997.

COHEN, J.; ARATO, A. Politics and the concept of civil society. In: HONNETH, A.; McCARTHY, T.; OFFE, C.; WELLMER, A. (Eds.). *Cultural-political interventions in the unfinished project of enlightenment.* Cambridge: Cambridge University Press, 1992.

COSTA, S. Esfera pública, redescoberta da sociedade civil e movimentos sociais no Brasil. *Novos Estudos, 38*: 38-52, 1994.

____________. Do simulacro e do discurso: esfera pública, meios de comunicação de massa e sociedade civil. *Comunicação e Política,* nova série, 1997a.

____________. Movimentos sociais, democratização e construção de esferas públicas locais. *RBCS, 12* (35), 1997b.

CRONIN, C.; DE GREIFF, P. (Eds.). *The inclusion of the other*: studies in political theory. Cambridge: MIT Press, 1998.

DILLON, M. Argumentative complexity of abortion discourse. *Public Opinion Quarterly, 57*: 305-14, 1993.

GAMSON, W.; MODIGLIANI, A. Media discourse and public opinion on nuclear power: a constructionist approach. *AJS, 95*: 1-37, jul. 1989.

GOMES, W. *Esfera pública política e media*: com Habermas contra Habermas. Texto apresentado na Compós, 1997, Rio Grande do Sul.

____________. Esfera pública política e media II . In: RUBIM, A. A. C.; BENTZ, I. M. G.; PINTO, M. J. (Eds.). *Práticas discursivas na cultura contemporânea.* São Leopoldo: Unisinos, Compós, 1999.

GUIDA, L. *E-Democracy in Bologna*: Iperbole civic network, how to built a participative on line community. In: <http://www.e-democracy.lcc.ufmg.br>.

GUTMANN, A.; THOMPSON, D. (Eds.). *Democracy and disagreement.* Londres: Harvard University Press, 1996.

HAGUE, B.; LOADER, B. *Digital democracy:* discourse and decision making in the information age. Londres: Routledge, 1999. p. 3-22.

HABERMAS J. *Mudança estrutural da esfera pública.* São Paulo: Tempo Brasileiro, 1984.

____________. Further reflections on the public sphere. In: CALHOUN, C. (Ed.). *Habermas and the public sphere.* Cambridge: MIT Press, 1992.

____________. Struggle for recognition in the democratic constitutional state. In: GUTMANN, A. (Ed.). *Multiculturalism.* Princeton: Princeton University Press, 1994.

____________. Três modelos de democracia. *Lua Nova*, n. 36, 1995.

____________. *Between facts and norms*. Cambridge: MIT Press, 1996a.

____________. Postscript to between facts and norms. In: DEFLEM, M. (Ed.). *Habermas, modernity and Law*. Londres: Sage, 1996b.

____________. *Direito e democracia*. Rio de Janeiro: Tempo Brasileiro, 1997.

HILL, K.; HUGHES, J. Web sites, interest groups and politics. In: *Cyberpolitics* – Citizen activism in the age of the Internet. Nova York, 1998. p. 133-78.

MALINA, A. Perspectives on citizen democratization and alienation in the virtual public sphere. In: HAGUE, B.; LOADER, B. *Digital democracy:* discourse and decision making in the information age. Londres: Routledge, 1999. p. 23-38.

MELUCCI, A. *Challenging codes*: collective action in the information age. Cambridge: Cambridge University Press, 1996.

MILNER, E. Electronic government: more than just a "good thing"? A question of "ACCES". In: HAGUE, B.; LOADER, B. *Digital democracy*: discourse and decision making in the information age. Londres: Routledge, 1999. p. 63-72.

MINOW, M. *Not only for myself* – Identity, politics & the Law. Nova York: New Press, 1997.

MOORE, Richard K. Democracy and cyberspace. In: HAGUE, B.; LOADER, B. *Digital democracy*: discourse and decision making in the information age. Londres: Routledge, 1999. p. 39-59.

RHEINGOLD, H. *The virtual community*: homesteading on the electronic frontier. Nova York: Addison-Wesley, 2000.

SCHMIDTKE, O. Berlin in the net: prospect for cyberdemocracy from above and below. In: TSAGAROUSIANOU, R; TAMBINI, D.; BRYAN, C. *Cyberdemocracy* – Technology, cities and civic networks. Londres: Routledge, 1998. p. 60-83.

TAMBINI, D. Civic networking and universal rights to connectivity: Bolonha. In: TSAGAROUSIANOU, R.; TAMBINI, D.; BRYAN, C. *Cyberdemocracy* – Technology, cities and civic networks. Londres: Routledge, 1998. p. 84-109.

TAYLOR, C. The politics of recognition. In: GUTMANN, A. (Ed.). *Multiculturalism*. Princeton: Princeton University Press, 1994.

__________. Liberal politics and the public sphere. In: TAYLOR, C. *Philosophical arguments*. Harvard: Harvard University Press, 1997.

TSAGAROUSIANOU, R. Back to the future of democracy? New technologies, civic networks and direct democracy in Greece. In: TSAGAROUSIANOU, R.; TAMBINI, D.; BRYAN, C. *Cyberdemocracy* – Technology, cities and civic networks. Londres: Routledge, 1998. p. 41-59.

__________. Electronic democracy and the public sphere – Opportunities and challenges. In: TSAGAROUSIANOU, R.; TAMBINI, D.; BRYAN, C. *Cyberdemocracy* – Technology, cities and civic networks. Londres: Routledge, 1998. p. 167-78.

WILHELM, Anthony. Virtual sounding boards: how deliberative is online political discussion. In: HAGUE, B.; LOADER, B. *Digital democracy*: discourse and decision making in the information age. Londres: Routledge, 1999. p. 154-78.

__________. *Democracy in the digital age*. Londres: Routledge, 2000.

YOUNG, I. M. *Intersecting voices*. Princeton: Princeton University Press, 1997.

7. Considerações para um estudo sobre o formato da notícia na *web*: o *link* como elemento paratextual*

Luciana Mielniczuk

Marcos Palacios

Introdução

A preocupação que baliza este texto é o formato da notícia na escrita hipertextual dos produtos jornalísticos disponibilizados na *web*. Para fins deste trabalho, a notícia será abordada como a narrativa de acontecimentos veiculados em *sites* de natureza jornalística na Internet. Discussões teóricas sobre o caráter da notícia jornalística não serão contempladas no momento.

Lendo um jornal, ouvindo um noticiário pelo rádio ou assistindo-o na televisão, o público já está acostumado com o formato da narrativa pelo qual o fato noticiado lhes é apresentado. Ao longo da história desses veículos, nem sempre o formato foi o mesmo, ocorrendo evoluções e transformações. Na história do jornalismo impresso diário, por exemplo, observa-se a transformação de um produto com longos blocos de textos e poucas ilustrações para um formato no qual se utilizam blocos de textos menores, intercalados com um maior número de imagens, incluindo a fotografia e o uso da cor na impressão. Por fim, atualmente, adaptando a idéia do *link* hipertextual, observa-se, em algumas experiências, a utilização de pequenos quadros/boxes

* Trabalho apresentado no GT Estudos de Jornalismo, para a X Reunião da Compós, Brasília, maio/jun. 2001.

explicativos que são conectados, por meio de um fio, diretamente a uma palavra do texto principal. Esse recurso é utilizado, por exemplo, na revista *Veja*, na seção Hipertexto.

O hipertexto utilizado no ambiente das redes telemáticas vai permitir em uma mesma tela a coexistência de textos, sons e imagens, tendo como elemento inovador a possibilidade de interconexão quase instantânea por meio de *links*, não só entre partes de um mesmo texto, mas entre textos fisicamente dispersos, localizados em diferentes suportes e arquivos integrantes da teia de informação constituída pela *web*. Trata-se de um padrão de organização da informação até então não utilizado na narrativa jornalística, sendo essencial buscar, na teoria do hipertexto, caminhos que possam subsidiar especulações sobre os formatos da narrativa jornalística nessa nova situação de sua produção e consumo.

Este artigo tem pretensões limitadas, priorizando a discussão, embasada por uma observação empírica, de um único elemento do universo do jornalismo hipertextual: o *link*. Como veremos adiante, tal escolha se fundamenta no fato de ser o *link* um elemento essencial para a estruturação da narrativa jornalística no formato hipertextual, porém ainda não estudado sob a ótica utilizada neste trabalho. Nosso objetivo é estabelecer alguns pontos básicos, apontando para a importância do estudo do *link* para a compreensão do formato jornalístico *online*.

Redes telemáticas e jornalismo *online*

Utilizando o hipertexto e funcionando no ambiente das redes telemáticas, o jornalismo *online* passa a apresentar características diferenciadoras em relação aos formatos precedentes do texto jornalístico. Para Bardoel e Deuze (2000) são quatro as características do jornalismo *online*: hipertextualidade, multimidialidade, interatividade e personalização.

É evidente que nem todos esses elementos são novos. Com efeito, se buscamos entender o processo de transformação por que passa o jornalismo nesse novo formato, uma das palavras-chave dessa busca deve ser "potencialização". Características que podem ser identificadas em outros suportes (impresso, rádio, tevê) são estendidas e potencializadas na prática do jornalismo *online*.

A constatação desse fenômeno de potencialização deve posicionar o analista no sentido de buscar compreender como muda o formato da notícia (e portanto sua produção e consumo) e não apenas o formato do veículo. Muitas vezes, as definições das características são elaboradas contemplando somente a esfera da publicação como um todo, ou seja, como suporte, e não incluem a perspectiva da notícia em si.

Veja-se o caso da interatividade: Bardoel e Deuze (2000) consideram que a notícia *online* possui a capacidade de fazer com que o leitor-usuário sinta-se parte do processo. Segundo eles, isso pode acontecer pela utilização de diversos recursos interativos, como a troca de *e-mails* entre leitores e jornalistas, a disponibilização da opinião dos leitores em fóruns, os *chats* com jornalistas. Os autores, no entanto, não contemplam a perspectiva da interatividade no âmbito da própria notícia, ou seja, a navegação pelo hipertexto que, conforme Machado (1997), constitui também uma situação interativa.

No jornalismo *online* não se pode falar simplesmente em interatividade e sim em uma série de processos interativos. Adota-se o termo multi-interativo para designar o conjunto de processos que envolvem a situação do leitor de um jornal *online*. Entende-se que diante do computador conectado à Internet o usuário estabelece relações: a) com a máquina; b) com o a própria publicação, por meio do hipertexto; e c) com outras pessoas – seja autor ou outros leitores – por meio da máquina (Lemos, 1997; Mielniczuk, 1998).

Com relação à personalização, além de pensar a configuração dos produtos de acordo com os interesses individuais dos usuários, pode-se considerar que o fato de o usuário percorrer seus próprios caminhos, optando entre os *links* disponíveis e construindo uma linearidade narrativa particular (Palacios, 1999), também caracteriza uma forma de personalização.

Ao incluir a esfera da notícia nas definições de interatividade e de personalização, acaba-se por estender tais definições. E a partir dessa ampliação, torna-se possível afirmar que as características de multimidialidade, de interatividade e de personalização são constitutivas da hipertextualidade, pois essa última vai implicar a existência de textos escritos, sonoros e visuais, que estão organizados em blocos de informações interconectados. E a leitura será feita por meio da navegação interativa por esses caminhos.

Cada leitor irá percorrer um caminho único (personalizado) ditado pelas suas escolhas entre as opções possíveis.

Cabe incluir uma quinta característica do jornalismo *online* (Palacios, 1999): a memória. Na Internet, o acúmulo de informações é mais viável técnica e economicamente do que em outras mídias, surgindo a possibilidade de armazenar e acessar com maior facilidade material disponibilizado anteriormente, tanto no momento da produção, quanto do consumo da informação jornalística. Os arquivos *online* são um recurso que muitos veículos já oferecem em suas versões hipertextuais.

Se é evidente que a maioria das características atribuídas ao jornalismo *online* são potencializações de elementos já existentes em suportes midiáticos anteriores, deve ficar claro, por outro lado, que há pelo menos um aspecto que efetivamente é uma absoluta novidade a partir do uso do hipertexto para a prática do jornalismo nas redes telemáticas: pela primeira vez na história confrontamo-nos com um processo de produção jornalística que, para efeitos práticos, não está sujeito às limitações de espaço (como no caso do jornalismo impresso) ou tempo (como nos casos do rádio e telejornalismo). A junção da hipertextualidade com a memória rompe os limites espaciais e temporais que foram, desde sempre, uma "marca essencial" da prática jornalística em todos os seus suportes pré-telemáticos. Tal situação de ruptura força o teórico a debruçar-se sobre as especificidades dessa nova prática hipertextual.

Hipertexto e jornalismo *online*

Apesar do alcance restrito deste trabalho, que pretende apenas iniciar a discussão sobre um dos aspectos específicos do uso do hipertexto no jornalismo, faz-se necessário, preliminarmente, esboçar ainda que rapidamente as características gerais desse tipo de prática de escrita.

Resgatando, mesmo que superficialmente, a definição de Theodor Nelson, autor da expressão, o hipertexto constitui

> uma escrita não-seqüencial, num texto que se bifurca, que permite que o leitor escolha e que se leia melhor numa tela interativa. De acordo com a noção popular, trata-se de uma série de blocos de texto conectados entre si por nexos, que formam diferentes itinerários para o usuário (Nelson apud Landow, 1995: 15).

A partir dessa definição detectam-se três elementos – blocos de textos; ligações entre eles; e meio digital/tela do computador – que vão dar sustentação a uma dinâmica particular de funcionamento do hipertexto no que diz respeito à organização das informações (escrita) e ao acesso a elas (leitura).

Segundo Lévy (1995) o hipertexto possui seis características básicas. Cabe dizer que o autor também as denomina de "princípios abstratos" do hipertexto. Em linhas gerais, são eles:

1) *Princípio de metamorfose* – que se refere ao fato de a rede hipertextual encontrar-se em constante construção e renegociação.
2) *Princípio de heterogeneidade* – diz que os nós de uma rede hipertextual podem ser compostos de imagens, sons, palavras.
3) *Princípio de multiplicidade e de encaixe das escalas* – os nós ou conexões podem ser, eles mesmos, uma rede de nós e conexões, sucessivamente.
4) *Princípio de exterioridade* – o crescimento e a diminuição da rede, bem como sua composição e recomposição, dependem da adição ou subtração exterior de elementos ou conexões.
5) *Princípio de topologia* – o funcionamento ocorre por proximidade.
6) *Princípio de mobilidade dos centros* – os vários centros da rede são móveis, formando ao redor de si uma ramificação em estrutura de rizoma.

Landow (1997), ao trabalhar a teoria do hipertexto, vai apresentar o que ele considera as características do hipertexto:

Intertextualidade – O hipertexto seria, essencialmente, um sistema intertextual, enfatizando uma intertextualidade que ficaria limitada nos textos em livros. As referências feitas a outros textos é potencializada no hipertexto pelo recurso do *link*, que realiza as conexões entres os blocos de textos.

Multivocalidade – A idéia de multivocalidade está relacionada ao conceito de polifonia de Bakhtin: a possibilidade da existência de diversas vozes na narrativa literária. A fragmentação do texto em léxias favoreceria a multivocalidade, pois, como explica Landow, "a voz é sempre aquela destilada pela experiência combinada do foco momentâneo, a léxia que se está lendo, e da narrativa em contínua formação a partir da linha de leitura que o leitor segue" (1997: 36).

Ocasionalmente, ocorre uma certa confusão no conceito de multivocalidade, em virtude da facilidade de elaboração de textos colaborativos no meio digital, podendo ser interpretado também como a possibilidade de co-autoria na redação dos textos, fato esse que não deixa de ser pertinente. Talvez por isso o conceito de multivocalidade pudesse ser compreendido em relação a duas questões: a primeira, no sentido de múltiplas vozes, relativo à construção de uma narrativa literária e, a segunda, num sentido mais operacional, relacionado com a cooperação de vários autores para a criação de um mesmo texto ou narrativa.

Descentralização – Essa característica refere-se ao fato de que, ao contrário dos textos impressos, que propõem um centro, oferecem uma ordem para a leitura (que pode ou não ser obedecida pelo leitor). O hipertexto, sendo uma malha de blocos de textos interconectados, oferece a possibilidade de movimentos de descentramento e recentramento contínuos. É o leitor, seguindo seus caminhos de leitura, que vai elegendo temporariamente os sucessivos centros.

Rizoma – É um conceito desenvolvido por Deleuze e Guatarri, no livro intitulado *Mil platôs*. Os autores utilizam a metáfora de um tipo de vegetação aquática, que se desenvolve na superfície da água, e que, não possuindo tronco ou caule, é totalmente ramificada. Segundo Landow (1997), o rizoma opõe-se à idéia de hierarquia, pois ao contrário da estrutura de uma árvore, um rizoma, em tese, pode conectar qualquer ponto a qualquer outro ponto, oferecendo muitos começos e muitos fins.

Intratextualidade – Essa característica é citada por Landow (1995: 53) e refere-se às ligações internas estabelecidas entre léxias dentro do mesmo sistema ou *site*.

É interessante observar que Lévy pensa o hipertexto como um mero recurso, uma tecnologia da escrita, enquanto Landow discorre sobre as características do hipertexto já o pensando como uma possibilidade da escrita (hipertextual) literária. Mesmo partindo de perspectivas diferentes, as caracterizações propostas por ambos os autores estão bastante próximas. Silva Jr. (2000) propõe correlações entre as características trazidas por Landow e os princípios apontados por Lévy:

LANDOW		LÉVY
intertextualidade	↔	exterioridade / topologia / metamorfose
multivocalidade	↔	Heterogeneidade
descentralidade	↔	mobilidade dos centros
rizoma	↔	multiplicidade de encaixe das escalas

FIGURA 1 – Relações estabelecidas entre características apontadas por Landow (1997) e princípios definidos por Lévy (1995).

Silva Jr. não estabelece relação alguma com o princípio da metamorfose, no entanto considera-se que ele está relacionado com a característica da intertextualidade. Tal associação é de responsabilidade do presente texto.

Link: um elemento paratextual

A fragmentação do texto ao longo da história é uma tendência apontada por diversos autores, entre eles Landow (1995), Mouillaud (1997) e Gouazé (1999). Landow remete às diferenças entre a forma da escrita manuscrita e a forma que a escrita impressa adquiriu com o passar dos tempos:

> Eles tinham acesso a textos tão diferentes dos nossos que a mera sugestão de que pudéssemos compartilhar a mesma experiência de

> "leitura" é equivocada. Os leitores da época de Platão, Virgílio ou Santo Agostinho processavam textos sem espaço entre as palavras, sem letras maiúsculas nem pontuação. Se estas frases tivessem sido lidas mil e quinhentos anos antes, teriam este aspecto:
> elestinhamacessoatextostãodiferentesdosnossosqueamerasugestãodequepu déssemoscompartilharamesmaexperiênciadeleituraéequivocadaosleitoresd aépocadeplatãovirgílioousantoagostinhoprocessavamtextossemespaçoentr easpalavrassemletrasmaiúsculasnempontuaçãoseestasfrasestivessemsidoli dasmilequinhentosanosantesteriamesteaspecto (Landow, 1995: 75).

Fazendo referência à evolução do jornal, Mouillaud (1997) observa que no final no século XIX, quando, mesmo no jornalismo impresso, predominava a escrita literária e política, os textos longos faziam os jornais terem um aspecto pesado e cinzento. A necessidade de narrar fatos do cotidiano fragmentou a escrita na imprensa. Os textos curtos e heterogêneos, que passaram a compor o jornal, não respeitavam mais a ordem do discurso e sim a ordem da diagramação.

Comparando o livro e o jornal, Gouazé (1999) chama a atenção para o fato de que o jornal possui uma forma de apresentação fragmentada, como um mosaico. A forma da escritura dá-se por meio de artigos e títulos distribuídos nas diferentes partes do jornal.

Pode-se afirmar que a escrita hipertextual oferece possibilidades que acabam por acentuar a fragmentação textual. Porém, é importante frisar que o hipertexto, como recurso técnico, não determina essa fragmentação. O hipertexto, como recurso de escrita, pode ser utilizado para diversas formas, com diferentes finalidades. Assim sendo, pode-se encontrar, talvez, um texto impresso – um jornal, por exemplo – cujo texto seja mais fragmentado que um outro em hipertexto digital.

É interessante observar esse movimento de fragmentação pelo qual o texto passa ao longo da história. Se formos pensar que a Biblioteca de Alexandria era constituída de volumes cujas páginas eram tabuinhas, pode-se pensar em textos fragmentados, organizados em grupos e conectados (presos) por cordas. Depois vieram os pergaminhos, permitindo o armazenamento de blocos maiores. Estes, mais tarde, foram retalhados para formar páginas que eram agrupadas em códices. Mesmo assim, uma obra mantinha uma certa unicidade, estabelecida pelo suporte livro. A seguir, no suporte jornal, ocorreram as transformações do texto abordadas anteriormente.

Pois bem, de certa maneira, voltamos aos blocos de textos fragmentados como eram na época das tabuinhas de madeira ou de argila. Só que agora a moldura é a tela do computador; no lugar de o texto ser manuscrito, ele é digitalizado; e as ligações entre os blocos de textos é feita por *links*.

Acredita-se que o *link* é o elemento realmente inovador apresentado pelo hipertexto em suporte digital. Essa afirmação está calcada, principalmente, em dois motivos, que estão relacionados, um deles, com a característica da intertextualidade e, o outro, com a característica da multimidialidade.

Em primeiro lugar, mesmo sem utilizar o termo hipertexto e o suporte digital, já haviam sido realizadas experimentações literárias, narrativas não-lineares ou que utilizavam muito a intertextualidade. A novidade do hipertexto digital, então, não está na não-linearidade ou na intertextualidade em si mesmas, mas no *link*, o recurso técnico que vai potencializar a utilização de tais características.

O outro motivo, relacionado à característica da multimidialidade, refere-se à utilização concomitante de códigos de várias mídias, fato que não é inédito. Essa convergência foi acontecendo gradativamente, e a televisão já nos apresenta a possibilidade de imagens, sons e texto escrito. Novamente volta-se ao *link*: o fator inovador está relacionado com a forma de organização (léxias) e formatação (interconexão) da informação.

Justifica-se, dessa forma, o interesse especial nesse elemento constitutivo do hipertexto, o *link*.

Uma outra razão que justifica ainda tamanha preocupação com o *link* é apontada por Gouazé e refere-se à idéia de dispositivos, desenvolvida por Foucault (1987). Segundo Gouazé (1999), o jornal, com sua forma textual de apresentação fragmentada, é o modo pelo qual a atualidade é apresentada, e é assim que ele, o jornal, constitui uma unidade. A forma do jornal seria a condição de existência da atualidade. Sendo assim, a escrita sobre a página do jornal é um dispositivo produtor de sentido: a atualidade.

Mouillaud (1997) irá dizer que, no jornal atual, há uma série de dispositivos imbricados: o produto jornal é constituído de vários elementos (dispositivos), que em conjunto formam o dispositivo do jornal impresso, e, por sua vez, trará uma série de implicações para os processos de comunicação que se dão em torno ou a partir desse veículo. Seguindo a linha de raciocínio desses autores, conclui-se que no jornalismo da *web*, o *link* é um desses elementos (dispositivos) formantes do conjunto de dispositivos que constituem o dispositivo/produto.

Surge, então, uma questão: como estudar o *link*? A partir de qual referencial é possível abordar a questão do *link*, não só como um elemento constitutivo do hipertexto, mas também como um elemento-chave da narrativa jornalística hipertextual. Uma possível solução aponta para o conceito de paratexto, desenvolvido por Gérard Genette, conceito esse também trazido da literatura.

Nas palavras do autor:

> Um trabalho literário consiste, inteiramente ou essencialmente, de um texto, definido (muito minimamente) como uma seqüência mais ou menos longa de declarações verbais que são mais ou menos dotadas de significação. Mas tal texto é raramente apresentado sem estar adornado, reforçado e acompanhado de um certo número de outras produções, verbais ou não, tais como o nome do autor, um título, um prefácio, ilustrações. E apesar de nem sempre sabermos se essas produções devem ou não ser vistas como pertencendo ao texto, em todo o caso, elas rodeiam o texto e o estendem, precisamente para *apresentá-lo,* no sentido usual desse verbo, e num sentido mais forte: fazer *presente*, garantir a presença do texto no mundo, sua "recepção" e consumo sob a forma (atualmente, pelo menos) de um livro. Esse tipo de produção, que varia em extensão e aparência, constitui o que eu chamei [...] de *paratexto* [...]. O *paratexto* é aquilo que permite que o texto se torne um livro e seja oferecido como tal para seus leitores e para o público de modo geral [...] (Genette, 1997: 1, grifos do autor).

Os paratextos seriam os textos que acompanham, envolvem, delimitam o texto principal. Corresponderiam a uma zona de transição e de transação entre o texto (para o autor, especificamente o livro) e o leitor. Para exemplificar, o autor pergunta como identificar um livro? Como vamos ler *Ulisses*, de Joyce, se não há no volume o título? Como vamos saber que aquele volume corresponde a tal obra? Ele compara, ainda, o paratexto à sala de espera de um cinema antigo: seria a região de transição entre um ambiente escuro, a sala de projeção, e o burburinho da rua.

Trata-se de uma zona de transição, pois é a partir do paratexto que o leitor "entra" no texto, e transação, pois é por meio do paratexto que o leitor elege o texto. Como explica Babo:

> Ao conjunto de elementos que se encontram no limite do texto, estabelecendo-lhe a fronteira e instaurando o livro como configuração comunicacional da textualidade, chama-se paratexto [...] Os mais marcantes elementos do paratexto são o título e a assinatura. Mais do que delimitarem o texto, concedendo-lhe a referência de origem – o nome do autor – e o seu próprio – o título –, estes elementos fundam a própria noção de obra. São pois elementos de ligação que apresentam a obra, preenchendo a distância que se cria entre o texto e o leitor (1998: 417).

Em *Paratext*: thresholds of interpretation, Genette faz um inventário sobre elementos paratextuais, dedicando um capítulo a cada um deles. O autor admite ter deixado de fora do seu livro três práticas paratextuais, pois o estudo delas demandaria um trabalho muito grande para serem incluídas nesse mesmo livro. São elas: a tradução, as publicações seriadas e as ilustrações. Ele também admite a existência de paratextos em áreas fora da literatura e propõe que se estenda o termo para áreas nas quais o trabalho não consiste em um texto. Cita, por exemplo, a música e as artes plásticas.

Concluindo, pode-se dizer que todo o texto, seja ele em livros, jornais, revistas, cartas, são envoltos por um paratexto, "que é um discurso transtextual, o qual permite ao texto manifestar-se publicamente como exemplar de uma série e inserir-se em uma situação de comunicação definida" (Gouazé, 1999). Ele considera o paratexto como um dispositivo do texto escrito.

Genette (1997) aponta para o fato de que o paratexto evolui constantemente, de acordo com o período histórico, contexto cultural, gênero literário. Já Babo, discorrendo sobre o hiperlivro, diz que "o hiperlivro não mata o livro, mas suspende-lhe os contornos, desfaz-lhe os limites, reorganiza e reformula-lhe o paratexto" (1998: 416). E Gouazé (1999), referindo-se à história do escrito, afirma que o texto, desde o pergaminho até a tela, passa por um processo de fragmentação e conseqüente crescimento do paratexto, conforme a seguinte ilustração:

LIVRO

Paratexto | Texto

JORNAL

Paratexto | Texto

TELA

Paratexto | Texto

Figura 2 – O crescimento do paratexto nos dispositivos livro, jornal e tela.

Constata-se então:

a) que os elementos paratextuais são passíveis de sofrer modificações ao longo do tempo, de acordo com o contexto;
b) que o hipertexto é um fator que desencadeia alterações no paratexto;
c) que o suporte altera a relação entre texto e paratexto.

Com base nas colocações desses autores defende-se a idéia de que o *link* é um elemento paratextual da escrita em hipertexto. Talvez não o único, mas o que se apresenta com maior evidência na atual fase do jornalismo desenvolvido para a *web*. Em síntese, o paratexto seria um elemento que exerce as seguintes funções:

a) faz uma apresentação do texto principal;
b) é o elemento de negociação (transação) entre leitor e texto;
c) tem a função de realizar a transição entre o mundo do leitor e o mundo do texto;
d) o paratexto está situado nas fronteiras do texto, estabelecendo-lhe os limites.

No início deste trabalho alertou-se que a discussão proposta seria subsidiada por uma observação empírica. No próximo tópico, então, a partir do acompanhamento de um produto jornalístico desenvolvido para a *web*, o *Último Segundo*, pretende-se ilustrar e endossar a afirmação de que o *link* é um elemento paratextual.

Ilustrando os conceitos

O *Último Segundo* (www.ultimosegundo.com.br) é um jornal desenvolvido exclusivamente para a *web*, hospedado no portal *iG* (www.ig.com.br), a primeira iniciativa a oferecer acesso gratuito à Internet no Brasil. Diferente dos jornais que "derivam" de uma versão impressa, a equipe do *US* trabalha exclusivamente para o produto jornalístico na *web*.

O *US* foi lançado, juntamente com o portal, no segundo semestre de 1999 e, na época, foi uma iniciativa empresarial que não contava com a participação acionária de empresa proprietária de veículo de comunicação. Posteriormente, a Bandeirantes passou a fazer parte do grupo que mantém o *iG*. Mesmo assim, é um caso específico no Brasil, por tratar-se de uma empresa de televisão e não de jornalismo impresso como acontecia até então nas investidas jornalísticas na Internet.

A primeira página do *US* está claramente dividida em quatro zonas, conforme o esquema:

<table>
<tr><td colspan="3">A</td></tr>
<tr><td rowspan="2">C</td><td>B1 - - - - - - - - - -</td><td rowspan="2">D</td></tr>
<tr><td>B2</td></tr>
</table>

Figura 3 – Espelho da primeira página do *US*.

A *Zona A* corresponde ao cabeçalho do produto, contendo o nome do jornal, o nome do portal e *links* para outras seções do portal.

Subdividida em duas, a *Zona B* é dedicada às notícias e apresenta apenas *links* intratextuais. Na parte superior (*B1*), há pequenos blocos de textos, em torno de cinco ou seis; na parte inferior (*B2*) são colocados apenas os títulos das notícias mais antigas. Cada bloco de texto possui um *link*, no final, denominado Leia Mais. No caso das notícias em que aparece somente o título, ele mesmo é um *link* (este título também é seguido pelo *link* da editoria à qual a matéria pertence).

Por meio dos blocos de textos, nessa zona fica evidente que aqui estão os centros propostos, dentro da malha textual, para o início da leitura das notícias. Esses blocos de textos e *links* referem-se às notícias mais atuais.

A estrutura dessa região é mantida nos outros níveis de navegação, muda apenas a temática das notícias que será correspondente a cada editoria. Dentro das editorias, a sub-zona *B2*, pode ser novamente dividida: 1) apresentando *links* relacionados à matéria que está em destaque (o centro eleito); 2) apresentando os outros títulos da mesma editoria.

A *Zona C* é constituída prioritariamente por *links* intratextuais, são conexões para as editorias do jornal: Notícias Gerais, Mundo, Dinheiro, Eleições EUA, Finanças, Futebol, TodoEsporte, Mundo Virtual, Cultura, Bem-Estar, Palavra do Leitor, iG.COM, Vestibular, Colunistas, Melhores Reportagens. Há dois *links* externos, apontando para a BBC e Bloomberg, agências com as quais o *US* mantém contrato.

Essa zona mantém-se praticamente igual durante a navegação. Ao entrar num segundo nível, por exemplo, clicando numa determinada notícia e automaticamente entrando na editoria correspondente, a única coisa que muda é o detalhamento dos itens que integram a editoria. Observe, na figura, o exemplo da editoria Dinheiro:

Notícias Gerais Mundo Dinheiro Bancos Economia Empresas Impostos Outros **Eleições EUA Finanças Futebol TodoEsporte Mundo Virtual Cultura Bem-Estar Palavra do Leitor iG.COM Vestibular Colunistas Melhores Reportagens**

Figura 4 – *Zona C*, dentro da editoria Dinheiro.

Por enquanto, o único indício de utilização da característica de multivocalidade ocorre no seção Palavra do Leitor, que se trata de um painel, em tamanho ampliado, das seções correlatas nos jornais impressos.

A *Zona D* caracteriza-se pelo uso de *links* intertextuais, apontado para fora do jornal, seja para o portal do *iG*, para outros *sites* ou para publicidade. Ela está subdividida em várias regiões, a depender do nível de navegação e da editoria escolhida. Essa zona vai apresentar *links* de serviços, como informações sobre trânsito, cotação do dólar, cotação de bolsa de valores, loterias, etc. Também vai oferecer *links* para *sites* externos relacionados com o material jornalístico. Por exemplo, na editoria Bem-Estar, há *links* apontando para *sites* de revistas científicas, sociedades médicas, conselhos, entre outras opções.

A descrição realizada faz um mapeamento genérico dos *links* existentes e do formato de organização e apresentação das informações disponibilizadas pelo *US*. É possível concluir que: *a)* em uma tela do *US*, há muito mais *links* do que propriamente blocos de textos, confirmando as colocações de Gouazé apresentadas na Figura 2; *b)* a estrutura rizomática só é explorada no terceiro nível de navegação, dentro da mesma seção de uma editoria. Só então qualquer léxia será conectada a qualquer outra léxia e a multilinearidade realmente explorada; *c)* constata-se também que o uso de recursos em multimídia é escasso, havendo poucas fotografias, geralmente, uma por matéria. Vídeo e material sonoro não foram encontrados.

Quanto ao *link*, especificamente, cabe agora fazer as indagações pertinentes para verificar se ele exerce as funções atribuídas ao paratexto, para então ser considerado como tal. Antes de retornar às funções do paratexto, cabe esclarecer que está sendo considerada como texto principal a notícia, que no caso do *US*, aparece de forma resumida no primeiro e segundo níveis e na íntegra apenas no terceiro nível. Então, retomando:

a) *O* link *faz uma apresentação do texto principal*? Aparentemente sim. No *US* título e *link* passam a ser um só elemento. O título passa a exercer a função do *link* e o *link* a do título. Logo, se o título é considerado um elemento paratextual, não há razões para o *link* não ser considerado também um elemento paratextual.

b) *O* link *é o elemento de negociação (transação) entre leitor e texto*? Sim, pois é por meio do *link* que o leitor vai eleger a próxima léxia, bloco de texto ou, ainda, a notícia. Estando o leitor no centro eleito, como irá eleger e deslocar-se até o próximo centro? Isso acontecerá pela avaliação/negociação feita por meio do *link*. Essa negociação tem a ver com o *link* também como título.

Vale lembrar o exemplo elaborado por Genette (1999): como vamos ler *Ulisses*, escolher esse livro, dentre tantos na estante, se não há na lombada do volume o título da obra e o nome do autor? Transpondo para a estrutura hipertextual: como é possível escolher o próximo texto senão por meio do *link*?

c) *O* link *tem a função de realizar a transição entre o mundo do leitor e o mundo do texto*? Novamente sim, além de viabilizar a negociação, é o *link* que vai operacionalizar essa escolha. E aqui a função de transição é ampliada para o âmbito do hipertexto, possibilitando a passagem entre os textos durante a navegação.

d) *O* link *está situado nas fronteiras do texto, estabelecendo-lhe os limites*? Mais uma vez a resposta é sim. A notícia é emoldurada pelos *links*. Ao mesmo tempo em que os *links* a cercam, esta moldura funciona como zona de contato, possibilitando a transição entre os textos.

Evidentemente muitas questões ficaram de fora, nesta primeira abordagem do lugar do *link* na escrita jornalística hipertextual. Uma delas, a ser posteriormente examinada, seria a proposição de mais uma função para o elemento paratextual: a de complementar o texto principal. Sendo assim, a partir do princípio da descentralidade podem-se ter léxias cujo *status* é modificável, elas podem ser texto principal ou paratexto, a depender do movimento de centralização e recentralização realizado pelo leitor. Igualmente importante seria uma análise dos elementos paralingüísticos constitutivos do *link* (corpo, tipo, cor, animação, etc.) e seu funcionamento em diferentes contextos de estruturação da notícia.

Ao fazer essa leitura ilustrada dos conceitos teóricos trabalhados anteriormente, pretendeu-se fundamentar empiricamente a afirmação de que, além de ser um elemento essencial na escrita hipertextual, o *link* pode ser considerado um elemento com funções paratextuais. Examinando-o desde tal perspectiva, buscamos acrescentar uma dimensão enriquecedora do estudo do formato da notícia no jornalismo *online*, facilitando um melhor entendimento dos novos mecanismos e dispositivos que estão sendo criados e acionados no contexto das novas ambiências do trabalho jornalístico e das novas tecnologias que o impulsionam.

Bibliografia

Babo, Maria Augusta. O hiperlivro: ainda um livro? *Revista de Comunicações e Linguagens*, 25-26, 1998.

Bardoel, Jo; Deuze, Mark. *Network journalism*, 2000. In: <http://home.pscw.uva.nl/deuze/publ9.htm>.

Barthes, Roland. *Análise estrutural da narrativa*. 4. ed. Petrópolis: Vozes, 1971.

Capparelli, Sérgio; Longhi, Raquel R. Ficção em hipertexto: entre Gertrud Stein e Chico Xavier. In: *Tendências da comunicação*. Porto Alegre: L&PM, 1999.

Casalegno, Federico. *Hiperliteratura, sociedades hipertextuais e ambientes comunicacionais*. In: <http://ultra.pucrs.br/famecos/rf9federico.htm>.

Chartier, Roger. *A aventura do livro*: do leitor ao navegador. São Paulo: Fundação Editora Unesp, 1998.

___________. *A Ordem dos Livros*: leitores, autores e bibliotecas na Europa entre os séculos XIV e XVIII. Brasília: Universidade de Brasília, 1994.

Foucault, Michel. *Vigiar e punir*: nascimento da prisão. Petrópolis: Vozes, 1987.

Gaspari, Elio. Jornalismo sem repórter é uma catástrofe. *Folha de S. Paulo*, 9 nov. 2000, p. A15.

Genette, Gérard. *The Proustian paratexte*. In: <http://substance.arts.uwo.ca/56/56gene~1_R.html>.

Genette, Gérard; Lewin, Jane E. *Paratexts*: threshold of interpretation (literature, culture, theory). Cambridge: University Press, 1997.

Gouazé, Jean. *Os dispositivos da comunicação*. Palestra proferida na Facom/UFBA, Salvador, Brasil, em 25 out. 1999.

Harpold, Terry. *The contingencies if the hypertext link*. In: <http://www.lcc.gatech.edu/~harpold/papers/contingencies>.

LEMOS, André. *Anjos interativos e retribalização do mundo. Sobre interatividade e interfaces digitais*, 1997. In: <http://www.facom.ufba.br/pesq/cyber/lemos/interac.html>.

LIESTOL, Gunnar. Wittgenstein, Genette y la narrativa del lector en el hipertexto. In: LANDOW, George (Org.) *Teoría del hipertexto*. Buenos Aires: Paidós, 1997.

LANDOW, George. *Hipertexto*: la convergencia de la teoría crítica contemporánea y la tecnologia. Buenos Aires: Paidós, 1995.

__________. *Hypertext 2*: the convergence of contemporary critical theory and technology. Baltimore: The Johns Hopkins, 1997.

LÉVY, Pierre. *As tecnologias da inteligência*. Rio de Janeiro: Editora 34, 1995.

__________. *Cibercultura*. São Paulo: Editora 34, 1999.

LONGHI, Raquel. *Metáforas e labirintos*: a narrativa em hipertexto na Internet. Porto Alegre: UFRGS/PPGCOM, 1998. (Dissertação de Mestrado).

MACHADO, Arlindo. Hipermídia: o labirinto como metáfora. In: DOMINGUES, Diana (Org.). *A arte no século XXI*: a humanização das tecnologias. São Paulo: Fundação Editora da Unesp, 1997.

MIELNICZUK, Luciana. *Jornalismo online e os espaços do leitor*: um estudo e caso do NetEstado. Porto Alegre: UFRGS/PPGCOM, 1998. (Dissertação de Mestrado).

MOUILLAUD, Maurice; PORTO, Sérgio Dayrell (Org.). *O Jornal*: da forma ao sentido. Brasília: Paralelo 15, 1997.

MOURÃO, José Augusto. Tecnologia e literatura: as máquinas textuais de F. Laruelle a Landow. *Revista de Comunicações e Linguagens*, 25-26, 1998.

PALACIOS. Marcos. *O que há de (realmente) novo no jornalismo online*? Conferência proferida por ocasião do concurso público para Professor Titular na Facom/UFBA, Salvador, Bahia, em 21 set. 1999.

__________. *Hipertexto, fechamento e uso do conceito de não-linearidade discursiva*. In: <http://www.facom.ufba.br/pesq/cyber/palacios/hipertexto.html>.

PARENTE, André. *O hipertextual*. In: <http://ultra.pucrs.br/famecos/10-17.html>.

SCHULTZ, Tanjev. *Interactive options in online journalism*. In: <http://www.ascusc.org/jcmc/vol5/issue1/schultz.html>.

SILVA, Luís Martins da. Imprensa, discurso e interatividade. In: MOUILLAUD, Maurice; PORTO, Sérgio Dayrell (Org.). *O jornal*: da forma ao sentido. Brasília: Paralelo 15, 1997.

SILVA JR., José Afonso. *Jornalismo 1.2*: características e usos da hipermídia no jornalismo, com estudo de caso do Grupo Estado de São Paulo. Facom/UFBA, 2000. (Dissertação de Mestrado).

8. Por uma semiotização da transmissão direta*

Yvana Fechine

A transmissão direta é uma das características ontológicas da televisão. Toda a estética televisual é influenciada por esse tipo de operação, que permite a produção, transmissão e recepção de sinais de vídeo e áudio de modo simultâneo. Foi a própria TV quem se encarregou de conferir a essa possibilidade técnica uma interpretação ideológica: tudo o que é exibido "ao vivo" é, de modo deliberado, apresentado ao espectador como sendo "mais real" por ser mais imediato e espontâneo (pretensamente, "sem filtros" ou sem maiores intervenções por parte da própria TV). Por mais importante que seja a tarefa de entender o caráter ideológico e por maior que seja o interesse sociológico associados à transmissão direta, os estudos sobre televisão não podem, no entanto, limitar-se apenas à constatação *do que* a TV faz com o "ao vivo". É preciso entender melhor *como* ela faz o que faz com o emprego do "ao vivo". É preciso, em outras palavras, entender o "ao vivo" na TV também como uma construção de linguagem, como a construção de determinados efeitos de sentido. A questão imediata que se coloca é, então, como tratar, semioticamente, as transmissões diretas na televisão. E a resposta não poderia ser outra: como um texto. Mas como conferir um estatuto textual a uma operação que costuma ser definida, pelos profissionais do meio, e até por estudiosos da televisão, meramente como um fato técnico? Para tentar responder a tal questão é preciso, a partir de agora, estabelecer uma distinção entre o que entendo como transmissão direta e

---

* Trabalho apresentado no GT Produção de Sentido nas Mídias, para a X Reunião da Compós, Brasília, maio/jun. 2001.

como "ao vivo". É esse justamente o problema teórico do qual pretendo me ocupar neste artigo.

Parto aqui do pressuposto de que a transmissão direta pode, como já ocorre, ser tratada apenas como um fato técnico, mas que o "ao vivo" é, essencialmente, um fenômeno semiótico: mais que de um procedimento operacional, a instauração do "ao vivo" na TV depende do modo como os discursos se organizam para produzir determinados efeitos de sentido. Pode-se, portanto, instaurar efeitos de "ao vivo" tanto numa transmissão direta quanto numa gravada. Se, por um lado, é possível admitir que toda transmissão direta produz um efeito de "ao vivo", não se pode admitir, por outro lado, que todo efeito de "ao vivo" seja o resultado de uma transmissão direta. Por isso mesmo, parece ser ainda pertinente assumir que a preocupação geral deste trabalho é antes com a instauração dos diversos efeitos de "ao vivo" na TV, muito embora sejam os efeitos de "ao vivo" instaurados nas transmissões diretas os que, particularmente, me interessam. A constatação de que a TV pode, mesmo sem recorrer a uma transmissão direta, produzir um efeito de "ao vivo" está na própria necessidade de identificação dos programas que são transmitidos e recebidos simultaneamente. Em geral, há a inscrição "vivo", no canto superior ou inferior da tela, para distinguir esse tipo de transmissão das demais. Por que a necessidade da identificação da transmissão direta?

A necessidade de identificação das transmissões diretas existe justamente porque, mesmo quando não está realizando esse tipo de operação técnica, muitos programas buscam, por meio de diversas estratégias discursivas, simular essa simultaneidade. Como até 1956 as emissoras de televisão não podiam contar com nenhum registro das imagens produzidas eletronicamente, as transmissões diretas dos primórdios da TV forjaram o modelo sintático de grande parte dos gêneros mais propriamente televisuais. Mesmo depois que se desenvolveram os métodos de gravação magnética do vídeo e do áudio (videoteipe), a programação das emissoras de TV continuou a se articular como um "fluxo ininterrupto" e seus programas permaneceram sob a influência da organização formal das transmissões diretas. Seja em um programa em particular, seja no conjunto da programação, todo o esforço dos profissionais de TV é para construir um discurso que se mostre permanentemente no presente. Nada mais natural, já que a TV é, antes de tudo, um meio tecnológico de transmissão de sinais eletrônicos no tempo. Uma vez que no modelo hegemônico de TV *broadcast* a programação, ainda que composta majoritariamente por programas gravados, é transmitida em tempo "real",[1] tudo o que se vê na TV é visto sempre no tempo presente.

Como o tempo da transmissão da TV é sempre o tempo do presente, a própria programação da TV está, a rigor, *acontecendo* a cada momento. O que aqui é tratado, genericamente, como efeito de "ao vivo" é o resultado de estratégias discursivas que levam o espectador a perceber que um determinado programa também está *acontecendo* junto com a programação. Para que se configure um efeito de "ao vivo" é suficiente que o programa pareça estar sendo realizado no mesmo momento em que está sendo exibido na programação. É já a partir da relação entre *ser* e/ou *parecer* uma transmissão direta que se pode postular a existência de configurações discursivas bem diversas entre si e, por isso mesmo, aptas a instaurar diferentes efeitos de "ao vivo". A maioria dos telespectadores reconhece facilmente quando um programa não é nem pretende parecer uma transmissão direta. Começa-se a exigir do telespectador uma maior competência semiótica quando um programa não é, mas esforça-se para parecer uma transmissão direta.

Nesse caso, parece ser possível distinguir pelo menos duas situações cuja natureza é completamente diferente. Na primeira situação podemos incluir o que os profissionais de TV denominam de programas *live-on-tape* exatamente por serem inteira e previamente gravados em vídeo, sem paradas e sem edição posterior. Embora recorram às mesmas estratégias discursivas das transmissões diretas, esse tipo de programa não se designa, não se apresenta como tal. Quando, ao contrário, um programa *live-on-tape* se apresenta, declaradamente, como sendo uma transmissão direta, mediante a inscrição "vivo" no canto da tela, a discussão desloca-se do escopo semiótico para o campo ético, pois agora já se está diante de um falseamento que, dificilmente, pode ser descoberto por uma análise num nível estrita-

[1] O uso da expressão tempo real designa aqui o tempo do "mundo natural", o tempo marcado pelos relógios: refere-se à dimensão *cronos* do tempo; à compreensão crônica ou cronológica do tempo.

mente textual. Mais freqüentes no universo televisual e mais ricos para uma análise semiótica são os programas que, embora sejam realizados e exibidos ao mesmo tempo em que são vistos pelo espectador, exploram tão pouco as propriedades das transmissões diretas que podem estimular facilmente o mesmo comportamento espectatorial que se tem diante de um programa gravado.

O desafio para quem se propõe a pensar semioticamente essa questão é justamente identificar os diferentes modos de instauração desse efeito de "ao vivo", a partir do qual a TV constrói, deliberadamente, essa confusão entre o que é ou não realizado enquanto é exibido. Como já deve ter ficado claro, existem, associadas à transmissão direta, estratégias e formas discursivas decorrentes do uso dessa tecnologia. Essas formas discursivas, no entanto, são adotadas por programas que, sem recorrer à mesma tecnologia, tentam simulá-la. Numa e noutra situação, as estratégias discursivas responsáveis pela instauração de um efeito de "ao vivo" são tantas e tão variadas que qualquer tentativa de inventariá-las só parece operativa quando é parte da análise específica de um determinado programa. Para entendermos, no entanto, a natureza desses procedimentos discursivos, vale a pena relacionar pelo menos algumas das características gerais observadas na organização formal de qualquer programa que se propõe a produzir um efeito de "ao vivo": a) a continuidade temporal e a seqüencialidade da transmissão, a marca da atualidade do tempo presente (o tempo de duração do evento é praticamente o mesmo da transmissão do evento); b) a montagem é feita no momento mesmo da gravação, por meio do corte de câmeras, sem necessidade de edição posterior; c) o registro dos acontecimentos dá-se na imediaticidade de sua realização, dando margem ao improviso, à incorporação dos erros e acasos, ao registro de imagens sem grandes intervenções e das "marcas" da sua produção. Na tentativa de instaurar esse efeito de "ao vivo", dá-se ênfase, enfim, a tudo que possa imprimir àquilo que é exibido a marca da atualidade, associada à construção de uma proximidade com os fatos, e a marca da autenticidade, associada à construção de uma certa aleatoriedade na transmissão.

É justamente essa possibilidade de construir, mediante procedimentos discursivos como os mencionados acima, programas que parecem estar sendo realizados no mesmo momento em que são exibidos na programação, que complexifica, numa abordagem mais *standard* da semiótica discursiva, a distinção entre o que é ou não um programa, de fato, direto. Com o uso crescente dos VTRs digitais, não há sequer como distinguir, a partir do que vemos na tela, uma imagem gravada de uma direta, pois, embora haja uma pequena perda de qualidade na gravação, ao serem transcodificadas do NTSC (padrão de composição do sinal televisual, a partir da cor e da luminância) para PAL-M (sistema de transmissão adotado no Brasil), no momento da distribuição do sinal aos receptores domésticos, ambas acabam chegando a nós com a mesma resolução (525 linhas).[2] Se pensarmos na transmissão direta de um ponto de vista estritamente técnico, não teremos muito que problematizar. Só poderíamos falar em transmissão direta quando, independentemente do que vemos na tela, soubéssemos que esta envolve uma simultaneidade temporal entre produção, transmissão e recepção. Se levarmos em consideração, por outro lado, o material audiovisual ao qual o telespectador tem acesso na tela, não há também como distinguir o gravado do direto: todas as "marcas" que nos permitiriam, num nível interno a esse material, identificar a operação técnica, que é a transmissão direta, podem ser simuladas.

A mais conhecida dessas "marcas" técnicas e/ou formais, e a mais facilmente falseada, é a própria inscrição "vivo" no canto da tela. Poderíamos apontar ainda a recorrência nas transmissões diretas de certos ruídos na comunicação, tais como uma interrupção ou interferência na captação dos sinais de vídeo e/ou áudio (quem nunca viu, por exemplo, um entrevistado com dificuldades para escutar o seu entrevistador ou vice-versa ao longo de uma transmissão direta?). É muito freqüente ainda, nas transmissões em que uma ou mais pessoas se comunicam em diferentes *links* de transmissão direta, que se perceba uma pequena defasagem entre o momento em que

---

[2] Essas informações me foram repassadas pelo operador de sistemas da Rede Globo/São Paulo, Eduardo Pronest, e pelo coordenador de operações, Valter Lopes. Segundo eles, a inevitável, ainda que pequena, perda de resolução da imagem, quando esta é transmitida a partir de uma cópia gravada, acaba sendo neutralizada pela transcodificação e pela distribuição de todas as imagens, sejam elas gravadas ou diretas, por meio de um sinal comum, a menos que haja problemas que prejudiquem a qualidade da imagem captada já na sua origem.

um dos interlocutores fala e o momento em que o outro responde. O resultado é que, depois que um deles fala, o outro pode demorar um pouco a ouvir, e conseqüentemente para responder e/ou reagir, em função do tráfego dos sinais via satélite. Todas essas características técnicas, e até mesmo os "erros" inerentes à imediaticidade da operação, podem, no entanto, ser (re)produzidos, caso se pretenda, deliberadamente, enganar o espectador quanto à natureza da transmissão. Chega a ser "natural" para o telespectador tropeços dos profissionais de TV (um repórter que "engasga", uma câmera que balança ou perde o foco, etc.) que, em outro tipo de transmissão, não seriam perdoados.

Se as estratégias discursivas adotadas podem ser as mesmas, o telespectador tem, então, como distinguir um programa que está sendo realizado no mesmo momento em que está sendo exibido de um outro que apenas simula esta condição? Em um nível rigorosamente interno ao material audiovisual levado ao ar, não parece possível fazer essa distinção, uma vez que as próprias "marcas" técnicas ou formais do "ao vivo" podem ser identificadas em um determinado programa independentemente de este ser ou não uma transmissão direta. Levando em conta apenas essas "marcas" observáveis naquilo que se vê na tela, o telespectador tem apenas como supor que uma determinada transmissão, que parece ser direta, *possa*, de fato, ser direta. Em função dessa deliberada confusão, o reconhecimento de uma transmissão direta na TV parece ser, antes de mais nada, um reconhecimento do gênero. Na televisão, como em qualquer outro meio, todo gênero comporta uma dimensão mais propriamente semiótica (associada às estratégias de organização interna dos textos) e uma dimensão de natureza mais sociocultural (ligada ao contexto, por conseguinte). Compreender os gêneros nessa dupla dimensão é reconhecê-los, no âmbito específico das mídias, como *estratégias de comunicabilidade*, envolvendo certos hábitos produtivos (determinados modos de produzir o texto) e certos hábitos receptivos (determinado sistema de expectativa do público).[3] O reconhecimento da transmissão direta dá-se, portanto, por meio de certas

[3] Idéias baseadas na discussão sobre o telejornal como gênero, proposta por Gianfranco Marrone (1998).

"marcas" discursivas, mas sobretudo pelo que Jérôme Bourdon chama de uma "crença espectatorial":[4] baseado também nos conhecimentos que detém do mundo ao seu redor e das próprias mídias, o espectador confia que o que a TV apresenta como sendo uma transmissão direta é, realmente, uma transmissão direta.

Como qualquer texto, uma transmissão direta fala algo, mas fala também, ao mesmo tempo, sobre o próprio modo como foi produzida e deve ser recebida. A transmissão direta faz isso de modo ainda mais explícito, informando ao telespectador por meio de determinadas convenções (a inscrição no canto da tela, por exemplo) que é, de fato, uma transmissão direta. Semioticamente, o reconhecimento de uma transmissão direta é, da parte de quem transmite, um *fazer-crer* e, da parte de quem assiste à TV, um *crer-verdadeiro*: a crença de que aquilo que se está vendo na tela está, de fato, *acontecendo* no momento em que é visto. O espectador precisa acreditar, antes de mais nada, que a simultaneidade entre a produção e a recepção do programa é verdadeira. As "marcas" dessa veridicção numa transmissão direta são, como vimos, variadas, mas, geralmente, tendem a explorar tudo o que demonstre uma concomitância entre o tempo televisual e o tempo extratelevisual. Nos programas informativos, tais como telejornais e revistas eletrônicas, é muito comum que, ao longo de suas falas, os apresentadores informem ao espectador a hora (tipo "são nove horas e quarenta minutos"); na transmissão direta de debates são freqüentes os convites aos telespectadores para que enviem, por telefone, fax ou *e-mail*, perguntas que serão feitas ao entrevistados enquanto o programa está no ar; muitos desses programas costumam propor ao telespectador uma pesquisa de opinião, cujos resultados vão sendo exibidos à medida que os telespectadores vão telefonando e participando da enquete.

Há, no entanto, formas bem mais curiosas de demonstrar essa concomitância temporal atendendo às particularidades de cada transmissão. Tomo como exemplo a transmissão direta dos jogos no Estádio do Parque Antártica, em São Paulo, nas quais o famoso narrador da Rede Globo, Galvão Bueno, ao longo dos campeonatos de futebol de 1999, explorou essa simultaneidade aproveitando a localização

[4] J. Bourdon, 1997: 68.

privilegiada de um edifício, construído bem ao lado do estádio: em meio à transmissão, para mostrar que "todo mundo está ligado na Globo *naquele momento*", ele pedia aos moradores do prédio para, obedecendo ao seu sinal, acenderem e apagarem as luzes de casa. Há programas de auditório que, por estarem sendo transmitidos diretamente, pautam suas atrações em função do que está mostrando em dado momento o concorrente e chegam a incorporar a própria medição dos dados de audiência do Ibope à sua exibição. O espectador toma conhecimento dessas estratégias porque elas são explicitadas, na maioria da vezes, pelo próprio apresentador do programa, que faz questão de mostrar ao telespectador o programa *se fazendo* a seus olhos, de acordo com as preferências por ele manifestadas. O polêmico *Programa do Ratinho*, no SBT, costumava, por exemplo, tocar a música-tema do *Jornal Nacional*, da Rede Globo, sempre que sua audiência ultrapassava a do programa concorrente.

As bases do contrato fiduciário entre o *broadcaster* e o telespectador, diante de uma transmissão direta, não se estabelecem apenas a partir de elementos internos ao texto, como os mencionados acima. As circunstâncias exteriores parecem ser, no final das contas, os elementos determinantes na crença espectatorial que resulta no reconhecimento desse gênero televisual. Dentro do universo comunicativo, a garantia que o espectador tem de que um programa está sendo exibido no mesmo momento em que está sendo realizado é, sobretudo, a vigilância recíproca da própria mídia. Com a competição cada vez mais acirrada não apenas entre as emissoras de TV, mas também entre as próprias mídias (jornal, rádio, televisão, etc.), qualquer tentativa de falseamento de uma transmissão direta acabaria sendo, certamente, descoberta e revelada *a posteriori* pelos concorrentes. No caso da transmissão direta de grandes eventos públicos, o espectador tem, no entanto, como se certificar da autenticidade da transmissão direta também por meio de elementos extratelevisuais: há, nesses casos, o que se pode chamar de uma "preparação" para a transmissão do evento, mediante uma ampla divulgação do acontecimento na própria TV e nas outras mídias. Observa-se ainda toda uma mobilização social em torno desse tipo de evento, que cria, nos diferentes ambientes freqüentados pelo espectador (local de trabalho, vizinhança, casa, etc.), um clima de expectativa que contagia a todos. Acompanhar a transmissão direta de uma partida de futebol decisiva no Campeonato Nacional de Futebol já nos dá a justa medida da criação desse clima que confirma o estatuto da sua transmissão: não bastasse a ampla divulgação do jogo pela imprensa esportiva, o espectador sabe que a disputa está sendo transmitida no mesmo momento de sua realização, porque, em muitos lugares, pode até ouvir, ao longo da transmissão de jogos, os fogos estourando pela cidade em comemoração a um gol.

Não se pode desconsiderar também o quanto o reconhecimento de uma transmissão direta está condicionado a determinadas estratégias de comunicabilidade (contratos comunicativos) que fazem o espectador esperar, por exemplo, que os jogos do campeonato brasileiro de futebol sejam sempre exibidos no momento de sua realização. Ninguém que assista à TV regularmente espera, ao contrário, que hoje um filme ou uma novela sejam exibidos numa transmissão direta, ainda que os teledramas já tenham sido transmitidos de modo direto nos primórdios da TV. A própria televisão já associou, indissoluvelmente, certos hábitos produtivos e receptivos a determinados tipos de programa. Pela sua própria "cultura" de programas – um conhecimento das regras constitutivas de certos tipos de programas –, o telespectador distingue os diferentes estatutos das transmissões em função do conhecimento que possui sobre as suas circunstâncias de enunciação e sobre a natureza do sujeito da enunciação.[5] Esses conhecimentos significam, na prática, avaliar o programa em relação ao tipo de acontecimento que é transmitido, sua localização na grade de programação e a emissora de televisão (o canal) na qual está inserido. Quem quer que acompanhe a programação da Rede Globo saberá, por exemplo, que a exibição de uma partida de futebol na quarta-feira à noite, independentemente de enxergar na tela a inscrição "vivo", é certamente uma transmissão direta. As noites da quarta-feira e as tardes do domingo são os horários tradicionalmente reservados para a realização dos jogos do campeonato brasileiro de fute-

[5] A enunciação não é tratada aqui somente como uma instância lingüística de mediação. O que entendo como circunstâncias da enunciação inclui a situação comunicativa na qual se dão a produção e a recepção dos enunciados televisuais (programas). Quando a discussão enfoca, como aqui, a relação programa/programação, considero como sujeito da enunciação a própria emissora de televisão.

bol, cujos direitos de transmissão vêm sendo, há vários anos, comprados com exclusividade pela Rede Globo, em meio a uma grande divulgação publicitária.[6] Com isso, assumo, mais uma vez, que o reconhecimento da transmissão direta na TV depende de "marcas" que não são exclusivamente textuais: é preciso que o espectador detenha um conhecimento do mundo e do meio para perceber quando "a colocação em cena" do discurso apenas simula a simultaneidade.

É precisamente por essa impossibilidade de reconhecimento e de descrição da transmissão direta a partir apenas daquilo que se vê na tela (o produto audiovisual), que uma abordagem semiótica desse tipo de fenômeno levanta, de saída, uma discussão sobre o que seria uma análise imanente desse tipo de manifestação textual: uma análise que não desrespeitasse os tênues limites entre o que é textual e extratextual no tratamento das mídias. A constatação de que para entender o que é uma transmissão direta preciso também levar em consideração relações que se dão a partir do produto audiovisual que é exibido, mas que transcendem os limites da tela, acaba me conduzindo a um impasse acerca da própria natureza do texto com o qual estou lidando: ou tomo como ponto de partida somente o que vejo na tela e admito que não tenho como dar conta, rigorosamente em termos das estruturas sintático-semânticas, do "funcionamento" das transmissões diretas na TV, ou reconheço que o objeto semiótico com o qual estou lidando transcende os limites da tela. Nesse caso, preciso, necessariamente, fazer um esforço inicial para textualizar a própria transmissão direta. Trata-se, em outras palavras, de um esforço para pensar os modos de trabalhar o tipo de texto que é a transmissão direta, o que implica refletir, em outros termos, sobre qual é o próprio estatuto textual da transmissão direta, qual é a natureza do texto instaurado por uma transmissão direta ou, ainda, com que tipo de texto

---

[6] A Rede Globo investiu cerca de US$ 111 milhões para obter a exclusividade na transmissão do Campeonato Brasileiro de Futebol de 1997/1998/1999 e desembolsou mais US$ 40 milhões para transmitir a Copa João Havelange, que substituiu o Campeonato Brasileiro, a partir de 2000 (Fonte: *O Estado de S. Paulo*, Telejornal, 13 ago. 2000, Ano 7, n. 428). A transmissão direta e exclusiva dos jogos é, depois de tamanho investimento, amplamente alardeada na própria programação da Rede Globo, seja por meio dos seus programas esportivos, seja pelas próprias vinhetas criadas para a divulgação dos campeonatos.

estamos lidando quando consideramos uma transmissão direta como texto. Entendido aqui em um sentido amplo, o texto não pode ser visto apenas como uma instância na qual se dão as interações comunicativas e se constroem as relações intersubjetivas. A noção de texto tem aqui também uma função delimitadora do próprio fenômeno semiótico que se pretende investigar:[7] propondo-me a pensar, *a priori*, sobre "o que é o texto" em questão, circunscrevo, necessariamente, o sistema de relações e a natureza do *corpus* sobre o qual preciso me debruçar e a partir do qual posso passar a discutir os diferentes efeitos de "ao vivo".

Texto e situação

Como definir, então, o que é esse texto que venho tratando até aqui como "transmissão direta?" Quando tratada como texto, a constituição de uma transmissão direta pode ser entendida de modo semelhante ao espetáculo teatral: os dois só existem como textos na duração efêmera que os constitui como tais.[8] O que subsiste, após essa duração na qual se dá tanto uma transmissão direta quanto um espetáculo teatral, é um registro audiovisual gravado, no caso do primeiro, ou um texto lingüístico escrito, no caso do segundo. Mas nem um nem outro representam o objeto semiótico de análise que só existe, materialmente, no decorrer do tempo de sua manifestação. Assim como o estatuto do texto teatral não corresponde ao do texto literário, o estatuto do texto que é uma transmissão direta não se limita ao produto/material audiovisual que desfila aos olhos do espectador numa tela. O estatuto textual de um programa que é realizado e exibido ao mesmo tempo é dado pela estatuto da própria transmissão. Como o espetáculo teatral, a transmissão direta instaura-se numa temporalidade irrepetível, própria a tudo que possui a natureza do evento ou do acontecimento, própria aos textos cuja temporalidade da enunciação

[7] Para uma discussão sobre a natureza dos textos midiáticos, veja também: L. Vilches, *La lectura de la imagen* (especialmente o capítulo "La imagen es un texto").

[8] Sobre a natureza do texto teatral, veja, entre outros, o número especial da revista italiana *Versus. Quaderni di studi semiotici*, Teatro e semiotica; M. Marinis, *The semiotics of performance*.

é parte do sentido produzido por sua *mise-èn-scene*:[9] própria, enfim, aos textos cuja situação na qual são comunicados é parte do que os define como tais; textos que só podem ser considerados como textos no momento em que são atualizados. Trata-se aqui de um tipo de texto que se dá *em ato*; textos cuja existência está condicionada a essa situação em que se dá sua própria comunicação. Por isso mesmo, proponho considerá-los, a partir de agora, como textos que se dão *em situação* ou "textos em situação". As transmissões diretas da TV parecem ser um desses tipos particulares de "texto em situação".[10]

O que se entende aqui como "texto em situação" é um tipo particular de texto que incorpora o seu próprio ato de produção/recepção como um elemento constitutivo do sentido do qual ele é depositário. Se pensarmos no caso específico da TV, poderíamos pensar no "texto em situação" como um tipo de transmissão na qual a ação/interação proposta ao telespectador, a partir da própria transmissão, é parte daquilo que a define como texto: é parte integrante do sentido atribuído àquilo que se vê/ouve na TV, ou seja, a "resposta" do telespectador àquilo que está na tela da televisão – mesmo que não haja mecanismos concretos de interatividade e que esta interação se dê mediante mecanismos simbólicos – é um elemento essencial daquele "conjunto significante" que lhe é proposto como texto televisual: o sentido instaurado por um texto como esse é inteiramente dependente da sua atualização, a partir de um modo particular de interação programa/telespectador. O que se produz, em outros termos, numa configuração como essa é um tipo de enunciado que se identifica, em certa medida, com seu próprio ato de enunciação. O próprio ato de enunciação é, portanto, parte integrante do sentido instaurado pelo enunciado a que ele dá lugar.

---

[9] Cf. Intervento di Gianfranco Bettetini, *Versus*, cit., p. 9.

[10] No campo da semiótica discursiva, a natureza desse tipo de texto que se dá *em ato* já foi sugerida em diferentes trabalhos de Eric Landowski. Menciono, entre eles: "Il tempo intersoggettivo: in defesa del ritardo"; "Sobre el contagio"; "Viagem às nascentes do sentido"; "Modes de présence du visible". Sem perder de vista esse autor, adoto aqui uma perspectiva própria do que seja esse texto *em ato*, de tal modo que a noção possa abranger fenômenos no âmbito específico do vídeo/televisão. Por fazer uma descrição que remete a algumas especificidades do meio, prefiro aqui denominar este tipo de texto de "texto em situação".

Numa perspectiva mais ampla e extensiva a todas as demais formas de linguagem, compreende-se como enunciação o ato de realização de um enunciado. Se a enunciação é a realização, o enunciado é o que dela resulta, o que é realizado. Ou, em outros termos, o enunciado está para a enunciação como o produto está para a sua produção: os dois termos se interdefinem. No campo estritamente lingüístico, em que tais conceitos foram inicialmente pensados, a enunciação é, por definição, uma instância conceitual: uma "colocação em funcionamento" das estruturas pertinentes à língua, uma instância de mediação que permite a passagem "de estruturas semióticas virtuais às estruturas realizadas sob a forma de discurso".[11] Por se tratar, nesses termos, de uma instância conceitual, a enunciação só pode ser identificada e descrita a partir do enunciado que dela resulta. Se nós não pretendemos desconsiderar essa noção ao tratarmos dos chamados "textos em situação", é preciso, então, pensar com mais cuidado sobre o que é exatamente o enunciado que resulta desse tipo de enunciação. No caso específico das emissões televisuais que me interessam aqui, o que considero como enunciado só existe quando um espectador concreto assiste, *naquele momento*, e não em outro, a um determinado programa que só pode ser reconhecido como uma transmissão direta (e não como uma simulação desta) justamente porque se dá *naquele momento* e não em outro. É justamente nessa dimensão temporal comum à enunciação e à comunicação que se define, na efemeridade dessa duração, esse tipo de enunciado *em ato* ou, em termos mais amplos, de "texto em situação".

Para se entender a "colocação em funcionamento" desse tipo de discurso, parece ser necessário, portanto, levar em consideração as condições de produção e recepção da transmissão (seus aspectos físicos, principalmente), uma vez que estas definem o que seja o próprio enunciado a que esse tipo de enunciação dá lugar.[12] Pensando desse modo, parece possível atribuir agora uma correspondência direta entre a situação comunicativa e o ato de enunciação

[11] J. L. Fiorin, 1996: 36.

[12] L. Vilches propõe uma rápida discussão sobre os problemas teóricos que o conceito de simultaneidade televisiva levanta para a semiótica no seu livro *Manipulación de la información televisiva*, no capítulo "La exibición del tiempo real".

que produz esse tipo de texto. No caso específico de uma transmissão direta, parece já ter ficado claro que a situação comunicativa em que esta se dá não pode ser tratada apenas como uma "moldura" que influirá sobre o sentido instaurado a partir do que é, efetivamente, visto na tela da TV. Essa situação comunicativa, que, longe de nos remeter aqui a qualquer preocupação de natureza psicossocial, refere-se tão-somente ao *ato* no qual se dão, simultaneamente, a produção e a recepção de um programa de TV, não pode mais ser considerada como externa ao que se está considerando como texto. Parece necessário admitir, nesse caso, que o próprio ato de recepção do destinatário é o que determina o fazer-se do texto e, sendo assim, este também não pode ser considerado alheio ao que se convencionou chamar aqui de "texto em situação". Parece ser necessário levar-se em conta, na análise desse tipo de texto, não apenas o espectador pressuposto (espectador modelo) no produto audiovisual que é objeto da transmissão direta, mas também o espectador empírico do programa transmitido, uma vez que é somente em presença deste que o "texto em situação" se *atualiza* (=instaura-se *em ato*). A possibilidade que a transmissão direta abre para uma intervenção concreta do telespectador (por fax, *e-mail*, telefone) na produção do texto, oferece-nos aqui um argumento, ainda mais explícito, para que as condições de produção e recepção sejam consideradas como uma instância essencial à configuração e à análise do texto.

Convém lembrar, mais uma vez, que o texto é entendido aqui como o "lugar" (uma instância conceitual) de produção do sentido. Sentido que pode ser compreendido, por sua vez, como um efeito produzido por um ato de enunciação a partir do enunciado a que esta dá lugar. No caso da transmissão direta, o sentido do enunciado que se instaura está intrinsecamente ligado à instauração de uma duração que é a própria duração em que se dá sua enunciação. O que aqui se considera como texto é, então, o que resulta, o que emerge como sentido, dessa duração na qual uma instância faz ser a outra (o enunciado e a enunciação). Na transmissão direta, o tempo é, nos termos de Hjelmslev, forma da expressão. É forma da expressão porque, como no teatro, no cinema e nas emissões em geral da TV, esse tipo de texto só se atualiza no contato fruitivo que se dá na temporalidade da enunciação.[13] É no tempo da encenação (uma ou duas horas de peça) que o texto teatral existe; é no tempo de projeção que o texto cinematográfico existe; é no tempo da transmissão que o texto televisual existe. No caso, porém, de uma transmissão direta, o tempo da transmissão não é apenas a "matéria" na qual uma determinada forma se manifesta. A duração que aqui se estabelece é também o que se significa; o tempo pode ser considerado, portanto, como forma ou como um material significante tanto quanto os sons ou as imagens que desfilam pela tela. É através *do* e *no* próprio tempo que a transmissão direta produz sentido.

Para tornar o conceito mais concreto, pensemos na transmissão direta de uma partida de futebol como um exemplo desse tipo de texto que significa na duração instaurada pela sua própria situação comunicativa (um exemplo típico de "texto em situação", portanto). Suponhamos que eu não possa assistir à transmissão no horário programado e que, como o time pelo qual torço é um dos que disputam a partida, eu grave o jogo para assistir depois. Posso até não saber o resultado, mas, certamente, o sentido que se instaura quando assisto, *a posteriori*, à gravação não é o mesmo. E por que a transmissão de um jogo, gravada como se fosse "ao vivo", mas exibido em momento posterior à realização da partida não tem o mesmo sentido, ainda que eu nada saiba do que aconteceu em campo? Não há diferença, certamente, do ponto de vista narrativo. A locução é a mesma, as tomadas e os enquadramentos de câmera, também. No entanto, assistir a uma partida de futebol gravada não tem o mesmo sentido. E não poderia ter mesmo, porque, na exibição que se faz do evento gravado, a situação em que se dá a sua transmissão não é mais um elemento constitutivo do texto com o qual agora me defronto. Quando assisto à partida gravada estou agora diante de um texto de outra natureza; um texto cujo sentido não está mais fundado na concomitância entre o momento de realização da partida e da sua transmissão; um texto cujo sentido não é uma contingência da duração instaurada pela situação em que este próprio se atualiza (do ato que o instaura) e que, por isso mesmo, não permite que ele seja tratado como um "texto em situação".

[13] A idéia é baseada na discussão que G. Bettetini propõe sobre a temporalidade no teatro. Cf. Intervento di Gianfranco Bettetini, *Versus*, cit.

Não se pode postular que a instauração desse tipo de "texto em situação" seja um atributo exclusivo das transmissões diretas da televisão. Pode-se encontrar esse tipo de configuração enunciativa, por exemplo, na maioria das experiências artísticas que exploram mecanismos remotos de interatividade ou mesmo em algumas experiências com vídeo, notadamente as videoinstalações.[14] Na televisão, no entanto, são as transmissões diretas que possuem esse estatuto. Mesmo aquelas transmissões diretas "mais frias", que independem de um vínculo histórico e "real" com acontecimentos que lhes são exteriores – debates e programas de entrevistas, por exemplo – podem ser consideradas como "textos em situação". Nesse caso, o que as diferencia de um programa semelhante pré-gravado é justamente a possibilidade que sua situação de produção/transmissão lhes dá de incorporar não apenas o acaso ao seu formato pré-planejado, mas também, em muitos casos, uma resposta concreta do telespectador. Como já foi mencionado, são freqüentes os programas de debate que permitem a participação ou fazem pesquisa, por *e-mail* ou telefone, com o público. O programa esportivo *Cartão Verde*, transmitido aos domingos pela TV Cultura (São Paulo), é um exemplo: a cada edição é realizada uma pesquisa com o público – ainda que nos moldes "sim" ou "não", "a favor" ou "contra" –, cujos resultados, divulgados ao longo do próprio programa, tornam-se o próprio objeto de debate entre os comentaristas esportivos e convidados que participam da mesa redonda. Mesmo um programa ficcional, como o *Você Decide*, levado ao ar pela Rede Globo, com episódios previamente gravados, pode ser considerado como um tipo de "texto em situação": estimulado por um apresentador, que participa da transmissão em tempo "real", o espectador é convidado a telefonar e escolher um dos finais possíveis para o episódio. O que vai ao ar, no final do episódio, depende diretamente dos telefonemas recebidos enquanto o programa está no ar.

---

[14] O vídeo *Around and about* (1980), de Gary Hill, é um exemplo privilegiado de um "texto em situação" que se constrói sem qualquer apelo a mecanismos de interatividade propriamente ditos. O vídeo propõe-se justamente a problematizar a sua própria situação de recepção: questiona o espectador sobre o que está se passando com ele naquele exato momento em que assiste ao vídeo e que, nesse próprio ato de assistir ao vídeo, encontra aí o seu sentido.

Por tudo o que foi dito até aqui, parece já ter ficado claro que a noção de "texto em situação" designa, essencialmente, um tipo particular de configuração enunciativa que, no caso específico da TV, encontra uma correspondência direta nas transmissões diretas. O que poderia ser tratado, do ponto de vista das manifestações comunicativas, como uma transmissão direta poderia ser tratado, do ponto de vista das manifestações enunciativas, como um "texto em situação" produzido pela TV. Ou seja, o que é transmissão direta num sistema pode ser um "texto em situação" no outro. Nem um nem outro podem, no entanto, ser reconhecidos como tal a partir apenas do que se vê na tela. As razões dessa impossibilidade, no caso das transmissões diretas, foram tratadas anteriormente. No caso do "texto em situação", a justificativa já foi sugerida pela sua própria caracterização: por remeter a um tipo de enunciado que só existe como tal *em ato*, numa duração que é a mesma duração do ato de enunciação que o institui (enunciado que se dá *em ato*), parece não ter mais pertinência tratá-lo somente a partir das "marcas" deixadas por esse ato em algo que dele resulta. Mesmo porque o enunciado que se dá *em ato* não pode mais ser identificado apenas ao produto audiovisual que se vê na tela, embora este seja também um dos elementos que o constituem.

Todo o esforço empreendido até aqui na caracterização dos "textos em situação" não nos garante ainda o reconhecimento de uma transmissão direta, dentro da programação da TV. Isso porque a instauração desse tipo particular de configuração enunciativa parte do pressuposto de que, concretamente, o fato/acontecimento está se fazendo enquanto está sendo exibido na TV. Mas essa simultaneidade, como já vimos, não tem como ser assegurada a partir apenas do que é visto na tela. Por que, então, todo o esforço empreendido até aqui na descrição dos "textos em situação"? Porque, uma vez que a transmissão direta seja reconhecida pelo espectador como tal, seja por "marcas" técnicas ou estilísticas, seja por "marcas" textuais ou contextuais, ou, como é mais freqüente, pela conjunção de todos esses fatores, a noção de "texto em situação" pode nos ajudar a discutir o tipo de efeito de "ao vivo" produzido por essa simultaneidade. Minha idéia é que nesse tipo de configuração enunciativa, própria na TV às transmissões diretas, instaura-se um sentido que pode ser descrito como um tipo de vivência. Uma vivência diretamente associada à percepção de uma duração que perpassa instâncias de diferentes naturezas, instaurando uma dimensão temporal comum a todas elas: é tanto uma duração produzida pelo meio (o tempo no qual é transmitida a programação da TV) quanto extraída do mundo (o tempo histórico no qual se dão os acontecimentos mostrados pela TV); é tanto a temporalidade do ato comunicativo quanto a do ato enunciativo.

Tempo e vivência

Tentemos agora avançar na compreensão de como se instaura esse sentido que se dá como vivência, a partir do que já foi colocado como sendo um atributo geral dos "textos em situação" na TV – o fato de sua enunciação ser parte integrante do sentido do enunciado a que sua realização dá lugar. Se o enunciado, por se dar *em ato*, confunde-se, de certo modo, com sua própria enunciação, pode-se admitir então que há uma correspondência possível e imediata entre as categorias discursivas das duas instâncias (tempo, espaço e atores). É tomando isso como pressuposto que poderemos, a partir de agora, pensar no "funcionamento" da categoria-chave para a compreensão da transmissão direta: o tempo. No campo dos estudos lingüísticos, literários e mesmo cinematográficos, não foram poucos os autores que já se debruçaram exaustivamente sobre a representação do tempo nas narrativas.[15] Quando lidamos com as transmissões diretas, no entanto, não estamos tratando propriamente com um tempo *figurativizado* no discurso (um tempo apenas simbolicamente representado), mas com o *tempo mesmo*, um tempo *realizado*, um tempo fisicamente manifesto (um tempo que dura e que existe nessa duração), um tempo que se a*presenta*. A partir desse regime presencial que aqui me limitarei a mencionar,[16] parece mais fácil compreender o estatuto do tempo nas transmissões diretas da TV.

---

[15] O estudo realizado por J. L. Fiorin sobre a representação do tempo nos textos verbais é um dos mais completos em língua portuguesa. Cf. *As astúcias da enunciação*, especialmente o capítulo 3.

[16] Esse trabalho de textualização da transmissão direta é parte de um estudo maior que visa, ao final, identificar e descrever distintos *modos de presença* instaurados pelas transmissões diretas na TV em seus gêneros mais representativos.

Seja de natureza televisual ou não, seja uma transmissão gravada ou direta, é preciso admitir, de saída, que todo discurso instaura necessariamente um *agora*, um "momento zero" que corresponde justamente ao momento de sua enunciação. O tempo instaurado pelo enunciado é definido sempre em função de uma relação com esse momento zero: pode ser ou não concomitante ao tempo da enunciação. O tempo presente indica a contemporaneidade entre o que foi narrado e o momento da sua narração. Quando não há essa concomitância, posso referencializar o tempo em que se dá o acontecimento narrado num momento anterior ou posterior à narração, construindo assim o discurso num tempo lingüístico passado ou futuro em relação a esse momento zero (o da enunciação). No caso específico da TV, para que se configure esse presente enunciativo, é preciso que haja uma concomitância entre o momento em que o acontecimento é transmitido, o momento em que o acontecimento está se dando (sendo realizado) e o momento em que a transmissão é recebida pelos telespectadores. Numa transmissão televisual, portanto, essa relação de concomitância não envolve apenas os tempos do enunciado audiovisual e da sua enunciação. A transmissão direta envolve, por definição, uma concomitância entre o tempo televisual (instaurado pela própria transmissão) e o tempo extratelevisual (tempo do chamado "mundo natural", tempo histórico e crônico), de tal modo que a temporalidade discursiva emerge justamente dessa sua relação.

Para tornar o argumento um pouco mais concreto, pensemos, por exemplo, na instauração do tempo em um programa de auditório previamente gravado, mas que procura simular a simultaneidade entre sua exibição e recepção (*live-on-tape*). Como a programação da TV é transmitida em tempo "real", a duração do referido programa corresponderá exatamente à duração de sua exibição, instaurando-se, com isso, um "presente" próprio a todo contato fruitivo que se desenrola no tempo. O tempo presente que se constrói ao longo do programa é exatamente o resultado da concomitância entre o tempo do enunciado – tempo no qual se manifesta, no material audiovisual, aquilo que está se desenrolando efetivamente na tela – e o tempo da enunciação – o tempo no qual se dá a exibição/transmissão do programa gravado na TV. De antemão, sabemos, no entanto, que o programa de auditório não está sendo realizado exatamente naquele momento em que está sendo transmitido e assistido na TV. O programa não está se dando, portanto, no que poderíamos chamar de um "presente mesmo" (=histórico e crônico), mas, sim, numa construção discursiva de um presente temporal, numa "representação" do presente. O mesmo não ocorre, evidentemente, nas transmissões diretas. Nestas, o presente televisual, ou seja, o "presente" que se manifesta nas instâncias enunciativas é o "presente mesmo"; um presente que se manifesta em todas as instâncias como uma temporalidade "recortada do real"; um presente que se *apresenta.*

Na transmissão direta, a instauração do "presente" estende-se para além dos limites do universo televisual. Nesse tipo de transmissão, o tempo televisual do evento (o tempo em que se dá a transmissão e o tempo designado no que é transmitido) pode corresponder também ao tempo extratelevisual do evento (tempo histórico e crônico de realização do evento). O *agora* da enunciação não é apenas um momento zero que serve como ponto de referência na instauração da temporalidade do discurso. Não se pode mais pensar no *agora* instituído nessa configuração enunciativa meramente como um dêitico, como um tipo de expressão que coloca em relação a situação de enunciação com o enunciado a que ela dá lugar, ou seja, como uma "marca" que designa no discurso a situação na qual o próprio discurso se realiza. No caso da transmissão direta, o tempo do discurso está ancorado no tempo do mundo natural: como já mencionei, o tempo histórico e crônico, o "tempo mesmo", o tempo "real", ganha, aqui, o estatuto de elemento significante; é "material semiótico" e parte integrante do que define a própria transmissão direta como texto. Um tipo de texto cujo sentido está justamente no fato de ser percebido como "duração extraída do mundo", como uma temporalidade "recortada do real".

Mais que a homologação de um elemento textual por outro extratextual, ou mais que uma temporalidade televisual que se sobrepõe a uma temporalidade extratelevisual, pode-se falar, nesse caso, de uma espécie de continuidade (*continuum*), de uma indistinção das instâncias temporais envolvidas na produção de sentido. O tempo televisual, dotado agora do mesmo estatuto do tempo extratelevisual (um se confunde com o outro), é, antes de mais nada, um tempo vivido: um tempo que se apresenta; um tempo a serviço de um sentido que se dá na duração; um sentido que se instaura no *fazendo-se* do evento e da própria transmissão do evento. É justamente nessa concomitância temporal, que se traduz como uma duração de dupla natureza – é tanto técnica quanto semiótica, é tanto do discurso quanto do mundo –, que se instaura, freqüentemente, como um tipo de efeito de acesso direto ao "real", de proximidade dos fatos. Por estar associado, em determinadas transmissões diretas, à instauração de um sentido que se define na percepção de uma duração tanto do meio (TV) quanto do mundo (dos fatos), esse efeito de sentido parece ser mais adequadamente descrito como um tipo de *vivência* do espectador diante do que vê *naquele momento* (e não noutro). Na tentativa de começar a distinguir os diferentes efeitos de "ao vivo" entre si – um trabalho bem mais amplo que o proposto aqui – designarei esse tipo de sentido "vivido", que só emerge quando uma transmissão direta é reconhecida como tal, como um "sentimento de ao vivo".

É importante ressaltar que essa vivência, que tanto traduz quanto é traduzida por um "sentimento de ao vivo", não carrega qualquer referência à vivência simbólica de uma determinada situação produzida por mecanismos de identificação-projeção do espectador com o que vê na tela, nos mesmos moldes do que acontece no cinema. Trata-se, nesse caso, de uma vivência associada à própria condição desse sujeito da linguagem como "sujeito no mundo". É nessa condição, a de um sujeito histórico e "real", que o espectador, ainda que sentado no sofá de casa, concretamente *vivencia* algo: vivencia a transmissão direta em que se transformou o evento. Isso é muito mais do que viver o evento por meio da transmissão direta; é, antes, *viver* a própria transmissão direta como acontecimento. Admitir isso é admitir que, semioticamente, a vivência aqui proposta ao espectador é, antes de mais nada, a vivência de um *fazendo-se*: do texto fazendo-se texto e do evento fazendo-se evento no momento mesmo em que se dá a transmissão direta, de tal modo que o sentido aparece para o sujeito nesse fazendo-se em que um se faz no outro. Na transmissão direta, a vivência desse *fazendo-se* está associada, antes de mais nada, à dimensão temporal da enunciação. Nesse tipo de configuração discursiva, sentir o passar do "tempo mesmo" é, como já vimos, uma condição essencial à instauração de sentido, pois é justamente a partir da percepção do tempo televisual como "duração extraída do mundo" que se estabelece uma particularidade do tipo de vivência proporcionada pela transmissão direta – a espera pelo inesperado.

Essa vivência que se manifesta como a expectativa própria a tudo o que está se fazendo, que se traduz na percepção de uma duração, que se dá na espera pelo inesperado, é, provavelmente, o que há de mais específico no tipo de sentido produzido pelas transmissões diretas de modo geral. Ela é uma condição essencial para o estabelecimento desse "sentimento de ao vivo", que também pode ser descrito, de modo geral, como um efeito de "estar em contato com o mundo a todo momento", "de ver junto com todo mundo ao mesmo tempo", enfim, de "estar em contato" contínuo com os outros e com o mundo. Essa vivência corresponde, em última instância, a diferentes tipos de envolvimento do espectador com o evento e/ou com a transmissão do evento (graus de expectativa, de tensão, de comoção, de mobilização, etc.), sustentados sempre pela crença de que o que assiste na tela da TV está se fazendo à sua frente no mesmo momento em que se faz fora dela e para os outros. Há, de acordo com a natureza do próprio acontecimento mostrado pela TV, diferentes tipos de transmissão direta e, em função desta, pode-se admitir a instauração de vivências de naturezas distintas também. Uma vez que essas vivências propiciadas por uma transmissão direta estão, necessariamente, associadas à instauração de um "sentimento de ao vivo", parece possível estabelecer distinções entre elas a partir da intensidade desse sentimento.

Parece ser possível falar, em princípio, de pelo menos dois desdobramentos desse efeito de "sentimento de ao vivo": um sentimento de *plenamente* ao vivo e um sentimento de *parcialmente* ao vivo, que corresponderiam, genericamente, à instauração de diferentes modos de presença (efeitos de presença) do espectador diante de uma transmissão direta, a partir de um conjunto de estratégias discursivas específicas adotado por cada emissão televisual. Pode-se dizer, desde já, que tais estratégias não estão baseadas apenas na instauração desse "tempo vivido"; elas dependem também de outros aspectos que serão aqui apenas mencionados, tais como: 1) a própria natureza do evento transmitido: se é um evento "criado", organizado, ou não pela própria TV, se a transmissão possui caráter ordinário ou extraordinário em relação à programação diária; 2) da maior ou menor ênfase numa natureza mais performativa ou mais fática da transmissão; 3) da prevalência, no quadro de participação engendrado pela própria transmissão, de uma posição mais social ou de uma posição mais comunicativa do telespectador. Cada um desses aspectos exigiria por si só desdobramentos que não cabem, evidentemente, nos limites deste artigo. A discussão que aqui se propõe sobre o próprio estatuto textual da transmissão direta é, no entanto, uma etapa inicial e indispensável de qualquer problematização posterior sobre os efeitos de sentido instaurados pelas diferentes transmissões diretas da TV.

Bibliografia

BOURDON, Jérôme. Le direct: une politique de la voix ou la télévision comme promesse inaccomplie. *Reséaux*, Paris: PRISME/CNET/CNRS, n. 81, 1997.

FIORIN, J. L. *As astúcias da enunciação*: as categorias de pessoa, espaço e tempo. São Paulo: Ática, 1996.

LANDOWSKI, Eric. Il tempo intersoggettivo: in defesa del ritardo. In: CORRAIN, L. et al. (Eds.). *Eloquio del senso*. Dialoghi semiotici per Paolo Fabbri. Milão: Costa e Nolan, 1999.

__________. Sobre el contagio. In: DORRA, R.; LANDOWSKI, E.; OLIVEIRA, A. C. (Eds.). *Semiótica, estesis, estética*. São Paulo/México: Educ/UAP, 1999.

__________. Viagem às nascentes do sentido. In: SILVA, I. A. (Org.). *Corpo e sentido*. São Paulo: Editora da Unesp, 1996.

__________. Modes de présence du visible. *Cadernos de Discussão do Centro de Pesquisas Sociossemióticas*, São Paulo, n. 5, 1999.

MARINIS, M. *The semiotics of performance*. Trad. A. O'Healy. Bloomington/Indianápolis: Indiana University Press, 1993.

MARRONE, Gianfranco. *Estetica del telegiornale*. Roma: Meltemi, 1998.

O ESTADO DE S. PAULO. 13 ago. 2000, ano 7, n. 428, Telejornal.

VERSUS. Quaderni di Studi Semiotici. Teatro e semiotica, n. 21, set./dez. 1978. Número especial.

__________. Intervento de Gianfranco Bettetini, n. 21, set./dez. 1978. Número especial.

VILCHES, L. La imagen es un texto. In: *La lectura de la imagen.* Prensa, cine, televisión. 5. ed. Barcelona: Paidós, 1995.

____________. La exibición del tiempo real. In: *Manipulación de la información televisiva.* 2. ed. Barcelona: Paidós, 1995. p. 198-205.

Parte III

Comunicação e novas questões sociais

9. Tropicália no interstício dos discursos identitários nacionais. O jovem Brasil no divã*

Gilberto Lago

"Nenhum índio deve ser chamado 'cachorro' a menos que seja este o seu nome" – lei editada em 1512 pelo rei espanhol Fernando, o Católico, com validade para as colônias do Novo Mundo (apud Octávio Souza, 1994: 19).

"Nessas ilhas eu, até agora, não vi nenhum monstro humano, como muitos esperavam..." – Carta de Cristóvão Colombo, 1493 (apud Backes, 1999: 49).

O mal-estar da "ninguendade". O diferente que se engana

Depois de Michel Foucault, tornou-se mais compreensível como o domínio da alteridade no Ocidente se fez numa fronteira que separava um dentro, concluso, de um fora inconcludente. Na época dos grandes descobrimentos essa fronteira era uma linha sagrada; depois ela foi secularizada, sem, no entanto, deixar de ser destinada a dividir o próprio do impróprio, a norma do desvio.

Apesar de a cultura européia – o outro lado da fronteira – ter acumulado durante séculos tudo o que havia de mais incompreensível, excessivo e ambíguo ao sentido (o louco, a criança, o judeu, o negro, a mulher, etc.), foi no "algures" do Novo Mundo que o ilimitado, o heterogêneo, o bizarro, entrou no domínio da alteridade.

* Trabalho apresentado no GT Comunicação e Campo do Inconsciente, para a X Reunião da Compós, Brasília, maio/jun. 2001.

Na dimensão do sagrado, a alteridade imperou como o antitético, que ali constituiu o anti-Cristo, o reino do dia-bo, aquele que separa; o dividido e múltiplo, em nítida oposição à deidade do não-divisível, do sim-bólico, do que se apresenta como in-dividus.

Na nossa carta de batismo, a Carta de Achamento, Pero Vaz de Caminha tece considerações de tal diversidade numa série de analogias e diferenças com o Velho Mundo, sem se esquecer daquele outro mercado de diversidade que era o continente africano.

O Brasil aí nasce da linha que marca o limite tanto do diabólico quanto do endênico. Entre o "diabólico" politeísmo e a pluralidade de sentido da vida social aborígene,[1] e o quase secular espaço paradisíaco da utopia, um "cá" onde finalmente poderia o Velho Mundo se livrar dos seus próprios empecilhos, complexidades e aprisionamentos promovidos pela razão e pela tradição. Foi aí, na linha que o imaginário europeu criou para melhor separar-se, que imperaram mecanismos projetivos e de denegação do "mau". Aí, a modernidade entrou em nossa vida.

De Pero Vaz de Caminha a Nina Rodrigues, no final do século XIX, o "diabólico" da multiplicidade e do pluralismo étnico/cultural marcou, com diversos nomes, a nossa alteridade, fazendo-a um precipitado exemplar daquilo que ela significava: um "algures" que a cultura européia se esforçou, com êxito, para catequizar, possuir e sujeitar.

Foi assim, identificando-nos como "algures", endênico ou "diabólico", que o código lingüístico e o código religioso foram impostos com intransigência e astúcia pelo colonizador. Quer pela violência, quer pela astúcia intelectual, acabamos "possuídos" por um mal-estar identitário que nos acuou e acua até hoje, exigindo-nos freqüentes convocações para a busca de nossa identidade nacional e cultural, e o fazemos repetindo o mesmo modelo da pura diferença, utilizado (com "astúcia") pelo colonizador como mecanismo de controle do mau e administração do domínio.

Mesmo após o descentramento das identidades individuais e coletivas promovido por Marx, pela psicanálise, pela lingüística de Saussure, pela história e filosofia inaugurada por Foucault, pelo femi-

[1] O etnossociólogo Florestan Fernandes, em seu livro *A função social da guerra na sociedade tupinambá* (1970), relata que "eles possuíam 129 termos e expressões para designar os laços de parentesco (consangüíneo ou por afinidade), que implicavam três gerações: a presente, uma ascendente e uma descendente".

nismo, ainda nos vemos acuados pelo fantasma da *ninguendade* e temos sempre na ponta da língua definições perigosamente acabadas: "Brasil é isto, Brasil é aquilo", "brasileiro é isto, brasileiro é aquilo", frases de um povo acossado pela *ninguendade* e sempre capaz de se autonomear por atributos que, apesar de não serem necessariamente pejorativos, atestam na profundidade a angústia por um nome com a marca do "diferente". São séculos de mal-estar identitário.

Como assinalamos, somos mais do que necessitados de uma resposta sobre o nosso ser, acuados por um "complexo afetivo", numa síndrome que, junto com Darcy Ribeiro, poderíamos chamar de *o mal-estar da ninguendade*. Darcy o identifica no nosso "estoque" de memórias afetivas: aquele que vai nos compreender por meio das identificações que se estabilizaram e mais ou menos se cristalizaram no decorrer de nossa história. A mais freqüente e poderosa dessas identificações é com o "filho bastardo". Para ele, o protobrasileiro é também um crioulo,

> nascido na terra nova, racialmente puro ou mestiçado..., [que] sabendo-se não africano como os negros boçais que via chegando, nem branco, nem índio e seus mestiços, se sentia desafiado a sair da ninguendade, construindo sua identidade. Seria, assim, ele também, um protobrasileiro por carência (Ribeiro, 1995: 131).

Darcy coloca, assim, a responsabilidade nesse próprio "protobrasileiro" que, diante dos nada valorizados atributos que se foram aqui construindo, teria criado uma identidade "fora de lugar" pelo mecanismo de negação de suas origens índia, negra e européia. Talvez possamos visualizá-lo nos quadros de Debret, vestindo fraques malajambrados doados pelo sinhozinho. No processo de aculturação queriam de fato ser aquele "legítimo" filho do colonizador, renegando, assim, em última instância, a "praga" do outro híbrido cultural que estava se fazendo em si.

A forma com que o processo de colonização se fez por aqui, não há dúvida, pode nos levar ao *mal-estar da ninguendade* e à nossa "carência", pela própria negação que fizemos de nossas fontes culturais, que foram se tornando híbridas – de forma distinta da que se observa com a mistura das raças –, cada vez mais sem essencialidade, até porque (ou principalmente porque) atravessadas (e constituídas), também, por esse discurso violento ou astucioso do "outro" excludente. Na realidade, é esse discurso mesmo que acaba por nos despossuir da ideal essencialidade, principalmente por nos remeter aos domínios de uma construção de identidade atravessada pelos seus poderosos desejos de *fazer* uma diferença. A *ninguendade* é a resposta acuada à vivência de violência cultural no processo mata ou catequiza índio, caça e faz escravos, que tinha como suporte tanto a necessidade óbvia de nos dominar quanto a intenção especular e astuciosa de separar-se de nós culturalmente, para melhor valorizar-se e individualizar-se dentro de suas fronteiras. Nós fomos, em suma, para o colonizador, também o espelho, um "outro" com que se construiu e se fortaleceu a sua nacionalidade.

Esse "bastardo", que carrega uma falta "afetiva", uma falta de "legitimidade" e uma raiva ingênua, desafiou-nos (e desafia) e, como o escravo mal-ajambrado, tentamos fazer nossa diferença com os mesmos princípios que o colonizador, nem sempre astucioso, nos ofereceu para melhor separar-nos. Não só as frases acabadas do povo, mas também a busca "compulsiva" da nossa identidade nacional e cultural pela intelectualidade, seria o sintomático desse mal-estar diante do "diabólico" e "monstruoso" processo de hibridização cultural que aqui se consumou e com o qual nos identificamos ainda negativamente. Seríamos filhos da violência cultural e de uma rejeição discursiva, impetrada pelo colonizador durante séculos, que, por sua vez, para confirmar nosso "destino" na realidade, para cá mandou criminosos ou outras espécies "bastardas" do século XV/XVI: minorias étnicas e religiosas.

O fato é que muitos historiadores nos fizeram ver que nossa "carência" era, no final das contas, de "legitimidade" e se dava na memória afetiva, onde guardaríamos, no traço de desunião com o Velho Mundo, esse "bastardo filho de bastardo" em busca da solução para sua *ninguendade*. Esta estaria assim referida a uma identificação com o supervalorizado discurso do "mau" pai colonizador, evidenciando um processo de negociação de subjetividades daninho à nossa auto-estima e desafiador a nossa consciência nacional e autonomia cultural.

Nosso estoque de identificações guarda essa marca de um aprisionamento ao discurso desqualificante do colonizador, e buscar no arquivo histórico fatos que o determinam constitui uma metodologia cujo modelo de memória ("por estoque") é útil para a interpretação de nossa realidade social. Basta observarmos o processo de guetificação e favelização das grandes cidades nos nossos dias, com a exclusão e o abandono à pobreza e à marginalidade de uma maioria de negros e mestiços, para se evidenciar o racismo e a discriminação social sofridas por essa população. Esta, no mesmo sentido, na hora do clamor pela justiça, momento em que todos deveriam ser iguais perante a lei, não tem o "argumento" da identidade civil. Já a elite branca e rica, esta se vê "naturalmente" investida ao declarar para um outro, "subalterno", investido de autoridade (para os outros), a sua condição de filho "legítimo" da nação: o que pode até "provar" o que o outro sabe ou teme: "com quem (ele) está falando". O negro, o pobre, é assim "naturalmente" o ameaçado filho bastardo de sempre. Os filhos "naturais", brancos-ricos, esses são os que podem exigir, num momento de "esquecimento" da autoridade, que se "lembre" de sua "identidade" com uma longa e imutável história de prepotência das elites identificadas com o colonizador e "esquecidas" de sua identidade nacional historicamente marcada pelo discurso excludente. Os "bastardos", esses sofrem do processo de *ninguendade*, na qual a carteira de identidade civil não conta, porque eles próprios sabem que o estado "natural" das coisas é e provavelmente, para eles, sempre será assim. Não há provas, na vida de sociedade, de sua legitimidade. Eles acham natural esse estado de coisas: Tal pai, tal filho. Contaram a eles e provaram, durante séculos, que eles são hoje os bastardos sociais, pela sua condição "natural" da pele e do *status* econômico (e não porque lhes impuseram esta "verdade" por processos historicamente reforçados por discursos desqualificantes, astuciosamente feitos em nome da "razão"). O mais grave é que os dados confirmam um puro racismo, a forma mais bárbara de argumento utilizado pela "razão" no passado e que perdura em nossa cultura, em que negros de mesmo nível social (só para exemplificar pontualmente) recebem numa mesma ocupação quase 40% a menos do que os brancos (dados apresentados em programa do Canal Futura no Dia Mundial da Luta contra a Discriminação Racial).

Por tudo que foi dito, e que se pode verificar na nossa "realidade" social, parece-nos que a mitologia do protobrasileiro oferecida por Darcy é bem-acabada. Numa única frase inclui o dilema do filho identificado com esse lugar social marginal que ainda lhe parece "natural" ocupar na sociedade, na maior parte desse Brasil sem consciência nacional e com muito pouca memória. O lugar do "bastardo" que a elite quer esquecer é ocupado ainda hoje pelo protobrasileiro: os negros, em sua maioria realmente mestiços, constituindo eles os legítimos representantes dos filhos (ilegítimos) da nação, uma massa de pobres acuados por um processo histórico marcado pela associação excludente de etnia com classe social.

No *Diccionário Contemporâneo da Língua Portuguesa*, de Caldas Aulete, obra editada em Lisboa (cerca dos anos 1920), podemos encontrar para o vocábulo "bastardo" o sinal denotativo não só para o "filho que não é de um matrimônio", como também para o adjetivo, "indicando que a coisa de que se trata teve alguma modificação que a torna diferente do tipo ordinário e primitivo". Como exemplo: "Trombeta bastarda: nome dado antigamente a uma trombeta cujo som era um misto de agudo e grave" (Aulete, s/d, p. 209). Já para "hybrido", a primeira acepção já era adjetivada: " não conforme as leis da natureza, irregular, monstruoso" (Aulete, s/d, p. 911). Como se vê, o vocábulo "bastardo" casa-se semanticamente com a palavra "híbrido", e ambos carregam toda uma concepção de (não) "pureza", (não) legitimidade, do não-regido pela homogeneidade; do regido pelo contrário da "natureza", pelo monstruoso e irregular.

Queremos assim ressaltar que há sintomas de que o discurso identitário nacional ainda não tenha saído de sua asfixiante história, por reproduzir o velho modelo europeu de domínio, baseado na projeção do mau e no "esquecimento". A convocação quase obsessiva de buscar a nossa identidade corresponde, ainda, a uma profunda e conflitiva necessidade de tentarmos romper, de forma enganosa, com a ótica e a lógica deslegitimizante do colonizador, depositário inconteste do sentido, dicionário por onde ainda lemos o sentido de nossa filiação nacional nos nossos corações.

Quando a classe intelectual da nação vai nos descrever, ela está presa a uma armadilha da qual não se dá conta (? ?), em que a procura da identidade nacional está marcada pelo compromisso paradoxal de fazer a diferença, utilizando-se da régua e do compasso do colonizador que delimitava a linha que separa o lá do cá, sem questionar como e por que essa linha foi historicamente criada e como ela se reestruturava na sociedade brasileira. Como é uma reprodução acrítica do modelo, *ipso facto*, cessa de ser uma especificidade nacional e torna-se uma não muito simples reprodução do sentido impressa pela mentalidade do colonizador e que perdura nos nossos dias.

Octávio de Souza, no seu *Fantasia de Brasil*, assim "diagnostica" o sintoma "busca da identidade" na literatura e na chamada ciência social brasileiras:

> Quando se examina a respeito da identidade nacional brasileira, esta é quase sempre concebida na base de eleição de uma série de atributos que qualificam o que deve ser considerado verdadeiramente nacional. No entanto, um atributo é sempre atributo de um objeto percebido ou concebido, servindo, portanto, para descrevê-lo ou para defini-lo. Ora, toda tradição brasileira de busca de identidade nacional demonstra em seus textos fundamentais um propósito muito mais amplo de que o de simplesmente descrever ou definir a nação. Sua ambição é a de suprir certas carências que impediram o brasileiro de ocupar o lugar de agente da construção do seu próprio destino nacional, reduzindo à posição de dependência cultural externa em que se encontravam (ou ainda se encontram) acuados (Souza, 1994: 18).

Ressalta assim o autor algumas das características da "crise" identitária nacional: a necessidade de afirmação da diferença por meio da escolha de "atributos". Estes são sempre bem-vindos à razão homogeneizante, "cujos propósitos (são) muito mais amplos", e que, como já argumentamos, pertence a uma lógica purificante do colonizador a que estávamos – e continuamos – presos e acuados, até porque não conseguimos nos livrar da nossa posição de dependentes culturais, repetidores de um recalcado conflitivo que poderia não nos pertencer necessariamente.

Flora Sussekind, no seu *Tal Brasil, qual romance*?, mostra como a lógica homogeneizante do colonizador acabou nos conduzindo a repetir na literatura a estratégia européia de representação identitária, por conta da ansiedade de reconhecimento. Diz ela: "De pai para filho, de um escritor a outro, de um período a outro, espera que se repita a tradição transmitida senão hereditária, ao menos literariamente..." (Sussekind, 1984: 34). (A mesma procura de legitimidade, do "laço de sangue", da imaginária linhagem "natural".)

A autora continua adiante ressaltando o "perigo" das incertezas quando se trata de identidades: "Como reconhecer um texto que, ao invés de reforçar a identidade nacional, produza inquietantes fragmentações? Como chamá-lo? Parricida? Bastardo, estéril?" (1984: 34).

Para Sussekind, a literatura brasileira, compromissada em fazer a alteridade à moda européia, separando um lá de um cá, acabou castrando-se no que havia de potencialidade ficcional, em nome de um compromisso com a representação de um todo diferente chamado Brasil. Nessa direção, como explica Luis Costa Lima no prefácio do mesmo livro: "O ficcional é vetado mesmo porque ele exigiria uma resposta ativa do leitor, inquiridora de sua própria noção de realidade. Esta resposta ativa, portanto, é todo o oposto de uma formação autoritária" (Costa Lima, in Sussekind, 1984: 13).

Em suma, há evidências de que na estratégia de representação do nacional, utilizada por nossa literatura, estávamos sob o domínio do medo de fugir ao mandato do colonizador. A ficção, uma tradição literária portuguesa, foi obliterada para nos acuar num naturalismo, porque assim desejou e fez o colonizador, como estratégia de representação, e assim cumprimos, temerosos dos ditames significantes desqualificadores: "bastardos", híbridos, incertos, "monstruosos".

Octávio de Souza, no mesmo *Fantasia de Brasil*, vai destacar no conjunto desses textos aqueles preocupados com a "busca de identidade", uma constante na história intelectual brasileira, daqueles trabalhos mais recentes sobre a identidade nacional,

> que sequer podem ser qualificados como busca, ... [permanecendo] como tema da crítica sociológica, antropológica ou literária, tal como encontramos em autores como Renato Ortiz, Roberto DaMatta, Flora Sussekind e Roberto Ventura, por exemplo (Souza, 1994: 13).

Vale a pena citá-lo mais detalhadamente:

> A busca de identidade nacional é uma constante na história intelectual brasileira. É verdade que há uma permanente mudança de

> tom nessa busca, que poderíamos chamar de ingênua nos períodos do neoclassicismo e do romantismo literário, que se torna cientificista com a crítica naturalista do final do século XIX, que retorna reflexiva ou culturalista com os modernistas (Antropofagia, Mário de Andrade, Verde-Amarelismo, Gilberto Freyre, Sérgio Buarque de Holanda), que ganha teor revolucionário ou progressista a partir da década de 1950 (ISEB, Cinema Novo, CPC da UNE) (Souza, 1994: 13).

O problema, da nossa "obsessão" identitária, tanto se examinarmos à luz da produção literária – como fizeram, por exemplo, Antônio Cândido no seu clássico *Formação da literatura brasileira* (Cândido, 1981) e Flora Sussekind no seu *Tal Brasil, qual romance?* – quanto sob o prisma dos textos de pesquisadores sociais – como fez Maria Isaura Pereira de Queiroz (1989) e, de alguma forma, também, Octávio de Souza (1994) –, consistiria numa necessidade "muito mais ampla" do que uma afirmação em face do estrangeiro. Essa "autonomia" fazia-se sob o temor da rejeição do "outro" implícita ou explicitamente presente no discurso e nas atitudes do colonizador, cujo ideal era purificar aquilo que seu próprio discurso hegemônico, dono de uma lógica fálica, definia como diabólico: nossas origens híbridas, "incompletas", imperfeitas. Na representação da nossa singularidade fizemos uma "ingênua" e paradoxal adesão ao pensamento do colonizador, que nos acorrentou afetivamente ao seu discurso de poder, tornando assim nossa busca de identidade uma afirmação estéril e impotente para promover uma verdadeira autonomia (sociopolítica) cultural, porque esta só pode se dar a partir da tomada de consciência, quando esta mesma consciência se faz diferença e singularidade discursiva em relação aos desejos do "grande outro" que nos narra. Essa consciência do nacional, auto-suficiente e autóctone, feita pela busca do diferente, por excluir nossa dependência e faltas, por repetir (de forma dissociada) o discurso do "outro", oblitera a história e transforma-se numa "independência" do tipo "adolescente": ingênua, enganosa, (falicamente) ufanista.

No caso da literatura, esse processo se transformou numa atitude singular de acrescentar um "compromisso com a vida nacional", segundo Antônio Cândido (1981: 27), não encontrável na literatura do Velho Mundo. Diante da inexistência (natural) de um conjunto de produções culturais, a jovem produção literária brasileira abriu mão, como lembramos, do seu solo, que era o da tradição ficcional européia, mostrando o quanto era problemática a sua relação com ele, constituindo assim uma literatura "naturalista". Pergunta Octávio de Souza, depois de Antônio Cândido: [quais as circunstâncias, além das compreensíveis necessidades de afirmação de um novo Estado emergente] "que impediram os brasileiros de simplesmente se considerarem como descendentes legítimos da tradição européia, tomando-a como base para si (?)" (Souza, 1994: 23). Essa é uma outra forma de formular a questão de Cândido: Por que negamos o nosso "sobrenome" europeu, apesar de imersos em sua subjetividade?

Respondemos que o fizemos para marcarmos um diferente, não muito paradoxalmente "amarrado" ao discurso do "outro", que de forma exitosa se vê reproduzido no discurso da nossa elite. "Ingenuamente" buscávamos a diferença pura, sem percebermos que essa lógica era desqualificante e era a forma mais poderosa de reafirmarmos a presença do "outro" (discursivo, desejante, significante) em nossa alma.

Para a crítica Flora Sussekind (1984), como assinalamos, o problema, examinado à luz dos textos, começa com uma escolha, quase unânime, de uma estética "naturalista" pela literatura brasileira, que, como tendência, é observável em momentos tão diversos quanto a virada do século XIX, a década de 1930 e os anos 1970, mesmo que utilizassem, nas diferentes ocasiões, critérios de verdade distintos, como o cientificismo na virada do século (por exemplo, Euclydes da Cunha – *Os sertões*), a economia e as ciências sociais na década de 1930 (por exemplo, Jorge Amado em *Cacau*) e o jornalismo nos anos 1970 (por exemplo, José Louzeiro em *Infância dos mortos*). Para a autora, a intenção é sempre a mesma: escamotear o caráter de ficção da literatura, tornando-a, pelo compromisso de retratar o (realmente) diferente, um espelho da "realidade" nacional.

Para além do bem e do mal, o resultado dessa busca de identidade é que, por meio do apelo romântico à imaginação, cantamos as belezas "reais" da nossa pátria que, por ressaltar a exuberante diferença da nossa natureza e cultura, transforma-nos no ambivalente "exótico", continente subjetivo propício aos estereótipos e às piores e "melhores" projeções do "outro". O recurso literário pelo qual fizemos essa representação de um estranho "outro" foi o da verossimilhança. Essa foi a forma literária de "amarrar" o leitor-receptor seja à representação material da nossa natureza exuberante e singular, seja à nossa "realidade" sociocultural (como se encontra, por exemplo, na produção de Jorge Amado, escritor engajado, que nunca escondeu também o seu fascínio pelo exótico de nossa cultura e natureza).

Gonçalves Dias e sua *Canção do exílio* podem ser tomados como paradigma daqueles que, assimilando a visão de mundo do colonizador, tenta fazer emergir a consciência nacional numa ótica alteritária nitidamente européia, marcada pela contraposição entre o cá europeu e o lá brasileiro. Sobressai-se um "lá" endênico que elide a consciência de que o "paraíso perdido" é uma outra face do "diabólico" que o colonizador nos impunha em nome de uma busca do absolutamente novo. Deixava ao colonizado, para serem mimetizadas, as suas estratégias desejantes: o romantismo e o naturalismo, que faziam a nossa diferença essencial por meio da exuberância ufanista da natureza, essa sempre amada obra da perfeição divina. O mito do paraíso em Gonçalves Dias encontra-se com o da bondade natural do primitivo em outras de suas obras, ícone e mito da virgindade e pureza de uma nação, como se ela não fosse atravessada por conflitos e por lutas, como nossa realidade sociocultural evidenciava. Ajudávamos numa mesma empreitada, assim, a valorizar e fazer o "maduro" colonizador "esquecer", crendo que nos estávamos valorizando e afirmando-nos como nação. Cisões por todos os lados para sustentar essa mitologia de um Novo Mundo redentor e absolutamente puro ou novo.

Seguindo os argumentos de Flora Sussekind, é possível entender que todo o problema resume-se em obliterar (adolescência) a evidência de que temos nas nossas concepções a marcante presença do "outro" europeu em nós, guiando afetivamente nossa maneira de pensar. Diante da necessidade de marcar o diferente, esse modelo de pensamento acaba sendo quem nos guia. Somos colonizados por ele, que, como cão de cego, desvia de todos os supostos obstáculos, em direção aos seus propósitos maiores que são os de manutenção do mito da própria superioridade e autonomia do civilizado colonizador à custa da nossa inferioridade e dependência.

Sem consciência do agenciamento que norteava nossa mais profunda dependência intelectual, acreditando por isso numa identidade como pura diferença, fomos – continuamos a ser – marcados pelo desejo mais espúrio do "outro". Sem nos dar conta de seus efeitos, mimetizamos os mesmos modelos idealizantes europeus, dirigidos para que "resolvêssemos" num futuro utópico os seus próprios desejos de "esquecer" e fazer esquecer um passado sangrentamente conflitivo e uma cultura repleta ainda hoje de fragmentações e diversidades em lutas e tensões.

Contardo Calligaris (1999), um outro psicanalista, como Octávio de Souza, por caminhos diversos, basicamente a partir da história das subjetividades, vai nos levar a concluir que nunca fomos modernos, porque circunstâncias históricas não nos permitiram cumprir um dos mandatos da modernidade trazido a bordo das naus ibéricas: o de deixar para trás um mundo tradicional – onde o sujeito era definido pelo lugares reservados desde o nascimento ou, se se quiser, até mesmo antes do nascimento – e fazer o novo, isto é, criar territórios subjetivos "novos", sem a "segurança" com que a ordem tradicional marcava a vida das pessoas.

No Sul, diferentemente da América do Norte, que viveu e vive verdadeiramente a angústia da "era da incerteza", diagnosticada a todo instante, a colônia não nasceu como lugar de "fugir de casa". Esse lugar define o mundo interior do aventureiro, que faz ele próprio o mundo novo, mundo da modernidade, onde o ser do mundo tradicional exige o ter-para-ser da subjetividade moderna. No Brasil, lembra-nos Calligaris, viveu-se um drama que marca essa nossa eterna adolescência e que nos atrapalhou na conquista de nossa "maturidade" moderna: "Logo na hora de declarar a Independência, ou seja, ao confirmar a viagem inicial, longe da casa paterna e materna, a família inteira veio morar com a gente..." (Calligaris, 1999: 19).

De novo a imagem do adolescente, de um complexo e conflitivo adolescente, tutelado política, econômica e subjetivamente, fato que poderia explicar não só a nossa eterna condição de diferente e "independente", mas um eterno carente econômico, com filhos eternamente vivendo no limite da exclusão social. No mesmo sentido, explicaria a nossa "fixação" a um modo de viver pré-moderno, ainda marcado pelas regras da sociedade tradicional e cujos efeitos se conhecem de forma pervertida em nosso país, sob a capa de cartorialismo, apadrinhamento, favoritismo, nepotismo e outras mazelas mais, sempre evidentes para mal-estar do cidadão, esse filho da modernidade, sujeito "fora do lugar". Sim, no Brasil se convive com a ambigüidade, mas, no que diz respeito à nossa disposição subjetiva de adolescente, o sintoma é certo: a nossa inquieta e infindável necessidade de produzirmos "diferenças".

O iluminismo, o individualismo, correntes de pensamento legíveis nesse legado intelectual colonizador e que adquiriram diversos matizes e destinos no decorrer da história da intelectualidade e da ciência, acompanhavam o pensamento europeu dominante no Brasil e eram cegamente absorvidos por aqui, gerando visões de mundo que resultaram no fervor nacionalista, patriótico, científico, etc. No que diz respeito à busca da identidade cultural e nacional, acabaram levando nossos escritores e cientistas sociais, durante muito tempo, a formular representações identitárias (nacional e cultural) com pelo menos um critério preponderante (até a entrada em cena do modernismo à moda brasileira, um broto singular do iluminismo): o critério da homogeneização das nossas próprias divisões e conflitos internos, na busca da imagem unificada idealizada do Brasil e dos brasileiros com a qual deveríamos nos identificar.

As conseqüências de tal visão de mundo "adolescente", como sempre buscador da diferença pura, vão, na direção do individualismo, recolher o que em essência constituiria o mais homogêneo do nacional, tido como o epicentro da diferença. Essa estratégia representacional pode ser exemplarmente encontrada na chamada literatura indigenista, de José de Alencar, em que a harmonia das culturas européia e aborígene finalmente vence, dando origem a proto-heróis nacionais harmonizados, que funcionavam como personagem-tipo, uma espécie de universal bem concreto que promove, como símbolo, o amálgama ideológico que une os diversos interesses em luta. Como símbolo, *Iracema* celebra tanto a supremacia sobre os índios e franceses, quanto a sedução romântica pelo índio, ao mesmo tempo exótico e autóctone.

Para Maria Isaura Pereira de Queiroz (1989), o problema de nossa "obsessão" identitária situa-se na evidência de que os conceitos de identidade cultural e nacional, ao contrário da Europa, aqui tornaram-se sinônimos. A nossa nacionalidade, construída com o "teto do Estado" centralizador e quase sempre despótico, exigiu ao longo da nossa história o controle das diferenças culturais por meio do "esquecimento" das dissenções, disputas e incertas harmonias entre elas, com o objetivo de potencializar a união e a fidelidade nacional em torno do Estado. Por coerência, buscávamos o controle da diferença para impedir a ficção, o caráter desejante, de incerto equilíbrio, que constitui verdadeiramente uma identidade cultural e nacional, construída, de fato, no imaginário, em meio a narrativas sobre a nação, promovida mais ou menos "despoticamente" pelos diversos discursos ideológicos, externos e internos à nação e cujas estratégias de união se dão com a ajuda do "esquecimento". Sem o "esquecimento" das lutas e dos conflitos parecia não ser possível construir o Estado Nacional. É esse Estado que se torna "nacionalista" e que por coerência exige a diferença pura e essencial em relação ao "outro" estrangeiro. A conseqüência disso é que (repetindo de outra maneira), repudiando o que lhe vem de fora como exigência, o que nos resta é, segundo Renato Ortiz, "a repetição ficcional do que se crê seja o país" (Ortiz, apud Souza, 1994: 38). Podemos então dizer que, quanto mais fugimos da ficção estrangeira desejante sobre nós, mais ficção nacional alienada de nós mesmos encontramos...

Até meados do século XX, esse compromisso nacionalista, com fortes marcas xenofóbicas, visando apresentar um país essencialmente diferente, com uma cultura com "raízes" autóctones e diferentes, acabou por promover uma cegueira em relação ao que de mais importante assimilamos como modo de pensar, e que para sermos diferentes (mais uma vez) obliteramos sua presença fundamentando o nosso pensamento sobre essa ficção, que é a identidade nacional e cultural de um povo, não só construída para além de uma realidade histórica, quanto pelo desejo do "outro" estrangeiro, detentor de um saber bem e mal-intencionado.

Passando da literatura para os trabalhos em ciências sociais do final do século XIX, vemos com nitidez os efeitos não mais de simplesmente obliterar a forte influência ideológica do colonizador, como fizeram nossos escritores no período de sua hegemonia evidente, no período colonial e imperial. Agora a identidade cultural e nacional não teria nenhum obstáculo no exterior, ao contrário, absorve-se servilmente o discurso de superioridade da elite européia e se faz clara a necessidade de moldar o interior da nação a seus desejos de afirmação de superioridade. Aqui, em suma, se tem com nitidez as motivações profundas de domínio e exclusão por trás da busca de harmonia cultural.

A partir da crença na existência de uma brasilidade essencial, esses cientistas a comporiam, de um lado, pelos elementos de um patrimônio cultural que seriam harmoniosos entre si, que se conservariam semelhantes através do tempo e que seriam compartilhados pela maioria dos habitantes do país, em todas as camadas sociais. Tais elementos consistiriam em bens materiais (maneiras de viver) e espirituais (maneiras de pensar). A brasilidade consistiria na totalidade desses patrimônios presentes como núcleo central profundo e igual a si mesmo pelo tempo afora, em todos os níveis sociais e etnias. Assim, os traços culturais configurariam um conjunto harmonioso, que deveria unir os habitantes, exterminando as diferenças, que seriam somente superficiais.

Complexos culturais aborígenes, outros de origem européia e outros ainda de origem africana coexistiam, e eles o identificavam. Guardavam eles uma persistente resistência em manter vivos costumes "bárbaros", aborígenes e africanos, impedindo a brasilidade de encontrar o seu desenvolvimento econômico, no final a argamassa ideológica da identidade nacional faltante. O modelo comparativo era claro: o da civilização européia, branca e refinada.

Esta é a forma de pensar que se encontra com clareza em Raymundo Nina Rodrigues (1935), médico baiano, cujos trabalhos são importantíssimos, até hoje, como dados relativos às religiões afro-brasileiras. Nele os fenômenos sociais (atrasos e desequilíbrios econômicos) provinham da mistura racial e cultural, em última instância. Fatores biológicos e culturais eram responsáveis pelas anomalias nacionais.

Um dos iniciadores da etnografia brasileira, Nina Rodrigues adquiriu fama mundial, tendo sido um dos fundadores da chamada "psicologia das multidões", ao lado dos Tarde e dos Le Bom, e com a vantagem de ter sido não só um teórico, como os europeus, mas um pioneiro no estudo de campo com material colhido na Bahia.

A falta de uma "identidade cultural nacional" era evidente para o etnógrafo, e o que viria a costurar pedaços tão díspares e apagaria suas arestas era a civilização européia, cujos princípios deveriam finalmente vencer a somente aparente submissão negra após a abolição da escravatura. Suas constatações vinham reforçar o sentimento de perigo que avassalava as elites, então já conscientes temerariamente da diferença numérica entre os africanos e seus descendentes, de um lado, e a população de origem européia do outro.

Nina Rodrigues detecta com justeza que o sincretismo das religiões africanas era uma adesão superficial ao catolicismo e, com um pensamento teleologicamente orientado pelo ideal de progresso e desenvolvimento, conclui que, por isso, deveria haver motivo de inquietação. Esses cultos eram, para ele, "bárbaros" em relação à religião considerada verdadeira e, além do mais, mantinham estranhas maneiras de pensar e de agir.

No momento, o que nos interessa é ressaltar que no final do século XIX, princípio do século XX, nossa identidade cultural e nacional foi não mais concebida escamoteando-se o desejo e a intenção de domínio e superioridade da forma de pensar européia, mas suas construções já eram fundamentadas com clareza na necessidade de se imporem os modelos europeus de domínio, que agora exigiam progresso, civilização e fim do atraso. Um dos princípios desse modelo era o da busca não só do cultural nacional, mas da falta de harmonia entre eles, fator de atraso do ponto de vista dos princípios europeus vigentes, que exigiam a modernização mediante o progresso do país.

Para Maria Isaura Pereira de Queiroz, Nina Rodrigues (1862-1906), Sylvio Romero (1851-1914) e Euclydes da Cunha (1866-1909)

> apresentaram, com pequenas variantes, as mesmas questões: como podiam elementos culturais de origem tão diversas coexistir sem reciprocamente se destruírem? Poderiam, um dia, chegar a constituir um conjunto harmonioso, e qual o processo para se alcançar tal resultado? O que tudo isto representa relativamente ao progresso, tão necessário, do país? (Pereira de Queiroz, 1989: 31).

Assinala, a autora, o racismo presente nos estudos dos três autores, e não se deve ficar admirado, pois, em função de uma completa permeabilidade ao pensamento dominante europeu, os ensaios do Conde de Gobineau (que mais tarde vão influenciar os expoentes do racismo germânico) refluíram aqui de forma quase doutrinária.

Carregados de cientificismo – particularmente, um racialismo –, Gobineau, Nina Rodrigues, Euclides da Cunha e Sylvio Romero tiveram suas idéias acatadas, e o preconceito acabou colorindo os trabalhos de outros intelectuais da chamada camada culta do país, até pelo menos a segunda década do século XX, quando entra em cena o modernismo no Brasil.

Antes de o abordarmos, no entanto, é necessário que se fixem alguns pontos de vista a respeito da nossa estratégia de representação identitária, tal como vimos desenvolvendo até o momento.

Excetuando-se o modernismo, particularmente aquele que o Movimento Antropofágico estabeleceu, em linhas gerais, poderíamos dizer que nossa estratégia de representar a nação foi, pelo menos até a década de 1930, exclusivamente baseada naquilo que Gellner (1983: 43) identifica como "impulso" para a unificação, cujo objetivo era tornar a cultura e a esfera política congruentes e fazer com que uma cultura razoavelmente homogênea tivesse um teto político. Cultura era o sangue vital, ou talvez, antes, a atmosfera partilhada mínima.

Acompanhando de perto a marcha do pensamento ocidental em direção ao individualismo, nossos intelectuais mal percebiam que adotavam por seu intermédio a velha estratégia do colonizador de melhor separar para melhor administrar o discurso da subalternidade dentro e fora de suas fronteiras. Aquilo que parecia evidente, que a identidade nacional necessitaria uma homogeneização, uma raiz, uma essência, não levava em conta a necessidade de que há no modelo europeu aquilo que Ernest Renan admite como pré-condição para a formação da lealdade com uma identidade nacional: "o esquecimento". As nações colonizadoras, para forjarem a lealdade, precisavam "esquecer" que foram culturas separadas e que só foram unificadas por um longo processo de conquistas violentas, isto é, pela supressão forçada das diferenças culturais (o povo português é constituído, como se sabe, por uma série desse tipo de conquista – godos, visigodos, romanos, arábes).

A modernidade, que alguns identificam com a era dos grandes descobrimentos, parece ter tido esse objetivo: criar o absolutamente novo, o virgem, o endênico para "esquecer" e estabelecer assim as bases mais unificadas, leais e homogêneas, da identidade nacional... portuguesa. Os grandes descobrimentos portugueses acabaram incorporados positivamente como feitos da "lusitanidade". Feitos valorizados, à custa de um grande "esquecimento" imposto à sua população e do qual fomos cúmplices, como continente do recalcado mal-estar do passado luso.

Uma cultura nacional nunca foi um simples ponto de lealdade, união e identificação simbólica, como queria José de Alencar e toda a literatura fundacionista. Ela é também uma estrutura de poder – cultural. O discurso colonizador aqui mimetizado reforçou a "lusitanidade" por efeito especular, narcísico, ao produzir discursivamente os traços negativos de nossa cultura, basicamente apoiado no novo, ora endênico e paradisíaco, ora híbrido e monstruoso. Seja por nos identificarmos com o "positivo" paraíso, seja para nos ajustarmos às exigências que a "civilidade" nos impunha, mas sempre para nos valorizar reativamente, acabamos conduzidos à busca do homogêneo e essencial (tal pai, tal filho) e à angústia da *ninguendade*, um sintoma instalado muito antes de ser forjado o Estado Nacional, e cujo objetivo, mais uma vez, era fazer o espelhismo comparativo entre as "virtudes" européias e os traços negativos-bárbaros da nossa cultura, pouco adequados (sic) para a construção da nossa nacionalidade.

Hoje se sabe: as culturas nacionais constituem, acima de tudo, dispositivos discursivos que negociam duramente com outros discursos – internos e externos à nação –, freqüentemente forjados para melhor administrar o subalterno. Sobre isso, nos diz Stuart Hall:

> Em vez de pensar as culturas nacionais como unificadas, deveríamos pensá-las como constituindo um dispositivo discursivo que representa a diferença como unidade ou identidade. Elas são atravessadas por profundas divisões e diferenças internas, sendo "unificadas" apenas através do exercício de diferentes formas de poder cultural (Hall, 1997: 67).

No Brasil, o modernismo, particularmente o Movimento Antropofágico, surge para descentralizar as noções de cultura e de identidade nacional que eram então construídas, perigosamente, com alicerces nitidamente racialistas importados da Europa.

Antropofagia: a diferença que se cria, o traço que se transmite

Nas décadas de 1920/1930, jovens pensadores do Sudeste concretizaram uma verdadeira revolução no conceito e na forma de formular a identidade nacional. Estamos aqui nos referindo ao vigor das idéias presentes na Semana de Arte Moderna de São Paulo, em 1922.

Podemos começar, neste panorâmico ensaio crítico, pela dificuldade de classificação dos dois principais personagens que vamos privilegiar nesta análise do modernismo na formulação da nossa identidade nacional e cultural: Mário de Andrade e Oswald de Andrade. Não eram cientistas sociais *stricto sensu*, mas livres-pensadores que admitiram, formularam e defenderam uma concepção de identidade cultural, de identidade nacional, que se contrapunha às idéias dos seus predecessores. Não negaram a influência européia no nosso pensamento identitário; escandalosamente absorveram o modernismo europeu, para melhor se desfazer de outras decadentes e asfixiantes concepções de cultura. Com uma visão crítica do social à luz do marxismo, da psicanálise, em que o sujeito é determinado por forças sociais e pelo inconsciente desejante, acima de tudo, eliminou logo de início qualquer leitura imediata da realidade sociocultural ao fazê-la passar necessariamente pelo discurso do "outro".

O modernismo aportou no Brasil para despertá-lo do seu sono, enquanto digeria "macunaimicamente" a sua "falta de caráter". O Brasil de Oswald e Mário de Andrade não tinham *um* caráter para a sua redenção, pois esse "caráter" já estava se constituindo, há séculos, na sua própria perdição na boca e pena dos cientistas sociais, escritores, artistas e dirigentes. Antropófago, infantil, inocente e indolente, o Brasil se refestelava narcisicamente com os seus "restos" de culturas branca, negra e aborígene hibridizadas, com suas "raízes" e fusões razoavelmente mapeados, mas, acima de tudo, sem um agente cultural capaz de fazê-lo despertar desse sono. Não havia ainda encontrado um agente de sua ontogênese capaz de promover sua redescoberta como sujeito desejante de se expressar, mesmo que em sintonia, em oposição, à margem ou em conflito com esses outros discursos. Depois de séculos de procura pelo essencialmente nacional, o "caráter" brasileiro que as estratégias essencialistas construíram entrava num fosso de profunda melancolia. O registro de sua subjetividade marcava o in-divíduo brasileiro: "O brasileiro é triste!". O "grande outro" já havia inoculado o seu veneno e havia necessidade urgente de escapar àquele "ovo da serpente" que estava sendo chocado por aquela época em todo o mundo ocidental e particularmente na Europa.

O modernismo captou isso com libido, ávido de desejo, e fez, para escândalo nacional, a "folia" da grande incorporação consciente do "outro". Não um "outro" qualquer, mas um "outro" – basicamente o modernismo – que acabava com a "fossa" e com o fosso lapidar entre as diversas culturas internas ou externas à nação. Incorporou definitivamente o desejo amoroso, libidinal, de representar, ao ato de representar, abrindo, assim, as portas da percepção, da consciência, do local subjetivo de onde se falava. Por meio de paródias e alegorias, o Brasil se reconhece, pela primeira vez, como "outro do outro", alerta e mais bem preparado – mais consciente – para as diversas lutas implicadas na representação identitária nacional. *Tupy or not Tupy, that is the question* ... (quando se está em luta franca e consciente; luta contra discursos metafísicos que, diga-se de passagem, eram desconhecidos pelos nossos "primitivos" índios).

O modernismo, como diz Paulo Prado no prefácio do *Pau-Brasil* de Oswald de Andrade (1928-1972), rompe com "os laços que amarravam o Brasil desde o nascimento à velha Europa decadente" (Prado, in Andrade, 1972). Esse livro de poesias, escrito sem métrica, é uma "singular contribuição do Brasil como força autônoma, capaz de pensar-se na complexidade da vida moderna com todo embaralhamento que ela implica" (op. cit., p. 12). Ali, pensamentos de origens as mais diferentes são articulados para ajudar a desfazer singularmente as fronteiras entre campo e cidade, metrópole e província, no ato mesmo de pesquisa de nossa cultura, tendências, costumes e usos.

É evidente que se destaca no discurso identitário de Mário e Oswald de Andrade uma benquista heterogeneidade da cultura. Ao contrário dos seus predecessores, a identidade cultural, como atributo da estabilidade no tempo de um traço homogêneo, surgia como uma ilusão ou como um falso problema. Até mesmo a civilização européia, que não era senão aglomerados heterogêneos, com diferenças étnicas e raciais, sincretismos culturais, misturas de civilizações e que nada disso tinha a ver com atrasos em relação ao progresso ou propensão à barbárie. Sua ocorrência resultaria, isto sim, de fatores históricos e econômicos.

Macunaíma, de Mário de Andrade, define o "herói nacional" ao reunir em si as qualidades africanas, aborígenes e européias, todas semelhantes em valor. Demonstra que a riqueza da cultura brasileira provém justamente da multiplicidade de suas raízes, que sem o *muiraquitã*, amuleto que acimentou suas diversidades, transformam-se numa aventura da subjetividade.

Complementarmente, Oswald de Andrade, escritor e romancista, vai forjar a sua teoria da antropofagia ao explicar *como* se opera a fusão dos elementos culturais díspares: o Brasil, culturalmente, devora civilizações que a ele venham a ter, compondo, assim, uma nova totalidade, diferente das anteriores.

Tanto em *Macunaíma* quanto na obra de Oswald, surge – ou se deduz – o citado "herói sem *um* caráter" (a não ser se considerarmos "caráter" sua vocação singular, nem sempre "positiva", diga-se de passagem, para compor diferenças). O "caráter" brasileiro já não é mais considerado como um produto composto por qualidades étnicas plurais, que no processo de assimilação e mestiçagem vão construindo as qualidades e defeitos dos brasileiros e a própria cultura nacional. Esta pode ser considerada uma versão culturalista adotada por Gilberto Freyre.

Freyre, o primeiro a ressaltar positivamente o dado da mestiçagem como formador do caráter brasileiro, acaba por continuar encerrado num enriquecimento cultural autóctone, independente da abertura para outras culturas, pois, como o enriquecimento cultural vai se dar por herança, a pluralidade cultural já corre em nossas veias.

Oswald, ao contrário, não dá importância ao fator da miscigenação, pois transcendendo à potencialidade da mistura, fixa-se *em princípios étnicos de assimilação das diferenças culturais.*

Octávio de Souza (1994: 173), seguindo argumentação de Luiz Costa Lima (1991), diante da novidade introduzida pelo Movimento Antropofágico, vai nos abrir a possibilidade de pensar dois modos possíveis de transmissão cultural: aquele que se dá pela transmissão de um *estoque* étnico e cultural e o que se dá pela transmissão do *traço*. Na antropofagia, a questão da transmissão do "estoque", ao contrário do que se vê em Gilberto Freyre, é secundária. O que importa, na nossa opinião, acima de tudo, é o *traço*, interstício por onde, se *faz* a cultura. A partir daí a brasilidade é representada não mais como qualidades psicológicas elevadas à condição de identidade nacional. Como diria Hannah Arendt, essas qualidades, tão do agrado do discurso identitário do brasileiro, "respondem pelo seu ser e não pelo seu fazer" (Arendt, apud Souza, 1994: 154).

Desde o seu primeiro encontro com o colonizador em 1500, a prole daí advinda estaria de fato submetida a duas versões: à do colonizador e à do colonizado. A maior parte da literatura nacional, mesmo após o modernismo, preocupou-se em contrapor as duas versões, extraindo daí conseqüências sobre o ser brasileiro. Até hoje, mesmo após essa revolucionária fecundação operada pelo Movimento Antropofágico, nossa intelectualidade busca identidade e não, como sugere a antropofagia, *faz* identidade no interstício das diferenças. Ao ficar restrita a atributos, pontos de "coagulação" das nossas identificações, que ainda vemos com muita freqüência nos discursos identitários contemporâneos, estamos repetindo perigosamente os cânones do pensamento colonizador, cujo objetivo, no final das contas, era – e é –, projetivamente, nos controlar, deixando incólumes os princípios da diferença, nada edificantes, com que operavam e que ainda nos imobiliza.

Assim como o povo, vários autores, de diferentes campos de saber, dedicaram-se à descrição do que é ser brasileiro, que se naturalizou também pela mídia, enfatizando infindavelmente este ou aquele atributo: "brasileiro não é sério", "brasileiro é cordial", "brasileiro é triste", "brasileiro é malandro", "gosta de levar vantagem"... O que essas definições por atributo têm em comum é a crença em categorias perigosamente estáticas e/ou estáveis, do "eu" nacional, que, nas horas de desabafo do povo, se iguala ao discurso científico, literário e artístico, por se estruturar em torno de princípios da pura diferença, que exclui radicalmente o sujeito da enunciação da identidade da própria identidade enunciada. É nesse sujeito da enunciação que o discurso do "outro" se revela e atualiza em representação. Não existiria, segundo nossa concepção, então, uma "alma do povo" sem uma referência à "alma" dos diversos autores do discurso identitário. Geralmente esses discursos identitários essencialistas baseiam-se numa interpretação histórica e adere-se a essa história sem sujeito, sem se aperceber que se adere, de fato, a um historicismo que elide a consciência das vicissitudes do sujeito enunciador, que é incapaz de desvendar o fato, até porque este é interpretado a partir de uma interioridade tributária do discurso do "outro".

"A diferença", diz Octávio de Souza, "não se presta a fundar identidade" (1994: 39). Ela foi buscada tradicionalmente na contraposição ilusória ao europeu. O que faz a diferença do nacional, na nossa opinião, a partir do modernismo antropofágico, é o ato mesmo da invenção, da criatividade que se faz ficção em luta, quando o "grande outro", desejante como nós, não é capaz de sufocar o espaço da intersubjetividade de onde nascemos como sujeitos da enunciação. Com a antropofagia, inaugura-se assim uma representação estritamente discursiva da identidade cultural, que hoje se vê radicalizada no discurso dos autores pós-colonialistas, particularmente em Homi Bhabha (1998).

Com Oswald de Andrade e sua versão antropofágica da cultura brasileira, não se confere importância primária ao fator miscigenação na constituição de um caráter brasileiro. Como o seu projeto identitário não elimina o sujeito da representação do seu objeto, a própria nação brasileira adquire sua condição de sujeito com "caráter" acolhedor e singularizador da diversidade.

Esse "caráter", geneticamente determinante da natureza e da psicologia dos povos nas concepções despóticas, conservadoras e imobilizadoras da cultura, sofre com a antropofagia o golpe mortal da paródia, demolidora dos mitos cientificistas. Com o Movimento Antropofágico, desconstrói-se habilmente esse pensamento, na linha de valorização do "herói sem um caráter":

> (...) o caráter brasileiro já não é mais considerado como um produto composto por pluralidade étnica, mas sim como princípio étnico de assimilação das pluralidades culturais com que entra em contato (Souza, 1994: 171).

Nesse processo de "assimilação das pluralidades" está o salto dado pela antropofagia: o que vai de um *estoque* de identificações – sejam esses estoques de origem genética, históricas, psicológicas –, para o *traço* que promove a diferença, esse "princípio étnico de assimilação das pluralidades culturais".

Generalizando: no nosso entender, esse *traço* inclui as identificações que foram se cristalizando na história dos contatos multiculturais das nações. No entanto, não se esgota como letra morta no *estoque*. Corresponde esse *estoque* a um conjunto de enunciados com alguma coesão entre si, que veiculam significados mais ou menos estáveis (hábitos, ideais, proibições), porque esse "estoque" identificatório corresponde exatamente a uma potencialidade simbólica da nação (*o traço* é um *espaço potencial* no sentido winnicottiano do termo). Como é um espaço potencialmente simbólico, ele é promotor das diferenças, negociador delas e criador da representação identitária. Ele pode ser dínamo tanto quanto dinâmico (ou não). Ele mesmo é dotado de um relativismo, pois existem épocas mais (ou menos) propícias do que outras para que essa espécie de tendência, "vocacão" singular da nação para fazer a diferença, possa se exercer. É um espaço *potencial* da criação da cultura e o responsável pelo modo como se opera a transmissão desta. O que está em questão nesse *traço* são as modalidades de relacionamentos ou negociações que se podem conceber entre narrativas e tradições, muitas vezes perdidas num tempo mítico, de povos colonizados e povos colonizadores (ou neocolonizadores), e as diversas narrativas e tradições que convivem entre si no espaço subjetivo da nação. Ele é um espaço subjetivo criador e simultaneamente criatura, pois, no seu devir, um incerto significante está sempre por se fazer, promovido por um certo traço acolhedor da diferença. No que diz respeito à sua localização subjetiva, esse espaço potencial, tal como o espaço transicional postulado por Donald Winnicott (1978), é criador de um terceiro espaço subjetivo que não é nem interno nem externo ao sujeito e à nação. É um espaço paradoxal, dialético e anfibólico por excelência e que remete a produção da cultura para um devir discursivo que diz de onde fala, pois esta é a única forma de se afirmar uma verdade (provisória) que passa a constituir a identidade cultural. Sua estabilidade no tempo deve existir, mas sua visibilidade é relativa, posicional.

Os anos 1920/1930 e os anos 1960 foram propícios para a sua visibilidade e a sua permanência como estoque identitário idealmente promotor da diferença. Sua identidade vai se comprovar (ou não) no decorrer do tempo, uma vez que as transações simbólicas surgem e se dão em meio à lógica capitalista de mercado, que determina a visibilidade e a estabilidade da representação identitária.

Tudo indica que há no Brasil, como de resto em qualquer cultura, a possibilidade de se absorver o "outro" poderoso sem necessariamente se perder nele. O que é singular aqui são as condições de possibilidade para abrigar os diferentes discursos culturais provindos de diferentes olhares internos ou externos à nação e as diversas modalidades de compor essas diferenças culturais e de transmiti-las como produto "acabado", prova da autonomia nacional.

A partir dessas formulações, a questão essencial da identidade cultural não seria acreditar que uma entidade primitiva e estável sobreviveria a séculos de colonização. O que sobrevive são os traços identitários, que precisam do olhar desejante do "outro" para se fazerem visíveis na sua singularidade "antropofágica".

Pergunta Costa Lima (1991: 31): "O que significa fundamentalmente a metáfora antropofágica senão que as forças, a energia, a vitalidade do inimigo capturado serão incorporadas a seu devorador?" Ao incluir escandalosamente o discurso do "outro", como se uma grande novidade estivesse se consumando na nação, o Movimento Antropofágico usa uma estratégia para a invenção da diferença e que põe de cabeça para baixo – sem concretizar, *ipso facto*, o "banquete" maníaco da pura incorporação do "inimigo" –, a lógica identitária que melancólica e tradicionalmente dominou nosso país pré-modernista.

Tradição antropofágica. 1967: a tropicália coloca o Brasil no divã

Nos anos 1960, o Movimento Tropicalista emerge em meio à velha discussão sobre o nacional, revestida pela radicalidade da luta ideológica, incorporando as idéias do Movimento Antropofágico e assimilando, como veremos, as "forças" do maior inimigo da ocasião. Mais do que imagens mediatizadas pela poderosa indústria cultural americana, mais do que as tecnologias a serviço do poderio cultural, o que se absorvia em última instância, já podemos dizer, era o discurso ainda pouco articulado do "pós-modernismo" incipiente nos Estados Unidos e na Europa (nesse sentido, ver Sovik, 1994).

Oswald, o "indigesto", não foi engolido pelos literocratas por muitos e muitos anos, até que os poetas concretos o ressuscitassem e reeditassem na década de 1950. Mas a massa só comeu a "massa fina" fabricada por Oswald pouco antes do estouro da Tropicália, no mesmo ano de 1967.

Em extraordinária recriação, José Celso Martinez Correa remonta, com enorme sucesso, *O Rei da Vela*, de Oswald de Andrade. Caetano Veloso estava na platéia. Foi a primeira vez que entrava em contato com o autor. Apesar da profunda identidade de pensamento, Caetano, "o teórico" do Movimento Tropicalista, só tomou contato *a posteriori* com a obra de Oswald. Quando foi assistir a *O Rei da Vela,* fazia uma semana que a música *Tropicália* (Veloso, 1967), ícone do movimento, havia sido composta.

> [...] Eu organizo o movimento/ eu oriento o carnaval/ Eu inauguro o monumento/ No Planalto Central/ Do país ...
> [...] Viva a Bossa-ça-ça/ Viva a palhoça-ça-ça-ça-ça [...]
> [...] Viva a mata-ta-ta, viva a mulata-ta-ta-ta-ta [...]
> [...] Viva Mari-ia-ia-ia/Viva a Bahia-ia-ia-ia-ia [...]
> [...] Viva Iracema-ma-ma/Viva Ipanema-ma-ma-ma-ma [...]
> [...] Viva a banda-da-da/Carmen Miranda-da-da-da-da [...]

Mesmo sem haver lido os modernistas nacionais, o que se organizava mais uma vez era a grande folia da incorporação dos diversos "outros", externos e internos à nação, que faziam ou já haviam feito parte do imaginário nacional e que foram excluídos arbitrariamente do discurso identitário, em nome do bom gosto, do progresso ou das idéias essencialistas geradas pela intelectualidade conservadora ou progressista (não importa muito: naquele momento parecia que todos estavam na mesma canoa furada, fazendo o discurso da imobilidade nacional). O Brasil, como representante do traço identitário de sua cultura, transforma-se, pelo ato de incorporação, em agente imaginário, a grande mãe capaz de realizar tanto a "perigosa" folia da pura devoração, sem criatividade, do "outro", quanto o "salutar" desrecalcamento e convívio negociado das diferenças (nada mais torna-se seguro no domínio de uma identidade quando ela se faz no imaginário). Bossa e roça, cidade e campo, de novo se aproximam na perigosa generosidade do traço, mas também na rugosidade do traço da diferença discursiva. A carne materna (de ia-ia) estava de volta pelo tatibitate na canção (até porque nunca desapareceu do imaginário nacional depois de Gilberto Freyre). Mas agora essa carne surgia na representação identitária de forma "realisticamente" ambígua – nada é seguro e centrado – e muito mais ousada do que nos anos 1920 e 1930. Agora, o próprio sujeito intérprete da criação da representação identitária nacional assume uma postura desejante antropofágica no ato mesmo de representar um Brasil que, como ele próprio, é perigosamente sedutor, e "feminino", com freqüencia dadaisticamente sedutor e feminino (quando encarna, por exemplo, a alma e a aura da fabricada Carmem Miranda, imagem tida estereotipadamente, pela esquerda nacionalista, como representativa da "república banana", inventada em Hollywood e que, apesar dessa verdade, nem por isso deveria ser omitida da alma brasileira com seu "jeitinho" gracioso de se fazer representar brilhantemente, apesar de oprimida pelo desejo desqualificante do "outro"). Na antropofagia tropicalista, capaz de acolher todas as diversidades, sem uma crítica *a priori* (mas, sim, *a posteriori*), sujeito e objeto da representação se confundem no imaginário. O olhar "masculino" e "feminino" de onde se constrói a nação não poderia estar de fora desse legítimo processo de descentralização do olhar, até porque ela passa a representar basicamente uma ambígua mãe imaginária capaz de acolher seus filhos, inclusive aqueles com olhar "antropófago", no ato mesmo de promover suas diversidades por expressões artísticas de múltiplos sentidos.

Que diferença de um José de Alencar com sua procura dos símbolos nacionais, com sua bem-comportada Iracema apaixonando-se pelo colonizador harmoniosamente! Agora, a própria Iracema estava também incorporada ao sujeito-Brasil, como uma "perigosa" mulher devoradora, assim como a própria obra de José de Alencar, agora citada e reapresentada na tensão do *traço* que procura promover a diferença pela estratégia representativa que se utiliza da paródia, citação, "restauração": "Viva Iracema-ma-ma"!

Mesmo sem haver lido ainda os modernistas, a alma "antropofágica" estava de volta em 1967, re-construindo a nação antropofágica imaginada, por meio das letras, músicas, imagens, comportamentos e tecnologias, usadas na interpretação das canções. Essas verdadeiras encenações, que além do mais colocavam em diálogo múltiplas linguagens artísticas, acabavam por constituir verdadeiras performances discursivas descentralizadoras, que não excluíam o discurso verbal, seja dentro do contexto das canções, seja fora, por meio de entrevistas na mídia.Tudo estava a serviço do descentramento das "identidades" individual e coletiva e constituiu o alicerce de uma nova estética, surgida pioneiramente nos trópicos, daquilo que veio a se chamar pós-modernismo.

Caetano não lera, no início, os modernistas (sic), mas o clima na música popular brasileira em 1967-1968 era semelhante internamente àquele "Verde-Amarelismo" excludente que Oswald de Andrade identificou no discurso nacionalista como "triste xenofobia que acabou numa macumba para turista". O clima era o mesmo: A bossa nova do Brasil antropofágico, a duras penas já havia saído da condição de influenciada pelo jazz para a de influenciadora do jazz, transformando-se, assim, em legítimo produto bem-sucedido da negociação subjetiva da "periferia" com o "centro" de produção cultural, e transformara-se em artigo de exportação. Como diria Oswald de Andrade, ela conseguiu, como o futebol, driblar as modas e as tecnologias dos superdesenvolvidos, deglutindo-as para devolver-lhes novos produtos acabados.[2] Acontece que, na década de 1960, os acontecimentos políticos precipitaram no Brasil modificações, determinando, mesmo antes da canção de protesto americana, que o setor musical e artístico se reposicionasse perante a inocuidade das letras do tipo amor-flor da fase Brasil-Ipanema da bossa nova.

Contrapondo-se ao "alienado" iê-iê-iê, incorporador daquele totem tecnológico do imperialismo (a guitarra elétrica), surge positivamente a temática do Nordeste como paradigma do tema eminentemente nacional: o desajuste social em que vivia o país. Negativamente havia a paralisação da pesquisa musical propriamente dita, que no passado projetou a bossa nova. Positivamente, havia uma

[2] "Foi isto que sucedeu, por exemplo, com o futebol brasileiro ... com a poesia concreta e com a bossa nova, que, a partir da redução drástica e da racionalização de técnicas estrangeiras, desenvolveram novas tecnologias e criaram realizações autônomas, exportáveis e exportadas para todo o mundo" (Campos, 1968: 60).

maior elaboração das letras. Negativamente, havia os aproveitadores, adversários da bossa nova de sempre, que precisavam se reaproximar do "povo", propondo a volta do sambão às suas raízes e ao "hino discursivo folclórico-sinfônico", conforme expressão de Augusto Campos. Naqueles anos 1960, para o autor (vale a pena a citação completa),

> preparava-se para voltar aquela falsa concepção verde-amarela que Oswald de Andrade estigmatizou em literatura como "triste xenofobia que acabou numa macumba para turistas", aquela ideologia que se dispõe a promover e exportar não produtos acabados, mas matéria-prima, a matéria-prima do primitivismo nacional, sob o fundamento derrotista de que "o povo" é incapaz de compreender e aceitar o que não seja quadrado e estereotipado (Campos, 1968: 61).

Foram essas algumas das circunstâncias que trouxeram à cena Caetano e o Movimento Tropicalista. Caetano, em especial, na mesma linha de argumentos de Augusto de Campos, explica suas intenções muito tempo depois: "acabar de vez com a imagem do Brasil nacional-popular e com a imagem do Brasil garota da Zona Sul, do Brasil mulata de maiô de paetê, meias brilhantes e salto alto" (Veloso, 1997: 87).

Ora, mesmo sem conhecer a obra oswaldiana, o projeto da tropicália tinha o propósito de dar continuidade a uma "linha evolutiva" aberta pela bossa nova, que, ao se deixar fecundar pelo jazz, ao fazer samba sem frigideira e tamborim, mas incluindo contrabaixo e violino, por exemplo, rompeu com a impermeabilidade nacionalística e com sua perigosa estratégia de busca de essências, raízes e tradições, devolvendo aos supradesenvolvidos produtos de qualidade, temperados por nossa própria criatividade e diferença cultural. Deixamos assim, com a bossa nova, de ser produtos exóticos para turista, como a mulata a que se refere Caetano. Para ele, como se observa na sua frase, a temática da bossa nova havia se tornado regionalíssima – Ipanema, Zona Sul do Rio – e o Brasil antropófago não poderia permitir isto.

Se no plano discursivo verbal esclarece-se o norte "militante" do movimento, no plano da representação, como dissemos, tudo é ambíguo, pois cabe a ela a tarefa de, acima de tudo, descentrar a consciência nacional, levando o "sujeito-receptor" da identidade nacional ao *traço* em que habitam as suas possibilidades ou impossibilidades de fazer a diferença, mesmo que racionalmente o sujeito assim deseje.

Apesar de o projeto da tropicália coincidir com o dos modernistas, os tempos eram outros e todo o movimento se deixou influenciar pela mudança comportamental que a todos afetava por meio de uma crescentemente poderosa indústria de comunicação de massa, base de uma desterritorialização progressiva das nacionalidades e que o pensamento ideológico via com olhos tão críticos que não percebia que eram de imagens, não necessariamente nacionais, as matérias-primas com que há muito tempo já construíamos nossas identidades.

"Sem lenço, sem documentos [...]". O sujeito de *Alegria, alegria* (canção de Caetano Veloso de 1967) desconstrói-re-constrói – a la McLuhan – o discurso identitário tradicional. Na "era da imagem", os discursos tornam-se fragmentados e esses fragmentos passam a fazer parte do imaginário nacional, alimentando a narração da nação em pé de igualdade com as narrativas tradicionais: "[...] O sol se reparte em crimes/ Espaçonave, guerrilhas/ Em cardinales bonitas [...]".

No explosivo ano de 1967, muitas coisas estavam sucedendo além da montagem de *O Rei da Vela.* Naquele ano se identificava uma certa *Terra em Transe*, terra em trânsito (para onde?) representada pela orgia na casa do personagem Júlio Fuentes, onde o ambiente *high-tech* parecia uma alegoria crítica ao estágio primitivo da perversão que Glauber podia vislumbrar num mundo globalizado.

Naquele mesmo ano, no dia 1º de junho, os Beatles animavam a febre revolucionária ao lançar o álbum *Sgt. Pepper's...*, rompendo com a imagem "boazinha", em direção a uma radicalização musical e comportamental; rompendo com a "tradicional" música pop, ao introduzir referências da música erudita, sonoridade indiana e uma dissonância vanguardista.

Naquela época, os Beatles eram "mais famosos do que Jesus Cristo", e o que diziam e faziam tinham a força de um evangelho. Percebendo lucidamente o mundo novo por meio desse disco, a revista *Time* quase anuncia a pós-modernidade como crise das tradições na era da imagem e do espetáculo, dizendo, a propósito da frase de J. Lennon sobre Jesus: "Ele [Lennon] está colocando a questão:

que tipo de mundo é este que faz mais barulho em torno de um culto pop do que em torno da religião?". Como conclui a jornalista Bia Abramo (1997): "Pode-se substituir com tranqüilidade religião por 'política', 'ideologia' e 'moral'".

Outubro de 1967: a Pop Art, apresentada na IX Bienal de São Paulo, consagra definitivamente os Estados Unidos como o centro mundial das artes plásticas. O pavilhão norte-americano mostra uma retrospectiva de 40 óleos de Edward Hopper, que acabara de falecer, e a produção de 21 artistas pop, entre os quais Lichtenstein, Rauschenberg, Warhol, entre outros. Todos assinariam o panfleto espalhado no Salão da Jovem Pintura, em Paris, que dizia:

> ... na medida em que a pintura é um jogo... na medida em que pintar representa o exterior (ou interpreta, ou se apropria, ou disputa, ou apresenta)... Na medida em que é uma função de esteticismo, flores, mulheres, erotismo, o ambiente cotidiano, arte, dadá, psicanálise, a Guerra do Vietnã, não somos pintores (apud Bia Abramo, 1997).

No Brasil, Hélio Oiticica e Lygia Clark percebem a poética do sensorial de acordo, segundo Nelson Aguiar (1997), com a fenomenologia da percepção, enriquecida por McLuhan no seu livro de arte (?) chamado não por acaso de *O meio é a massagem*. Oiticica cria o movimento chamado "tropicália", que propõe ao iniciante a experimentação tátil da areia, a visualidade dos panos coloridos, o aroma e a cor das plantas, culminando com uma representação da intermodalidade do sentir na era da eletrônica: o aparelho de TV. Como diz Nelson, Oiticica e a sua "tropicália" numa só tacada conjuga os seis requisitos da nova poética: "vontade construtiva, superação do quadro de cavalete, participação do espectador, abordagem e tomada de posição ante problemas políticos sociais e éticos, tendência a uma arte coletiva e surgimento da anti-arte".

Em 14 de outubro daquele ano explode o tropicalismo. Caetano, com *Alegria, alegria*, e Gilberto Gil, com *Domingo no parque*, apresentam-se no festival da TV Record.

Caetano sobe no palco acompanhado do conjunto pop argentino Beat Boys usando roupas dos Beatles, tocando uma espécie de marchinha ao som de guitarras, com uma letra pop de ousadia poética inusual. Aproveito-me do artigo de Marcos Augusto Gonçalves (1997) para lembrar os esclarecimentos de Caetano após a sua "estranha" apresentação:

> Eu sou o "Rei da Vela" de Oswald de Andrade montado pelo grupo Oficina. Sou brasileiro, sou casado e sou solteiro, sou baiano e sou estrangeiro. Adoro meu pai, minha mãe e meus irmãos, mas não tenho família. Meu coração é do tamanho de um trem ...

"O que aconteceu com Caetano?" perguntava Carlos Acuio em entrevista, em dezembro de 1967.

Caetano respondia oswaldianamente (com certeza, naquele final de 1967 já era conhecedor do discurso antropofágico-concretista, via irmãos Campos, escudeiros de primeira hora do movimento):

> Nego-me a folclorizar o meu subdesenvolvimento para compensar dificuldades técnicas. Ora sou baiano, mas a Bahia não é só folclore. E Salvador é uma cidade grande. Lá não tem só acarajé, mas também lanchonetes e *hot dogs*.
> Venho me interessando mais pela poesia iê-iê-iê, pela vitalidade natural da música vulgar e comercial, do que pelo intelectualismo em que haviam caído todos os que se acreditavam continuadores de Dorival Caymmi, Noel e outros.
> Estou me esforçando para respeitar meu público que é jovem como eu, e está também interessado em que sejamos gente do mundo de agora ...E de quem era o "mundo de agora?" o mundo realmente é de Batman... e do risco da "macumba para turista".

Caetano assume o risco de forma antropófaga, concreta e assumidamente incorporativa dos transnacionais mitos urbanos da história em quadrinhos, que já faziam parte do imaginário nacional, como a própria macumba (e Oswald de Andrade), essa descentrada religião que leva o sincretismo brasileiro ao extremo:

[...]
Batmacumbaiê-iê batmacumbaobá
Batmacumbaiêiê batmacumbao
Batmacumbaiêiê batmacumba
Batmacumbaiêiê batmacum
Batmacumbaiêiê batman
[...]

Arte pop, neoconcretismo, música pop, cinema novo, música dodecafônica, todas essas idéias fluíam e fruíam sincreticamente entre canções e discursos explicativo-militante, principalmente em Caetano, o grande organizador do carnaval tropicalista.

Reproduzimos um mínimo dessa época revolucionária e criativa, que tentava como nunca aproximar a arte da vida numa época em que a sensorialidade começava a ser buscada diante da era "eletro-eletrônica", da "imagem inclusiva" (cf. McLuhan, 1972), mas também do "som inclusivo", em que sujeito e objeto da comunicação se fundem no imaginário, na falta de rugosidade das verdades que determinavam o sujeito de perfil nítido do discurso identitário, apoiado pelas ideologias, com suas acabadas metanarrativas.

A tropicália conseguiu desconstruir habilmente o discurso dos mestres da nossa consciência, ao remetê-lo *do estoque para o traço identitário* – tal como o Movimento Antropofágico já havia feito. O Movimento Tropicalista, sintonizado com uma nova era, de imagens mais inclusivas do sujeito, o faz de forma mais fragmentada, coerente com a época que se anunciava, na qual os meios de comunicação audiovisuais começavam a se constituir nos principais agentes produtores de subjetividade, mesmo que esta fosse constituída pela fragmentação. Consegue, com isso, despertar violentas reações nos donatários daquele discurso conservador – particularmente nos jovens revolucionários dos anos 1960. Incitou-os a conhecer um certo traço identitário brasileiro capaz de acolher, poder reconhecer e fazer as diferenças; mas também reconhecer e fazer prevalecer as incertezas do sentido, principalmente diante das fragmentações dos discursos, que naqueles anos se começavam a detectar. Aí, nesse traço de equilíbrio instável (também) se constrói, criativamente (ou não), a consciência nacional, em meio a incertas imagens e incertos desejos. Como um bom analista, construiu uma verdadeira "obra aberta", oferecendo ao jovem Brasil "adolescente" a possibilidade de realizar a tarefa de fazer o acabamento constante do seu verdadeiro "amadurecimento", sua verdadeira autonomia, que se dá em meio ao discurso do "outro". A partir daí, mais uma vez, depois do modernismo, um modelo de construção de identidade envolve um eterno vir-a-ser... singular e capaz de se fazer independente. Esse processo de independência é interminável e poderá (ou não) culminar com uma verdadeira autonomia cultural e econômica, numa época em que o "outro", neocolonizador, é presença desejante evidente e inevitável em nossa subjetividade, e condição definitivamente necessária para a tomada de consciência de que nosso desejo pode (ou não) querer corresponder ao desejo do "outro". Esse desejo foi, antes do modernismo, o de buscar a pura diferença. O fizemos, por pura carência...

Bibliografia

ABRAMO, Bia. O fim da inocência pop. *Folha de S. Paulo*, Caderno Mais, 23 set. 1997.

AGUIAR, Nelson. *Folha de S. Paulo*, 23 set. 1997. Caderno Mais.

ANDRADE, Oswald de. Manifesto Antropófago (1928). In: *Do pau-brasil à antropofagia e às utopias*. V. 1 das Obras Completas. Rio de Janeiro: Civilização Brasileira, 1972.

AULETE, Caldas. *Diccionário Contemporâneo da Língua Portuguesa*. Lisboa: Livraria Editora, s/d.

BHABHA, H. *O local da cultura*. Belo Horizonte: UFMG, 1998.

BACKES, Carmem. *O fascínio da brasilidade*. Porto Alegre: Artes e Ofício, 1999.

CALLIGARIS, Contardo. A psicanálise e o sujeito colonial. In: SOUZA, Edson Luiz André de (Org.). *Psicanálise e colonização*: leituras do sintoma social brasileiro. Porto Alegre: Artes e Ofício, 1999.

CAMPOS, Augusto. *Balanço da bossa e outras bossas*. São Paulo: Perspectiva, 1968.

CÂNDIDO, Antônio. *Formação da literatura brasileira*. Belo Horizonte: Itatiaia, 1981. 2v.

COSTA LIMA, Luis. *Pensando nos Trópicos* (Dispersa demanda II). Rio de Janeiro: Rocco, 1991.

__________. *Vanguarda antropófaga*. Cópia de texto. Conferência. Santiago, 1998.

FERNANDES, Florestan. *A função social da guerra na sociedade tupinambá*. São Paulo: Edusp, 1970.

HALL, Stuart. *A identidade cultural na pós-modernidade*. Rio de Janeiro: DP&A Ed., 1997.

LAGO, Gilberto. Bases para a construção de um in-certo Brasil pela tropicália. A desconstrução da consciência ideológica. In: *Temas em comunicação e cultura contemporâneas II*. Coletânea. Salvador: EDUFBA, 2000.

NINA RODRIGUES, Raymundo. *Os africanos no Brasil*. 2. ed. São Paulo: Ed. Nacional, 1935.

PEREIRA DE QUEIROZ, Maria Isaura. Identidade cultural, identidade nacional no Brasil. Tempo social. *Revista de Sociologia*, USP, São Paulo, 1 (1): 29-46, 1º sem. 1989.

RIBEIRO, Darcy. *O povo brasileiro*. São Paulo: Companhia das Letras, 1995.

SOUZA, Octávio de. *Fantasia de Brasil*: as identificações na busca da identidade nacional. São Paulo: Ed. Escuta, 1994.

SOVIK, Liv. *Vaca profana*: teoria pós-moderna e tropicália. Tese de doutoramento. São Paulo: ECA, 1994/1995.

SUSSEKIND, Flora. *Tal Brasil, qual romance*? Rio de Janeiro: Achiamé, 1984.

VELOSO, Caetano. *Verdade tropical*. São Paulo: Companhia das Letras, 1997.

VELOSO, Caetano. In: WALY, Salomão (Org.). *Alegria, alegria*. Rio de Janeiro: Pedra Q Ronca, s/d.

WINNICOTT, Donald. *O brincar e a realidade*. Rio de Janeiro: Ed. Imago, 1978.

10. Ligações estratégicas: comunicação, políticas públicas e intervenção social*

Inesita Araújo

No ano de 2001 um novo Grupo de Trabalho se fez presente na Compós, o principal fórum, no país, de pós-graduação em comunicação: Políticas e Estratégias de Comunicação. Sua ementa trouxe temas novos para esse espaço. Novos na Compós, sim, mas também novos como campos de interesse para uma produção científica em comunicação. Certamente mídia e movimentos sociais não são novidade (nem a conexão dos campos da política e da comunicação), mas sua vinculação com políticas públicas e processos de intervenção social, numa perspectiva que associa linguagem, discurso e poder, sim.

Por sua estreita relação com meus estudos e pesquisas atuais e de longa data,[1] resolvi deter-me sobre as idéias contidas naquela ementa, fazendo-me a pergunta: o que exatamente significa pensar políticas e estratégias de comunicação, nos termos ali propostos? Cogitei

---

* Trabalho apresentado no GT Políticas e Estratégias de Comunicação, para a X Reunião Anual da Compós, Brasília, maio/jun. 2001.

[1] De um modo muito sucinto, eu estudo a maneira pela qual a sociedade organiza sua prática discursiva, em contextos institucionais, tendo em vista a consecução de seu projeto de intervenção social. Por outro lado, procuro mapear as diversas estratégias que a população desenvolve para conformar e se apropriar das políticas públicas que lhe são dirigidas e assim exercer, em algum grau, uma parcela de poder na sociedade. Ou seja, compreender e formular uma configuração da dinâmica social, baseada na prática discursiva dos agentes sociais, tomando como parâmetros a elaboração e a gestão das políticas públicas, numa perspectiva da disputa de poder. Os eixos teóricos e metodológicos que orientam as pesquisas provêm da semiologia dos discursos sociais e dos estudos culturais.

que seria muito produtivo discutir minha concepção com a dos demais colegas inscritos no GT, que certamente virão de áreas temáticas diversas e trarão enfoques e entendimentos diferentes dos meus.

Minha proposta então, neste texto, é discutir as idéias-chave da ementa, utilizando minhas referências teóricas e profissionais. Pretendo, porém, num segundo momento, localizar meu tema de pesquisas em relação a essa mesma ementa.

Atualmente, meus estudos empíricos localizam-se no confronto de forças, mediado e produzido pelas relações discursivas entre os atores que compõem a cena social e política do Alto Rio Negro, mais especificamente, do município de São Gabriel da Cachoeira, Estado do Amazonas, com especial atenção no campo da política de saúde indígena e privilegiando as relações interétnicas da etnia Baniwa.

Uma ementa, muitas possibilidades

> *Políticas públicas*, *movimentos sociais* e *processos de intervenção social* numa perspectiva de *linguagem e poder*. Políticas públicas como resultantes de *disputas de sentido* travadas pelos e nos discursos que se pretendem hegemônicos, em *contextos institucionais*. Articulação da *mídia* com as políticas públicas e os movimentos sociais. Processos discursivos de controle e de intervenção social (ementa do GT).

Destaquei os termos que me parecem consistir o eixo em torno do qual se articula a ementa. Tomemos como ponto de partida a idéia de políticas públicas. Este não é um tema novo entre nós, mas como objeto de atenção, sim, só muito recentemente passou a merecer discussões no mundo acadêmico e a se consistir no alvo de lutas de amplos segmentos sociais. Esse movimento se dá no contexto da crítica ao discurso neoliberal, que também redimensionou o conceitos de cidadão e promoveu o de excluído, este significando o indivíduo à margem do sistema, que deve ser contemplado com políticas compensatórias. Desde então, o tema vem crescendo de importância a cada dia e confirmando seu estatuto científico e acadêmico, para além do âmbito das ciências que tradicionalmente as consideravam seu objeto, como a economia e a sociologia. A comunicação, ciência jovem, ingressou recentemente nesse campo de estudos.

O termo "políticas públicas" traz implícita, porém, uma concepção de Estado que não é, certamente, a versão neoliberal: esta não inclui políticas públicas nos seus planos. O Estado neoliberal é regulador, não interventor. É um Estado que produz normas, aponta procedimentos, estabelece formas de controle, mas não intervém. Atualmente observa-se, inclusive, um movimento no sentido de diminuir ainda mais esse seu papel, transferindo a diversos setores o controle das próprias atividades: é a auto-regulação, que podemos identificar, por exemplo, no campo da agricultura (complexos agroindustriais), da publicidade e da indústria automotiva. Do outro lado, temos o Estado que cuida do bem-estar social e que por isso determina, implanta e administra o que fazer, como fazer, quanto gastar nos setores relacionados à qualidade de vida e ao desenvolvimento social e econômico. Ou seja, um Estado que tem políticas públicas.

O Brasil é um país que, como sabemos, comporta situações de grande desenvolvimento ao lado de graves problemas sociais. Talvez por essa condição de contrastes e desequilíbrios, opera com papéis diferenciados quanto à ação do Estado. Para os setores mais integrados às tendências do desenvolvimento internacional, reserva a atividade de regulação. Por outro lado, exerce sua prerrogativa de interventor nos setores mais defasados ou desamparados, como saúde, educação, meio ambiente, indigenismo, agricultura (reforma agrária, segurança alimentar, agricultura familiar), ou nos setores tecnológicos que ainda não conseguiram condições de competitividade num cenário econômico globalizado, como é o caso da informática. É aí que se pode falar de políticas públicas.

Falar de políticas públicas leva a falar de intervenção social. Algumas pessoas repudiam esse termo, pela carga semântica negativa que carrega, associada a processos autoritários. Mas é, de fato, o termo que atualmente melhor descreve a ação pública ou privada de interferir numa determinada realidade social, com o objetivo de provocar mudanças. E é justamente o termo que permite compreender o campo das políticas públicas como pertinente não apenas ao âmbito governamental, trazendo para esse cenário as organizações da sociedade civil, como as ONGs e as igrejas, incluindo ainda as organizações representativas da população, que hoje não só operam na implantação e gestão das políticas, mas também reivindicam o direito pleno de influir na sua formulação.

É aí – nos processos de intervenção – que se configura um espaço importante para a Comunicação, seja como lugar de ação ou como objeto de estudo e formulação teórica e metodológica. É aí que, ao meu ver, se localiza parte da ementa do GT.

Não obstante, o nome do GT fala de *políticas* e de *estratégias*, palavras que podem apontar para outras possibilidades. Um olhar sobre a produção recente das pós-graduações em comunicação permite perceber algumas tendências no modo de tratar a relação dos campos da comunicação e da política. Uma delas, sem dúvida, contempla as ações de regulação e privilegia os procedimentos de controle sobre a ação estatal e privada na esfera pública. Esses estudos, que partem de um consenso sobre o papel vital da comunicação no equilíbrio de forças da sociedade, atêm-se ao campo das comunicações e operam principalmente com paradigmas jurídicos e econômicos, mas também com os da ciência política, pois freqüentemente estão associados ao debate sobre a democratização das instituições no país. De modo geral, os pesquisadores desse campo identificam-no como das *políticas de comunicação* e, também de modo geral, mesmo quando parecem falar apenas de leis e regulamentos, os trabalhos apresentam uma abordagem politizada e um bom potencial de contribuição para o debate nacional, desde que associados a uma estratégia de publicização e apropriação por parte dos setores não-acadêmicos.

Uma outra corrente forte já criou seu próprio espaço de legitimação acadêmica: é a que estuda o fenômeno da intervenção da mídia na vida política do país: de que modo a mídia interfere na condução dos fatos políticos, com ênfase para a mídia impressa e a televisão (a inclusão dos espaços virtuais nesse elenco é incipiente). Os temas de maior interesse têm sido os processos eleitorais, incluindo aqui os movimentos cívicos em defesa da democracia – diretas já e caras pintadas são alguns exemplos. O campo político eleitoral, como tema de estudo, não remete para as políticas públicas; mas de alguma forma estão ligados, pois a natureza e a composição dos poderes influem nas decisões sobre como distribuir e aplicar os recursos públicos. Por outro lado, é inegável que estamos falando aqui de "estratégias", que são as estratégias de produção de sentidos sobre os fatos da vida política. Os modelos teóricos dessa área de estudos provêm, em grande parte, da comunicação, mas também da ciência política, com incursões em estudos da retórica e da ética (entre outros); os metodológicos, freqüentemente – mas não só –, são os das análises de discursos e conteúdos. Os pesquisadores que se inscrevem nesse espaço optam pela rubrica *comunicação e política.*

Uma variante dessa corrente seria representada por todos os muitos estudos que também contemplam a mídia, mas com temas outros, que não os do campo político eleitoral. Estes pesquisam os dispositivos midiáticos de enunciação, e seus objetivos costumam ser desvelar as estratégias de construção dos sentidos, estratégias que freqüentemente estão associadas à defesa dos interesses de alguns segmentos da sociedade. Identidades regionais e padrões de estética e saúde são alguns exemplos possíveis. Creio que poderíamos nomear essa linha de pesquisas de *estratégias midiáticas de comunicação.*

Por fim, a vertente que abriu essas considerações trata da comunicação nos processos de elaboração, implantação e gestão de políticas públicas em todos os domínios nos quais se requer uma ação pública ou privada no grande campo que poderíamos chamar de "desenvolvimento". Aqui presenciamos uma transformação radical – paradigmática, mesmo – no modo de entender a relação da comunicação com os processos de intervenção social. Vou estender-me sobre esse ponto, não só por me parecer que se aproxima bem da ementa do GT, mas também por ser o meu campo particular de pesquisas e atuação: o campo da *comunicação e políticas públicas.*

A comunicação na intervenção social

Por algumas décadas, a comunicação aplicada à intervenção social foi pensada e realizada dentro do paradigma difusionista, que tem como premissa a relação causal entre *comunicação* e *desenvolvimento.* Na sua época áurea, ainda não se falava de políticas públicas: as palavras de ordem eram progresso, educação, desenvolvimento, transferência tecnológica, difusão, extensão. Introduzidas na década de 1940 pelas missões rurais,[2] essas idéias-força foram legitimadas na década de 1950 pela implantação do Ponto IV[3] e no contexto desenvolvimentista de JK, com importante apoio da Unesco. Levemente questionadas na década de 1960 pelo movimento contra o imperialismo norte-americano, consolidaram-se na década de 1970, sob o regime militar.

Com os olhos de hoje, pode-se dizer que é nesse largo período que se cimenta a relação entre comunicação e políticas públicas, uma vez que se passou a acreditar firmemente que o "subdesenvolvimento" era produto da falta de educação e de informação das populações e que, para superá-lo, o caminho era difundir informações adequadas sobre procedimentos e atitudes que deveriam ser adotados pelas pessoas. Comunicação tornou-se, a partir daí, elemento estratégico do campo político – e não é por acaso que os governos militares investiram tanto no parque tecnológico das telecomunicações.

No plano acadêmico, esse é um período extremamente fértil de teses e dissertações, quase todas produzidas por técnicos dos sistemas públicos de extensão, quase todas avaliando a eficácia de procedimentos de disseminação tecnológica ou de programas de "educação para o progresso". O modelo teórico hegemônico de então é uma composição das idéias de David K. Berlo – comunicação como moldagem de comportamento – com a Teoria da Difusão, de Everett Rogers, que previa as etapas na adoção de novos comportamentos ou tecnologias, tendo como pano de fundo a Teoria da Modernização, de Daniel Lerner. Modelo autoritário, linear, unidirecional, mas que se implantou firmemente no nosso chão.

Em dois momentos verificaram-se tentativas de rupturas dessa hegemonia. Os anos 1960 propiciaram uma reação aos pressupostos do modelo desenvolvimentista, que negava às sociedades sua história

---

[2] As missões rurais foram fruto de um acordo entre os governos brasileiro e americano e consistiam em veículos equipados com tecnologia de comunicação (principalmente rádio, cinema e audiovisuais) e especialistas em desenvolvimento, que percorriam o interior do país.

[3] O Ponto IV foi um plano do presidente Henry Truman, voltado para os países do Terceiro Mundo, no qual as técnicas de comunicação eram consideradas fundamentais na luta contra os desequilíbrios sociais que, segundo seus mentores, favorecia a implantação do comunismo internacional.

e especificidades culturais, justamente num tempo em que a Teoria da Dependência fazia sucesso e os movimentos de cultura popular agitavam o país. Mas foi uma reação política e, como tal, produziu ações de natureza política, porém de fraco impacto teórico e metodológico, não conseguindo gerar modelos que realmente representassem uma alternativa competitiva ao transferencial.

O outro momento ocorreu nos anos 1980: com as preocupações e esforços voltados para o processo de redemocratização e com a emergência de novos movimentos sociais, o foco de atenção deslocou-se para outras questões, tais como as práticas comunicativas dos setores populares e a luta contra o monopólio dos meios de comunicação. É quando entra em cartaz, no âmbito da comunicação, o conceito de política pública, porém referenciando as políticas de comunicações, como mencionei acima. Aparentemente o modelo desenvolvimentista havia sucumbido aos ventos progressistas. Ledo engano... No mundo da intervenção social ele continuava ativo e vai recuperar visibilidade e força no governo de FHC, que organiza seu projeto social apoiado nos mesmos pressupostos dos anos 1970, embora com outro discurso e outros conceitos.[4]

Como tive a oportunidade de estudar e argumentar exaustivamente em outro lugar (Araújo, 2000), o surgimento de outros enfoques teóricos não levou ao descarte do modelo transferencial: pelo contrário, ele continua forte e ativo, nas políticas de comunicação para o desenvolvimento. Mudaram os paradigmas do campo afetado – por exemplo, na agricultura, a "revolução verde" foi substituída pelo "desenvolvimento sustentado", o modelo sanitarista teve de incorporar outros valores, como o direito à saúde – mas não mudaram muito os pressupostos da comunicação e seu papel na implantação das políticas públicas setoriais: continua-se investindo maciçamente em campanhas que visam à mudança de atitude e à adoção de comportamentos mais adequados à superação dos problemas sociais. Também se pode considerar que a atual política de educação para o país, que

[4] Não é por acaso que FHC investe largamente em programas de teleducação e que o Universidade Solidária é uma mera reedição do Projeto Rondon. Nem é por acaso que o planejamento e os maiores recursos para a área da comunicação para implantação de políticas públicas para o desenvolvimento estão na mão de agências de publicidade.

enfatiza programas de disseminação de computadores, monitores de TV e vídeo e de antenas parabólicas nas escolas, e incentiva a substituição do professor pelas aulas produzidas de forma centralizada, tem como um de seus discursos fundadores a relação causa-efeito entre comunicação e desenvolvimento. O discurso dominante sobre a Internet, por sua vez, é indicador da sobrevivência do modelo: disponibilizar informação significaria promover a eqüidade e a igualdade social.

Os atores desse cenário pouco se referem a políticas públicas. Falam, embora parcamente, de políticas institucionais de comunicação, para designar o conjunto de estratégias de alguma organização ou setor específico. Atribuo isto à força paradigmática do modelo, que naturalizou não só a idéia de que problemas de desenvolvimento se resolvem com comunicação, como também a concepção instrumental de comunicação, que reduz o campo a um conjunto de meios e instrumentos de visibilização e transferência de mensagens.

Forças centrífugas x forças centrípetas – a batalha apenas começa

Uma nova tendência vem se afirmando, porém, desde os anos 1990, tendo como protagonistas, num primeiro momento, agentes dos organismos públicos e privados que buscam modelos de análise e ação não só mais eficazes do que o difusionista, como mais compatíveis com sua visão política da sociedade. Entre outras circunstâncias que produzem esse movimento de procura, vamos encontrar as sucessivas evidências de insucesso dos modelos de ação e a reformulação das identidades institucionais, acentuada pela hibridização discursiva de campos que antes se mantinham claramente diferenciados. No plano organizacional, essa busca conduz a uma luta por espaços políticos, por posições que permitam interferir na definição dos modos de pensar, planejar e influir sobre a realidade social, e na alocação de recursos para tanto. Ou seja, uma luta pelo controle das políticas públicas, explicitando finalmente a relação sempre existente, mas até então escamoteada, entre comunicação e políticas públicas.

Sendo um movimento político-institucional, passou a consistir também em teórico-acadêmico, uma vez que essas pessoas começaram a procurar a universidade para embasar melhor os paradigmas emergentes que desejavam contrapor. É que essa busca traz como exigência – quase uma premissa – a mudança de referencial teórico e metodológico. Há uma consciência – ainda pequena, porém crescente – de que não é possível mais operar com o velho modelo difusionista, sendo urgente a elaboração de novos modos de perceber a prática comunicativa da sociedade, assim como de produzir modelos de ação eficazes e apropriáveis pelos atores sociais. Essa "onda" introduziu algumas novidades nos cursos de pós-graduação em comunicação. Há um número cada vez maior de trabalhos que transitam no chão amalgamado da comunicação e das políticas públicas, utilizando novos parâmetros de compreensão e produzindo um conhecimento que, além de transdisciplinar, é "transtopológico", isto é, que emana de diferentes lugares de fala.

Por outro lado, aqui e ali vão surgindo cursos de especialização e aperfeiçoamento voltados para profissionais da comunicação, que visam preparar um novo agente desse campo que não se contente com a elaboração de instrumentos de divulgação institucional – cartilhas, vídeos, etc. –, mas que se qualifique para ingerir na geração, implantação e gestão de políticas públicas em diversas áreas de intervenção social, tais como saúde, meio ambiente, trabalho e geração de renda, agricultura, educação, atenção à infância, combate à violência e outras. Outra senda aberta é a dos cursos desses campos específicos, que freqüentemente incluem um módulo sobre comunicação.

Cria-se, assim, uma produtiva circularidade entre teoria e práxis, de tal sorte que é hoje difícil saber, em alguns espaços, se um dado discurso emana da academia ou do mundo da prática social. Aos poucos surge uma outra terminologia, que corresponde a uma nova compreensão dos processos sociais, percebidos menos por uma organização de saberes regionais e mais por uma interface com outros campos disciplinares, e por uma incorporação das novas configurações políticas e sociais. Por exemplo, "comunicação na intervenção social", "gestão de processos comunicacionais", "comunicação e políticas públicas", "estratégias de comunicação", surgem designando campos teóricos hoje ainda conhecidos por "comunicação rural", "comunicação em saúde", "comunicação e meio ambiente", etc. Com outra perspectiva, porém, mais transversal, mais aberta aos domínios conexos, mais receptiva e, sobretudo, mais contemporânea e com um renovado potencial de transformação social.

Estamos aqui falando de uma luta por hegemonia. E não é uma luta fácil. Alguns espaços acadêmicos resistem, ainda, conservando o velho paradigma, no âmbito da graduação, mas também da pós. Nas instituições, a luta é mais feroz, poder-se-ia dizer que é uma luta de vida ou morte. Comunicação é um território tão estratégico que o embate entre as forças políticas centrípetas – que atuam no sentido da manutenção do *status quo* – e as centrífugas – que buscam a mudança – ali se verifica de forma vital (Clark e Holquist, 1999).

Não é à toa que isso ocorre. As políticas públicas são propostas com base em discursos aceitos como mais legítimos que outros. Quem consegue fazer valer seu modo de perceber e analisar a sociedade tem mais poder, porque interfere sobre a definição de prioridades e distribuição de recursos para o campo social. E controle de recursos significa poder, como sabemos. A luta pelo poder simbólico – poder de fazer ver e fazer crer, como nos ensinou Bourdieu – aí se faz muito visível e se caracteriza por um embate de paradigmas, que se manifestam em discursos. Então, a luta pelo poder, no campo das políticas públicas, é um embate discursivo, no sentido mais amplo que o termo "discurso" pode adquirir e que permite perceber que a "batalha" se desenvolve moldada por contextos: textuais e intertextuais, culturais e históricos, existenciais e situacionais, institucionais, econômicos e políticos (Pinto, 1999, e Araújo, 2000).

Nessa luta, a mídia ocupa uma posição estratégica, pela sua reconhecida capacidade de criar realidades e agendar o debate público. No processo de legitimação discursiva, indispensável para o campo das políticas públicas, quem consegue visibilidade midiática – seja por apoio ou contestação – aumenta seu capital simbólico. Disso decorre a grande importância dos estudos de pesquisadores que se dedicam a mapear as estratégias de produção de sentidos – dispositivos de enunciação, na teoria dos discursos – da mídia, seja impressa ou audiovisual. Se considerarmos que a mídia, mais que um ator político proeminente, com discurso próprio, é atualmente o principal *locus* dos embates sociais, fica fácil entender o caráter estratégico dos modos de dizer e de mostrar; de concorrer discursivamente; de construir um regime de verdade, para usar o termo cunhado por Foucault e que resume bem o que estou propondo: se um discurso é aceito como verdadeiro, a comunidade discursiva que o produz e/ou o faz circular tem mais poder para ingerir na elaboração e na implantação das políticas públicas.[5]

Em tal perspectiva, passam a ter relevância as pesquisas sobre os processos de circulação e consumo discursivos, que atualmente incluem de forma irrecusável os estudos das mediações. Esse campo, nomeado ainda em círculos importantes como estudos de recepção, é talvez o que virá a assumir maior relevância no futuro imediato dos estudos sobre a relação estratégica entre comunicação e políticas públicas.

Afirmo isso por considerar que políticas públicas só se configuram como tais quando assumem visibilidade e são disponibilizadas por meio de processos comunicacionais, mediados pelas instituições e que caracterizam uma ação de intervenção social. O sucesso – ou o fracasso – de qualquer política está, porém, na razão direta da possibilidade e do modo de sua apropriação pela população à qual se destina; portanto, da natureza e da qualidade dos processos comunicacionais que a constituem e viabilizam. E isto só pode ser avaliado mediante o concurso dos estudos de circulação e consumo.

Movimentos sociais, mídia e poder

É nesse ponto que entram em consideração outro vetor posto em cena pela ementa do GT: os movimentos sociais. A ementa vincula movimentos sociais com políticas públicas, e isso também é bastante novo como enfoque. Já há algum tempo que aqui e ali aparecem pesquisas que fazem a articulação entre mídia e movimentos sociais,

[5] Parece-me que a maioria dos pesquisadores que se dedicam a tais estudos não tem uma noção clara da sua importância estratégica. Por outro lado, são os que mais dependem de uma política acadêmica de circulação e legitimação de sua produção teórica e metodológica, porque, na maioria, estão vinculados à universidade e não a organizações de intervenção, ou de formulação de políticas públicas.

dando-se ênfase à dimensão simbólica do poder (perspectiva de linguagem e poder, como propõe o GT).[6] Mas, salvo desconhecimento meu, a dobradinha movimentos sociais–políticas públicas ainda está bastante virgem no mundo acadêmico da comunicação.

Voltando um pouco atrás na história, a prática comunicativa das organizações populares tornou-se objeto de atenção dos pesquisadores da comunicação nos anos 1980, quando se apresentou como alternativa aos meios de comunicação controlados pelos grupos empresariais e políticos. Estudava-se seu poder de transformação dentro dos movimentos, quase sempre numa perspectiva marxista (Gramsci foi o grande guru dessa corrente). Uma *avant-première* desse tipo de abordagem já havia ocorrido nos anos 1960, mas os paradigmas eram outros, eram os da "educação como prática da liberdade", para usar uma expressão do principal mentor intelectual da época, Paulo Freire. Na época, começaram a ser gestados modelos de comunicação que deveriam se opor ao dominante transferencial (ou difusionista), os quais podemos chamar genericamente de dialógicos, embora alertando que não se trata aqui do dialógico bakhtiniano, mas do diálogo de saberes entre população e técnicos/intelectuais. Mas esses modelos se inviabilizaram como ordenadores de uma prática, sobretudo por ignorarem os contextos institucionais em que operavam (cf. Araújo, 2000). Por outro lado, falava-se em "movimentos populares", não em "movimentos sociais", que é um conceito que se tornou corrente mais recentemente, no quadro das novas configurações políticas e sociais.

O que me parece interessar ao GT é a perspectiva dos movimentos sociais como espaços legítimos do exercício de poder, ou seja, as estratégias dos movimentos sociais para exercerem uma ação efetiva sobre a geração, gestão e implementação das políticas públicas. Nesse aspecto, e levando em conta considerações anteriores, os estudos e pesquisas que têm como objeto a articulação entre a mídia e

6 O MST tem sido o principal movimento contemplado, possivelmente menos por sua vitalidade social e papel ativo na formulação de políticas públicas agrárias, do que pelo destaque que a imprensa lhe atribui. Em última análise, uma coisa está ligada à outra: se não fosse sua capacidade em produzir fatos noticiáveis, dificilmente teriam a projeção e a importância nacional que desfrutam e teriam muito menos poder de negociação política.

os movimentos sociais encontram seu lugar. Não exclusivamente, porém. A ementa menciona "processos discursivos de controle e intervenção social" e, se as ciências sociais entendem controle social como o do Estado sobre a sociedade, os novos movimentos invertem a proposição, propugnando pela possibilidade de a sociedade civil ingerir ativamente nos rumos das políticas públicas. E, se processos discursivos são mais visíveis quando se verificam ou circulam na mídia, há outros espaços de circulação tão efetivos quanto aquele. Em se tratando de intervenção social, encontramos muitos cenários em que a mídia é, de fato, o ator menos proeminente. O desafio está em perceber a prática comunicativa para além da evidência dos meios de comunicação.

É possível trabalhar esses temas com diversos referenciais teóricos e metodológicos. A semiologia dos discursos sociais tem uma contribuição seminal; eu diria mesmo que ela é constitutiva do enfoque proposto, na medida em que este se caracteriza como de "linguagem e poder". O reconhecimento da materialidade institucional dos embates de sentido – contextos institucionais como lugares onde se produzem sentidos modeladores das políticas públicas – também são outro forte indicador dessa presença vigorosa. Há outras possibilidades, todas facilmente componíveis com a semiologia. A teoria das representações sociais, por exemplo. Ou os modelos da economia política, que possibilitam novas e criativas abordagens da prática comunicativa das instituições. Ou a teoria das redes, com sua compreensão das infindáveis e intrincadas malhas de sentidos em que nos movemos e que nos enredam. Ou as teorias da sociedade da informação, pondo em cena as novas tecnologias e suas relações com as estruturas de poder. Mais recentemente, uma importante contribuição começou a vir dos estudos culturais, que trouxeram para o âmbito da comunicação e políticas públicas não só sua perspectiva que privilegia o campo cultural, mas também seus objetos preferenciais de estudo, como os processos de formação de identidades locais e nacionais num cenário midiatizado e globalizado, as relações interétnicas, as estratégias de afirmação política das minorias, etc. Parece-me que uma das virtudes desse recorte que o GT contempla é sua exigência de uma transdisciplinaridade que possa dar conta, teórica e metodologicamente, da pluralidade e da dinâmica social, do jogo de forças que move a sociedade. É essa dinâmica, exacerbada por um contexto explosivo, que procuro estudar e sobre a qual procuro intervir.

Comunicação e políticas públicas em saúde indígena

No início deste texto, afirmei que trabalho com políticas de saúde indígena, no Alto Rio Negro, buscando compreender e formular uma configuração da dinâmica que move os atores sociais na busca do poder, no campo da intervenção social. Para melhor compreensão das pesquisas que venho efetuando, darei aqui uma ligeira visão do ambiente onde elas vêm sendo desenvolvidas.

Um cenário empírico

Índios não são criações de antropólogos, assessores, mediadores de toda espécie, mas a imagem que se cria deles. É desses índios que falarei aqui, criando uma imagem entre tantas possíveis e que se encontra em luta com outras, por uma fatia do poder simbólico. Mas não só de índios e suas organizações: falarei também de uma parafernália de atores sociais coletivos, que buscam intervir no campo da saúde indígena, na região do Alto Rio Negro, tendo como base o município de São Gabriel da Cachoeira, ao noroeste do Brasil, quase fronteira com a Colômbia.

São Gabriel é um município gigante em dimensões, porém com escassa população, diluída em um sem-números de aldeias, que se espalham pela calha do Rio Negro e seus afluentes. Ao todo são 410 aldeias, onde vivem 17 etnias, compostas por 24.000 índios, que falam 13 línguas. Entre as etnias, encontra-se a Baniwa, cujo contato com os brancos data do início do século. Eles ocupam principalmente a calha do rio Içana, são evangelizados e muitos falam português quando necessário, embora de modo pouco fluente. Falam também castelhano e nheen-ga-tu (espécie de tupi simplificado, criado pelos jesuítas da colônia para fins de comunicação), além de sua própria língua e algumas derivações. Os Baniwa são fortemente organizados, numa estrutura que lembra o edifício sindical: organizações de base formam organizações de rio, que integram uma Federação de Organizações Indígenas do Rio Negro, a poderosa FOIRN. Além disso, há uma organização das mulheres, outra de professores e, finalmente, uma de Agentes Indígenas de Saúde, conhecidos por AIS, que integram a RASI – Rede Autônoma de Saúde Indígena, fomentada pela Universidade do Amazonas.

A FOIRN é muito poderosa na região, no sentido de que tudo que acontece deve passar por ela, concedendo ou não autorização. Nos fóruns indígenas nacionais seus representantes se destacam como politicamente avançados. Conta com uma excelente estrutura física, equipada com computadores e outras tecnologias modernas. Recentemente concluiu a demarcação das terras do Rio Negro, fruto de uma longa luta política. Desde então, a saúde, relegada a um plano secundário na sua agenda, passou a ocupar lugar de destaque, ao lado da educação.

A atenção à saúde indígena foi, até recentemente, atribuição da Funai, primeiramente, e depois da Fundação Nacional de Saúde. Atualmente, está sendo terceirizada pelo Governo Federal, num processo que altera fortemente a composição das forças e poderes locais. Três ou quatro ONGs, além da Universidade do Amazonas, disputam ferrenhamente e com procedimentos nem sempre ortodoxos, o monopólio das ações de saúde, que representam, entre outras vantagens, recursos financeiros para sua manutenção. A Igreja local, uma das principais forças políticas, funciona como fiel da balança: o lado para onde ela pende tende a ganhar força. A FOIRN é o filtro e o aval: sem ela nada acontece. Uma e outra são espaços de luta, embora também se possa considerá-las contendores. Outros núcleos também contam, porém menos intensamente: o exército, as igrejas evangélicas, os políticos locais. As ONGs são peça importante nesse cenário: recebem recursos públicos para implantar políticas de saúde, mas também recebem apoio financeiro internacional. Com isso, tornam-se agentes de uma ordem internacional globalizada, pela via do discurso que acompanha as doações: multiculturalismo, etnicidade, fragmentação, excluídos, margens, tudo isto é parte de um novo "imperialismo simbólico", ou de uma "vulgata planetária", como diz Bourdieu. Mas, ao mesmo tempo, são submetidos às pressões locais. A polifonia é intensa, a articulação tensa, o hibridismo disputa terreno com o predacionismo.

Nesse embate, as armas são discursivas, sem dúvida. Desde os tempos do primeiro contato, quando à violência física se somou a simbólica. Hoje, discursos concorrentes sobre a saúde se entrechocam, em busca de uma fatia do bolo, em busca de uma parcela de poder.

Os agentes de saúde não são massa de manobra desses núcleos, como pode parecer. São negociadores ativos de sentidos, com uma percepção aparentemente clara do seu poder na mediação e efetivação das políticas públicas que as organizações buscam implantar. Mas não são autônomos. No âmbito das aldeias, estão submetidos a uma estrutura local de autoridade e a um conjunto de mitos de origem que determinam, em última análise, sua atuação. Por outro lado, também sofrem a coerção de suas organizações de base e da FOIRN.

Esse conjunto de atores sociais situa-se num cenário que por si mesmo é extremamente complexo e conflituoso: a Amazônia, tema estratégico que "explodiu" a partir dos anos 1970, com a emergência entre nós do fenômeno da globalização. A Amazônia exacerba o fenômeno de atores sociais vivendo tempos sócio-históricos diferentes, acentua os conflitos daí decorrentes e intensifica os processos de negociação, incluindo as discursivas.

A Amazônia acentua também a noção de "fronteira", um termo que permeia intensamente meus estudos. Mais que isso, é estratégico para mim. Parece-me estar sempre operando nas fronteiras: geográficas, discursivas, disciplinares, culturais, de sentidos... Fronteiras cujos limites são moles, maleáveis, o que sem dúvida dificulta uma operacionalização metodológica. Gostaria de adotar a noção de fronteira como um lugar onde tudo começa, e não onde tudo acaba. A idéia de fronteira, na Amazônia, existe desde o "começo dos tempos", com a política dos degredados. Neste século, adquiriu um ranço ideológico ligado aos militares. Hoje em dia somam-se os conceitos ligados aos interesses internacionais, como fronteiras biotecnológica e energética.

A Amazônia sempre foi uma invenção, um produto dos sucessivos sistemas de classificação de que foi alvo, desde os primeiros viajantes estrangeiros, que permeiam até hoje nosso imaginário, ordenando e hierarquizando. A ficção mudou com o tempo: Humboldt foi o primeiro a perceber tudo aquilo como um conjunto; com a procura da borracha, aparece a noção de região; na entrada do século XX, Arthur Orlando classificou as zonas climáticas do Brasil, aparecendo então a Floresta Amazônica, como floresta tropical.

A identidade da Amazônia sempre foi dada de fora para dentro e corresponde, quase sempre, aos macrointeresses dominantes: "inferno verde" e "celeiro do mundo" foram substituídos, em tempos de proteção ao meio ambiente, por "pulmão do mundo". Mas o homem nunca foi o ponto central das intervenções na região. Há quem considere mesmo que nunca houve nenhuma política pública específica para a Amazônia, que ocupa 61% do território nacional, mas tem só 11% da população. Isso é possível de entender, porque, na medida em que a Amazônia é considerada como questão nacional, há uma desregionalização dos problemas. Não deve haver mudança nesse quadro, porque a relevância que a região vem tendo resulta do investimento internacional na biotecnologia, secundado por seus recursos minerais e madeireiros, e agora no combate ao tráfico de drogas (São Gabriel é a principal base da Operação Cobra), nada disso partindo ou revertendo para o plano local.

Aparentemente essas coisas não dizem respeito ao tema da saúde, mas é engano. De muitas formas os temas estão associados. Seja pela disseminação de novas doenças brancas trazidas pela mineração – AIDS, câncer –, seja pela participação dos índios na coleta de suportes da biodiversidade, seja pela circulação de discursos que interagem com os discursos específicos da saúde, produzindo sentidos insuspeitos, ou seja pelo modo como essa cenarização influi nas políticas públicas sobre saúde.

A disputa pela legitimação do discurso

Tenho como premissa que os diversos atores – organizados em comunidades discursivas – disputam entre si a hegemonia de seus discursos, nos quais exprimem seu modo de perceber e agir sobre a realidade. Eles trazem para essa disputa modelos teóricos e metodológicos sobre meio ambiente, indigenismo, desenvolvimento sustentado, saúde, relações interétnicas, relações internacionais, etc., modelos que correspondem a concepções básicas sobre o funcionamento da sociedade. Seus discursos serão ou não considerados legítimos e dependem disso para serem convertidos em políticas públicas ou para habilitarem seus autores a implantar e gerir políticas públicas. Ambas as possibilidades significam recursos financeiros e materiais para a organização a que pertencem.

Essa disputa se organiza ao modo de um mercado, o mercado simbólico, no qual textos (bens simbólicos) são produzidos, circulam e são consumidos (Verón, 1981). O enfoque produtivo supõe uma constante negociação, que se processa em todas as fases do ciclo.

Na fase da produção, propriamente, quando entram em cena as coerções do contexto institucional, que por sua vez ocorre num macro contexto regional, nacional e internacional. No caso da Amazônia, estamos falando de um contexto explosivo, de um cenário de pesados interesses em confronto. A política traçada para a saúde indígena sofre as coerções desse confronto e é impossível a uma comunidade discursiva ficar imune a elas. Entra em cena, também, o "destinatário modelo", que é uma idealização dos índios aos quais a política é dirigida, resultante não só dos modelos de interpretação da realidade, mas também da experiência anterior de relações interétnicas nos processos de intervenção social. Esse destinatário modelo exerce alguma ingerência na produção discursiva, representando já algum grau de poder. O cenário institucional e discursivo de São Gabriel da Cachoeira, no âmbito da saúde, é muito complexo, muito intrincado e abrange vastos círculos de interferência mútua. Há muitos discursos disputando espaço. A negociação é inevitável e indispensável.

Na fase de circulação, a negociação torna-se mais intensa ainda, porque protagonizada por uma pluralidade de atores e mediada por uma diversidade enorme de situações e contextos. Na circulação, o controle discursivo escapa da comunidade produtora e inicia-se um processo de semiose imprevisível, em que tudo pode acontecer. Exacerba-se a intertextualidade, os contextos locais assumem maior importância, as políticas geradas em âmbito nacional se acomodam aos parâmetros da política local. Em São Gabriel da Cachoeira, algumas comunidades discursivas têm historicamente mais peso que outras, seus discursos já trazem uma carga de legitimação considerável. É o caso da Igreja Católica, que traz no seu "currículo discursivo" a autoria do discurso fundador na região, não só no campo da saúde, mas o da relação entre brancos e índios. Mas, como sabemos, a própria Igreja consiste num espaço de negociações discursivas constantes, não havendo um discurso homogêneo. A federação das organizações indígenas, por seu peso político, é outra comunidade discursiva com grande cacife de negociação. Mas também ela é palco de intensa disputa pelos modos de ver, classificar e agir. Não vou me estender mais sobre o tema, já tratado fartamente em outras reuniões da Compós. Quero aqui apenas dar um pouco de concretude ao modo de vinculação da comunicação com as políticas públicas, como expus anteriormente.

Sigo com a fase de consumo, que torna mais ainda irrecusável considerar a força das comunidades discursivas da população destinatária das políticas. Consumo é, nessa perspectiva, o modo como as pessoas convertem em prática o que lhes é proposto. Como em todas as outras fases, não estou falando aqui de uma prática exclusivamente simbólica. Ou, por outra, simbólica, sim, mas dentro de uma concepção que inclui as condições materiais de produção dessa prática. No caso do consumo, e no campo da saúde, os discursos são modeladores, mas não podem ser avaliados nem compreendidos de forma desvinculada de fatores materiais, como disponibilidade de remédios, transporte local, área de cobertura de cada agente de saúde, etc. Fatores que são percebidos dentro de determinados parâmetros discursivos, criando-se uma relação intrincada que desafia o analista. O Alto Rio Negro tem uma Rede de Agentes de Saúde Indígenas – o RASI. Elos de ligação entre as aldeias que atendem e as políticas de saúde, seus agentes são negociadores de sentidos por excelência, consistindo num grande espaço de hibridização discursiva local. Eles negociam sentidos com as organizações de saúde – OGs, ONGs, Igrejas, Forças Armadas, Universidade –, em seguida negociam com os poderes locais – pajés, caciques e outras lideranças – e ainda com a população das aldeias. São um excelente *locus* de observação do ciclo produtivo dos discursos, de forma completa: produzem, circulam e consomem discursos sobre a saúde.

O modelo produtivo da comunicação tem sido, desde que comecei a trabalhar com ele, um excelente modo de compreensão e acesso ao funcionamento social no campo da intervenção. Seu modo de explicar a prática comunicativa permite perceber como parte do jogo de forças comportamentos que outros modelos da comunicação tendem a considerar como disfunção ou desequilíbrios indesejáveis. Por outro lado, se associado à teoria do poder simbólico de Bourdieu (1989), conduz a uma revisão do papel do pesquisador, que de observador de uma realidade passa a integrar o ciclo produtivo dos discursos, constituindo o cenário da mesma forma que os outros atores considerados.

Alguns ajustes devem ser feitos, é evidente. Por exemplo, no campo econômico, as fases de produção, circulação e consumo são bem delimitadas, embora exerçam influência mútua. Já no campo discursivo, a divisão é arbitrária, pois – a exemplo do que apontei em relação aos agentes indígenas de saúde – é muito difícil separar os estágios. Ao produzir, estamos consumindo, e aquele é um momento em que alguma forma de circulação está ocorrendo. Ao consumir, estamos produzindo, ainda que seja uma representação que alimentará novas produções. Trabalhar com a prática comunicativa não é fácil. Com o enfoque dos discursos sociais, menos ainda. E o campo da intervenção social é um "terreno minado", sobretudo por ser espaço de lutas ferrenhas pelo poder. Mas o modelo produtivo da comunicação, se torna mais complexo esse cenário, permite também compreendê-lo em suas nuanças e propiciar resultados mais satisfatórios ao pesquisador e ao agente social. A noção de "estratégia de comunicação", tal como apresentada pela ementa do GT, encontra concretude nesse modelo: estratégias de produção, circulação e consumo discursivo, num contexto de disputa pelo poder simbólico, que abre caminhos para ingerir nas políticas públicas e assim participar de modo mais efetivo nos processos políticos e sociais.

Enfim

Como afirmei no início, a articulação *comunicação* e *políticas públicas* é algo recente entre nós e, se já conta com muitos pesquisadores interessados, ainda é um campo factível de ser mais bem delineado. Dentro do cenário considerado, o GT de Políticas e Estratégias de Comunicação surge como um espaço propício a essa tarefa, podendo se converter num importante lugar de coordenação dos esforços de consolidação de linhas de pesquisas voltadas para processos sociais que, não obstante sua importância para o país, são ainda pouco estudados e ocupam um lugar ainda tímido nos espaços científicos e acadêmicos.

O GT surge ainda, por sua formulação básica, como espaço de dissensão do modelo dominante na intervenção social, possibilitando, confirmando ou fortalecendo outros enfoques.

É uma ementa acolhedora. Não se restringe às práticas governamentais, porque fala de intervenção, ou seja: política pública em ação, o que traz para esse universo as ONGs, as igrejas, organizações representativas da população, enfim, a sociedade civil organizada. Não se restringe à mídia, embora lhe reconheça a importância e a dos trabalhos que desvelam suas estratégias. Recebe de braços abertos todos os trabalhos que, emanando da academia, possam ser apropriados pelo campo das políticas públicas e dos movimentos sociais. Recebe toda produção teórica e metodológica que, emanando do campo da intervenção social, possa renovar a reflexão e a produção acadêmica.

Mas há parâmetros estabelecidos, há critérios de discernimento. E há outros, ainda, que devem ser mais bem esclarecidos. A X Reunião da Compós é a primeira e excelente oportunidade de encontro de todos que se identificam com a proposta do GT e que podem compartilhar a discussão e a consolidação das bases propostas para esse novo campo. Com certeza, serão vários os interessados, virão de todas as regiões, trarão objetos e enfoques diferentes. O debate promete.

Bibliografia

ARAÚJO, Inesita. *A reconversão do olhar*: prática discursiva e produção dos sentidos na intervenção social. São Leopoldo: Ed. da Unisinos, 2000.

BOURDIEU, Pierre. *O poder simbólico.* Lisboa: Presença, 1989.

CLARK, Katerina; HOLQUIST, Michael. *Mikhail Bakthin.* São Paulo: Perspectiva, 1998.

PINTO, Milton J. *Comunicação e discurso.* São Paulo: Hacker Editores, 1999.

VERÓN, Eliseo. *A produção dos sentidos.* São Paulo: Cultrix/USP, 1981.

11. Pierre Fatumbi Verger e a fotografia selvagem*

Gerlaine Torres Martini

Em 1996, Pierre Fatumbi Verger, o fotógrafo francês que se apaixonou pela Bahia, deixou-nos um legado maior do que seus clássicos ensaios em preto e branco. Por detrás de suas imagens afro-brasileiras reside um denso trabalho em torno das relações entre África e Brasil, que pode ser analisado de uma perspectiva historiográfica e antropológica, além de fotográfica. No entanto, os 50 anos desse monumental trabalho de campo e de interpretação encontram-se disponíveis quase que restritamente na forma dessas imagens. Essa restrição não significa que Pierre Verger tenha produzido apenas imagens fotográficas, pois escreveu e publicou muitos textos. O seu significado está no papel central desempenhado pela fotografia, a partir do qual toda produção intelectual desse autor passa a fazer sentido.

Embora exista um reconhecimento da beleza plástica dessas imagens, ele costuma estar ladeado de comentários, mesmo em níveis menos superficiais que o do senso comum,[1] sobre a despretensão, em sua obra, de algo a mais além do simples exercício artístico. Essa noção foi até mesmo incentivada pelo próprio Pierre Verger, temeroso de ser julgado com estreiteza científica que ele caracterizava de "racionalista" e que declarava abominar, preferindo o aspecto "selvagem" de quaisquer atividades (Verger, in Le Bouler, 1994: 198): "... se deixar ir sem procurar o porquê, viver e não destruir o prazer

* Trabalho apresentado no GT Fotografia, Cinema e Vídeo, para a X Reunião da Compós, Brasília, maio/jun. 2001.

[1] Ver Mariano (1996).

que se pode tirar disso por esterilizantes análises seguidas de explicações tão falsas quanto pseudo-racionais".

Pierre Verger teve, ao longo da existência, sua personalidade dividida por essa dicotomia, talvez simplista. Suas afirmações expõem com clareza sua opção declarada de vida. Ele havia optado pelo selvagem e pelo "bom selvagem", o que se traduzia em seu interesse pelos cultos africanos, pelo candomblé e pela fotografia. Sua maior frustração foi nunca ter se entregado completamente ao "selvagem" estado de transe religioso, por causa de resquícios "racionalistas" culturais que carregava consigo, segundo ele mesmo: "É uma coisa despoetizante horrível, eu sofri muito, gostaria muito de me deixar ir".[2] Por outro lado, esses mesmos resquícios se integravam muito bem a outros aspectos de sua vida.

Mesmo sob seus próprios protestos, entretanto, sua obra de temática afro-brasileira não só possui caráter documental, como este não foi mero registro, mas fruto de atividade investigativa propriamente científica. Pierre Verger sempre esteve vinculado a instituições de pesquisa,[3] além de ter se graduado academicamente, apesar de constantemente alegar que o fazia por obrigatoriedade e não por vocação.[4] Mas era quase ingênua sua pretensão à simploriedade fotográfica, até quando era endossada pela comunidade acadêmica em que convivia, como no prefácio que Théodore Monod faz a seu trabalho (Verger, 1999: 11-2): "Cada qual no seu ofício, P. Verger é o minerador paciente, o trabalhador na pedreira, que arrancou das entranhas da terra essa enorme quantidade de pedras. Chegará o dia em que um arquiteto, com essas pedras, construirá um edifício".

---

[2] Depoimento de Verger em *Mensageiro entre dois mundos*, direção de Luiz Buarque de Holanda, 1998.

[3] IFAN, 1948-1955; École Française d'Afrique, 1958; Museu Nacional da Nigéria, 1959; EPHE, 1960-1962; CNRS, 1962-1972.

[4] Segundo Verger (1982: 257): "Não havia entrado em minhas intenções descrever 'os costumes e crenças estranhas de uma população africana'. Eu fazia aquela pesquisa para mim mesmo e para meus amigos da Bahia"; e ainda: "Eu fui obrigado a redigir, eu fui obrigado a tentar compreender as coisas. Minha vida, até então, era ampla, eu não procurava analisar e definir o que eu via, eu me deixava levar por minhas impressões (...) eu fui obrigado a tentar compreender, o que era o contrário do que eu desejava" (Verger, 1991: 174).

Muitas vezes, os cientistas sociais iam buscar informações privilegiadas com esse partidário do "selvagem", como o fez Alfred Métraux, que também era seu amigo.[5] Outras vezes, aconteciam discussões sobre certas particularidades dos cultos africanos, que só poderiam acontecer entre especialistas, como foi o caso do debate entre Pierre Verger e Juana Elbein dos Santos, publicado na revista *Religião e Sociedade*,[6] no início da década de 1980.

Todavia, seus congêneres não conseguiam encará-lo como um igual, porque além de sua obra ser prioritariamente fotográfica, os próprios textos que publicava costumavam carecer de poder de argumentação, segundo um ponto de vista logocêntrico. É sob esse aspecto que Juana Elbein dos Santos o critica com ferocidade, caracterizando-o como "colecionador de planos", apesar de ser nesse mesmo embate que Pierre Verger revelou, verbalmente, a extensão de seu saber específico e a interação com as discussões científicas atualizadas para aquele período.

Pierre Verger queria, insistentemente, escrever como fotografava, levando adiante a bandeira do imagético como a representação do discurso do "bom selvagem". Ele também acreditava no poder referencial da fotografia, como uma reprodução congelada de um acontecimento real. Superposta a essa crença estava a noção de que a imagem fotográfica estaria isenta de interposições entre o autor da fotografia e o ator social que ali estivesse representado, como podemos demonstrar pelo depoimento de Arlete Soares: "Se alguém dizia – que foto linda essa aqui sua, ele dizia – Era bonita assim, estava lá – como se não tivesse a participação dele".[7] O fotógrafo seria apenas um instrumento, livre de condicionamentos e opiniões, a gravar o que se passava à sua frente (Verger, 1993: 5): "Quando tiro fotos, não sou eu quem fotografa, é qualquer coisa em mim que dispara o botão, sem que eu verdadeiramente decida. Eu não procuro fazer um belo enquadramento. A localização das pessoas e das coisas aparece evidente no visor". Seria essa a percepção do "bom selvagem", isenta de culpas, idéias preconcebidas, de uma inocência paradisíaca, como o elo perdido do mito hebraico da queda, que era simbolizada por

---

[5] Ver Le Bouler (1994).

[6] Verger (1982 b); Santos (1982).

[7] Em *Mensageiro entre dois mundos*.

Verger de maneira inusitada (Verger, 1995b: 34): "Por ter descoberto documentos sobre as influências brasileiras na África, virei doutor. Participo dessa civilização maldita dos que comem o fruto do conhecimento". Assim, ao procurar escrever com o que imaginava ser a neutralidade fotográfica,[8] Pierre Verger poderia passar a impressão de ser um minerador de descrições.[9]

No entanto, em muitas oportunidades ele se confrontou com o lado sombrio de seu "bom selvagem". Não havia apenas ausência de culpa cristã e edênicas reminiscências de pureza arcaica nos cultos afro-brasileiros, mas a união contra um inimigo comum em forma de uma resistência estratégica e astuta à discriminação violenta que sofriam os afro-descendentes. União que se relativizava quando questões internas tomavam maior porte.[10] Ao mesmo tempo, a visão ideológica da imagem como reprodução do real não se confirmaria, sendo desconstruída por uma nova visão de mundo que hoje se sedimenta sob a égide do que poderia ser chamado de pós-modernidade.

Ao navegar contra a corrente, paradoxalmente, Pierre Verger acabou, entretanto, antecipando muito dessa nova visão das coisas. Carregar a bandeira do "bom selvagem" acabou por fazê-lo realizar um trabalho fotográfico que é imprescindível para o entendimento dos cultos afro-brasileiros e da própria cultura brasileira. É fundamental justamente o fato de ser predominantemente fotográfico e realizado por um especialista, um cientista social. O que muitas vezes foi desconsiderado em meados do século XX, encontra agora abertura para ser reavaliado e revalorizado. A história volta-se para as fontes literárias e outros documentos não-oficiais; a antropologia começa a discutir questões interpretativas; há um renovado interesse por instâncias discursivas não apenas escritas e elaboradas dentro de um modelo epistemológico que tentasse reproduzir a exatidão de algumas ciências. Essa situação coloca Pierre Verger em ênfase, como nos confirma Pierre Jehel (1998: 135-6):

---

[8] Ao contrário de sua crença, a "neutralidade" fotográfica parece pertencer mais ao lado "racionalista" da dicotomia de Verger, por ser a fotografia, segundo Flusser (1996), imagem técnica matriz, fruto de conceitos científicos e por significá-los.

[9] Peter Fry (1999) troca a metáfora do minerador e do arquiteto pela do fiandeiro e do tecelão, embora consiga identificar algumas observações analíticas de Pierre Verger.

[10] Cf. Verger (1982: 123).

> Em uma pesquisa futura, talvez seja interessante analisar essa articulação em torno da imagem fotográfica e da prática do trabalho de campo. As últimas orientações teóricas em antropologia, que vieram renovar de maneira extremamente enriquecedora a reflexão a respeito do procedimento antropológico e sua relação com a realidade constituem aliás um incentivo para esse tipo de questionamento.

Também o "bom selvagem" o levou a realizar um trabalho de intenso contato com a comunidade afro-brasileira, seguido por várias iniciações do fotógrafo nos cultos estudados, dando uma visão endógena e privilegiada para suas imagens fotográficas, além da quantidade – acervo completo com cerca de 65 mil negativos[11] – e abrangência das imagens sobre o tema, somente possível por causa da longa convivência – e, ainda assim, mantendo uma certa objetividade que perpassa seus escritos e fotografias.

Somente a crença, mesmo que equivocada, de que a imagem fotográfica poderia reproduzir o olhar do "bom selvagem", livre de erudição acadêmica, como se fosse a visão do afro-brasileiro sobre si mesmo, já demonstra como o fotógrafo antecipava a dimensão que hoje os pesquisadores procuram dar às suas investigações. E Pierre Verger terminava por fotografar como um afro-brasileiro, tão impregnado estava de nossa cultura. Esse posicionamento acompanha o que encontra na própria expressão do universo de pessoas investigado, um motivo de revelação de seu *ethos* ou daquilo que é preciso ser trazido à tona para a compreensão daquela coletividade, deixando que ela fale, represente-se e conduza a investigação (Machado, 1996: 240):

> Assim, não são mais as imagens e os sons obtidos por outros e tomados em seu valor exclusivo de registro, mas sim as imagens e os sons forjados pela própria comunidade enfocada e entendidos agora como meios com os quais essa comunidade enuncia-se a si mesma.

É uma tentativa de se demover de prováveis vestígios etnocêntricos, que Pierre Verger classificaria entre os resquícios "racionalistas".

---

[11] Mantidos na Fundação Pierre Verger, em Salvador.

Mais uma vez, Pierre Verger estava sendo premonitório, quando estendeu seu trabalho a várias áreas: fotografia, texto e audiovisual, história – representada pela tese *Fluxo e refluxo do tráfico de escravos entre o Golfo do Benin e a Bahia de Todos os Santos*: dos séculos XVII a XIX (Verger, 1987) –, antropologia e botânica, com o surpreendente *Ewé – uso das plantas na sociedade iorubá* (Verger, 1995c). Também fez incursões pelo literário, ao recontar as lendas e os mitos afro-brasileiros. Sempre em torno do mesmo tema, globalmente, Pierre Verger ia abrindo várias frentes de abordagem, utilizando-se freqüentemente de interfaces. E não era com leves pinceladas que se aproximava do interdisciplinar, como demonstra a pesquisa sobre botânica, em que classifica 3.529 plantas com seus nomes iorubás (africanos), dessas, 1.086 acompanhadas dos nomes científicos.

A compreensão dessas características é que nos permite afirmar a importância e a atualidade do trabalho desse fotógrafo e etnólogo. Mas o saber e o conhecimento adquirido por ele, como foi dito anteriormente, ficou guardado, em sua maior parte, sob a forma de imagens, o meio "selvagem" por excelência, na concepção de Pierre Verger. Abordá-lo seria abordar sobretudo suas fotografias, o que as antecede e o que as motiva, o modo com que operam como epicentro de suas pesquisas. No entanto, é preciso coordenar o que gira em torno, o que explicita o sentido maior que possuem suas imagens.

Ali não está a estética do excluído, como se poderia afirmar sobre outras obras fotográficas, talvez a de Sebastião Salgado. Não vemos sequer, como em Salgado, o brasileiro procurando a universalidade da exclusão, reforçada pela uniformidade que a imagem fotográfica evoca. O que se pode perceber no clássico realismo das imagens fotográficas de Pierre Fatumbi Verger é a forte conotação étnica afro-brasileira – mesmo sendo ele um estrangeiro – mas que não enfoca pontualmente a questão da exclusão, muito presente nos fatos reais em forma de discriminação racial.

As imagens de Pierre Fatumbi Verger sobre a cultura afro-brasileira ultrapassam até mesmo seu próprio estilo realista, pela força do que têm a mostrar e pelo contexto de sua produção. O afro-brasileiro que se expõe não se deixa dominar pela uniformização estética que as fotografias impõem. É ele quem domina a paisagem e transborda pelo recorte do retângulo plano. Ele se sobrepõe às tentativas de visão de mundo do autor, deixando apenas passar pelas lentes a admiração que Fatumbi sentia por essa cultura, e que se estendia além da beleza superficial dos adornos, coreografias, corpos, gestos e olhar, pois ele a entendia profundamente.

Ao pretender apenas mostrar o "selvagem" mediante o "meio selvagem" – que acreditava isento – Pierre Verger se furta do gosto amargo que caracteriza alguns ensaios realistas em preto e branco; aquele gosto de denúncia sobre os fatos retratados, carregado de protestos mudos, mas que trai a si mesmo ao colocar o outro como objeto a ser salvo paternalmente. A fotografia sempre apresenta o risco de limitar o humano ao estereótipo[12] e poucos são os que conseguem escapar dessa armadilha. O estereótipo do passivo é, talvez, o mais comum e pernicioso, pois a fotografia pode vir a ter o efeito de circunscrever simbolicamente as pessoas nas condições em que foram retratadas, por exemplo, o marginalizado em seu estigma congelado de beleza e tragédia, com a exibição da tragédia causando o efeito contrário da denúncia ativista, por causa da estetização e conseqüente banalização.

Também Pierre Verger não chega a ser capaz de exotizar os afro-brasileiros. Ele até mesmo enfrentou conflitos para não publicar fotos que poderiam parecer sensacionalistas.[13] Procurou evitar a associação dos rituais fotografados com conceituações de primitivismo e irracionalidade, obviamente a serviço da inferiorização. Para Verger não haveria

> um negro genérico, mas homens e mulheres negros de carne e osso, com seus diferentes traços e características étnicas, e as

[12] Segundo Edwards (1992: 7): "The inevitable detail created by the photographer becomes a symbol for the whole and tempts the viewer to allow the specific to stand for generalities, becoming a symbol for wider truths, at the risk of stereotyping and misrepresentation".

[13] Pierre Verger teve um desentendimento com Alfred Métraux, encarregado de suas fotos na Europa, por ter autorizado a publicação de uma foto que mostrava um aspecto secreto e chocante dos cultos. Depois que essas cenas afro-brasileiras (que se distinguem do caso das exclusivamente africanas) foram publicadas por outros fotógrafos, Verger sentiu-se à vontade para finalmente revelar suas imagens (cf. Verger, 1991: 175-7).

> diferentes marcas que sobre eles deixou sua incorporação forçada a uma civilização que só soube integrá-los sob o signo da inferioridade do primitivo ou reduzidos a coisas, na condição de escravos (Montes, 1998: 392).

Mas o fantasma do exotismo o perseguiu bem de perto, tendo ele se proposto a registrar rituais, por vezes cruentos, e estados de inconsciência e transe, assuntos delicados e difíceis de se abordar. No entanto, o próprio tratamento clássico da imagem afastava essa ameaça, por amenizar a carga de estranhamento, aproximando a cena do observador, numa contribuição para ser suplantado por si mesmo.

O pior risco que Pierre Verger teria corrido teria sido o da idealização, pois acreditava no "bom selvagem", uma visão também exótica e mistificadora, embora mais positiva. Segundo Arlindo Machado (1996: 243), "uma imagem imaculada do primitivo que não existe mais a não ser nas fotos, nos filmes, e nos programas de TV", envolvida na nostalgia do arcaico como emblema da pureza e da beleza. E, mesmo assim, ele não chega a exotizar, embora até mesmo exalte os que representa. A exaltação que Pierre Verger faz, entretanto, é muito particular. Não é a exaltação exclusiva de sua visão, mas é a própria exaltação que o afro-brasileiro faz de si mesmo e de sua própria cultura. Esse ingrediente revela-se como o antídoto para neutralizar o risco do estereótipo do excluído ou do primitivo exótico.

Pierre Verger tem uma definição daquilo que os afro-brasileiros fizeram sobressair em suas imagens (Verger, 1994: 41):

> O candomblé é para mim muito interessante por ser uma religião de exaltação à personalidade das pessoas. Onde se pode ser verdadeiramente como se é, e não o que a sociedade pretende que o cidadão seja. [...] No candomblé a verdadeira natureza das pessoas pode ser expressa através da suposta possessão. Porque nesse momento pode-se ver verdadeiramente o que se é. Se uma pessoa de origem humilde, que tem um temperamento imperativo, que quer mandar, não pode fazê-lo socialmente, quando se transforma em Xangô ou Ogum, que são orixás muito poderosos, ele é o rei, ele é uma pessoa poderosa durante algum tempo.

A verdadeira natureza, que nos evoca mais uma vez o selvagem, seria um poder de afirmação do qual se alimentou a resistência dos africanos trazidos para o país durante a diáspora. Ele continuou alimentando os afro-descendentes que tiveram de suportar as más condições que aqui encontravam, perpetuadas durante um longo tempo e ainda hoje apresentando suas conseqüências. O escravo marginalizado na própria sociedade africana, vendido e ainda inferiorizado pelo colonizador por sua condição étnica, encontrava uma forma de afirmar sua humanidade por meio da convicção em sua origem nobre mítica, devidamente cultuada. A manutenção desse culto trouxe até o visor da câmara a beleza de sua força, que parecia se compor de maneira autônoma aos olhos de Pierre Verger:

> Aprecio o que essa religião é capaz de fazer para descendentes de africanos, citando o caso de Balbino, por exemplo, que, quando o conheci, ele era um pequeno vendedor de quiabos no mercado, nem sabia ler. Porém, era um sujeito como é hoje, perfeitamente contente de si. Ele mesmo não se sentia humilhado com ninguém e falava de igual para igual com qualquer pessoa, porque era filho de Xangô.[14]

Tal atitude, uma espécie de ação afirmativa, Pierre Verger conseguiu nos transmitir fotografando, seja estados extáticos – que não se parecem com desvarios, mas que são majestosas representações, como convém às divindades manifestadas –, seja mostrando a gente comum no cotidiano, o que muito apreciava (Verger, 1995b: 34): "Não me interessei muito por gente célebre. Quando cheguei aqui, me interessei pelos carregadores do porto, pelos que faziam capoeira". O efeito de suas fotos de cenas do dia-a-dia é como o da possessão sobre os iniciados retratados; consegue extrair e trazer até o observador a verdadeira natureza de cada personalidade, exaltando o que nela há de carne e osso, fragilidade que é, ao mesmo tempo, sagrada e quase divina. Segundo Milton Guran (1998): "Para essas pessoas cujo olhar chega até nós nas fotos de Verger, o fotógrafo foi o instrumento que lhes permitiu, por uma fração de segun-

[14] Depoimento de Verger em *Mensageiro entre dois mundos.*

do, o exercício pleno do ato de viver". Pierre Verger ainda consegue encontrar uma reciprocidade nessa correspondência entre o ato de fotografar e o transe iniciático, comparando o iniciado a uma chapa fotográfica (Verger, 1999: 82): "Ele contém em si a imagem latente do Deus, impressa no momento da iniciação sobre um espírito virgem de toda impressão, e essa imagem revela-se e manifesta-se quando todas as condições favoráveis estão reunidas". A verdadeira natureza revela-se no transe e Pierre Verger alcança a verdadeira natureza do afro-brasileiro revelando suas fotos. Por vezes, os dois atos estão colados um sobre o outro.

A fluência na transmissão dessa característica fundamental da cultura afro-brasileira, no entanto, não é o resultado de trabalho meramente artístico, mas sim de uma aprofundada investigação e de longa convivência. Contraditoriamente, o que poderia esterilizar e despoetizar terminou por fertilizar suas imagens, dando-lhes um sentido maior. Conseqüentemente, "suas fotos passam a expressar sobretudo um diálogo entre fotografado e fotógrafo, tornando-se, então, a verdadeira expressão de um jogo de profilmia provocado e trabalhado por Verger enquanto autor" (Guran, 1998).

Esse diálogo anterior, tão bem expresso pelo olhar apreendido nos retratos, é intrínseco à empreitada investigativa de Pierre Verger, à sua observação participante. A interpretação de sua obra exige uma leitura atenta a essa peculiaridade. Ela deve articular o epicentro do trabalho – as imagens – com o que é produzido em sua função. O elo de ligação termina se traduzindo por um conceito que une imagem e investigação: a fotografia como instrumento de pesquisa, sintetizando trabalho de campo e produção imagética, na forma de obtenção, interpretação de dados e apresentação deles. Assim, privilegia-se o lado analítico rejeitado pelo autor em sua dicotomia, para maior compreensão da "verdadeira natureza" de sua obra.

Ao cumprir a função de instrumento de pesquisa, a fotografia utilizada nessa empreitada seria "como um meio que o pesquisador emprega para induzir o pesquisado a buscar ele mesmo a informação que fará avançar a reflexão científica" (Guran, 1997), ou seja, um modo de estimular sempre novas informações que, acrescentadas à pesquisa, trariam maior avanço. Os estímulos a serem produzidos teriam suas variações, desde a utilização das fotografias para obter noções básicas do universo material a ser estudado até a estimulação de informantes em entrevistas no trabalho de campo, na tentativa de se estreitarem as relações e de se suscitarem questões de domínio do não-dito.[15] A vantagem desse tipo de utilização seria a legitimação dos dados recolhidos pela comunidade estudada. Nota-se, nessa definição, o enfoque sobre a importância de se dar voz ao sujeito pesquisado, tendência geral nas ciências sociais atualmente. Ora, Pierre Verger é justamente aquele que conseguiu dar visibilidade ao afro-brasileiro, em amplo sentido, sem confiná-lo à sua visão de mundo, mas apresentando-o por meio dele mesmo.

Contudo, essa visibilidade foi conseguida mediante pesquisas que não foram feitas em termos científicos formais, mas que não se furtaram completamente desses termos. A fotografia como instrumento de pesquisa para Pierre Fatumbi Verger foi uma ferramenta informal, de utilização não-explicitada, embora sendo a categoria mais recomendável para decifrar os meandros e caminhos tomados por sua produção intelectual, já que o aspecto científico de sua obra está, surpreendentemente, concentrado na produção e na apresentação de imagens, mais do que em seus artigos escritos.[16]

É uma contradição, nascida do equívoco de Verger em considerar a fotografia parte de seu prezado universo selvagem, quando ela se escondia na sombra racionalista projetada por esse universo. Ao ser empregada como modo mais eficaz de apresentação de suas idéias – visto que os textos tentavam reproduzi-la, existiam em sua função, e que Verger tinha muita habilidade e sensibilidade para fotografar – a fotografia estava carregada dos conceitos que o seu autor inevitavelmente formulava, por causa de suas atividades em instituições de pesquisa que o financiavam e que acabaram se tornando seu ganha-pão.

Curiosamente, uma das idéias principais do fotógrafo era a crítica às tentativas de análise e generalizações, e de adaptações dos fatos a teorias preestabelecidas, muito características de alguns segmentos nas ciências sociais e humanas em geral.[17] Sua crítica diri-

[15] Collier Jr. (1973: 110) define a foto-entrevista como "chave para o *ethos* de um povo".
[16] Escritos em função da fotografia.
[17] Ver Verger (1982b).

gia-se ao que mais, talvez, tem sido louvado como o lado proveitoso da fotografia para a pesquisa científica: a capacidade de gravar, recortar, ampliar, uniformizar, selecionar e tornar manipuláveis aspectos visuais – o que para o fotógrafo estava fora de questão, pois considerava o ato de fotografar isento de raciocínios. Nessa perspectiva, Pierre Verger fazia aquilo que criticava e o que criticava era a própria expressão de sua crítica. O resultado é que consegue escapulir das armadilhas estereotipadoras da imagem fotográfica, num processo inconsciente de autocrítica constante.

Assim, nesse entroncamento, Pierre Verger consegue tornar visível o conceito central que tem sobre a cultura que estuda. A análise específica da fotografia como instrumento de pesquisa nos livros *Dieux d'Afrique* (Verger, 1995) e *Orixás* (Verger, 1997) leva-nos a perceber a dinâmica coordenadora de toda sua obra, por meio dos dípticos[18] fotográficos que ali se encontram. Roger Bastide (1961: 10, n. 1) define-a, em palavras, como: "comparação entre a África e a Bahia, a fim de ressaltar a fidelidade africana do negro baiano".

Os dípticos publicados, em que cenas semelhantes entre África e Bahia são colocadas lado a lado, demonstram a permanência da cultura africana nessa região do Brasil, dando-se a evidência pelo modo como Pierre Verger mostra suas imagens. Mas isso remete a outros dípticos prováveis, não-concretizados, que perpassam toda sua obra fotográfica, que fazem com que as fotos deixem de ser singelos pormenores culturais gravitando a esmo e com que ganhem uma coerência integradora. Temos como eixo a fidelidade cultural africana não só de afro-descendentes baianos, mas de todas regiões atingidas pela diáspora africana. Numa relação maior, incluindo todas as nações que fotografou, teríamos a fidelidade a uma cultura regional e tradicional.

Bibliografia

Bastide, Roger. *O candomblé da Bahia.* São Paulo: Ed. Nacional, 1961.

Collier Jr., John. *Antropologia visual:* a fotografia como método de pesquisa. São Paulo: EPU, 1973.

[18] Expressão utilizada por Monod em seu prefácio (Verger, 1999).

EDWARDS, Elizabeth (Org.). *Anthropology and photography 1860-1920*. New Haven/Londres: Yale University Press/Royal Anthropological Institute, 1992.

FLUSSER, Vilém. *Pour une philosophie de la photographie*. Paris: Circé, 1996.

FRY, Peter. O protegido dos Orixás. *Folha de S. Paulo*, 10 jul. 1999.

GURAN, Milton. *Fotografar para descobrir, fotografar para contar*. Uruguai, II Reunião de Antropologia do Mercosul, 1997.

__________. *Notas sobre o conteúdo do acervo fotográfico de Pierre Verger* (inédito). 1998.

JEHEL, Pierre Jêrome. Fotografia e antropologia na França no século XIX. *Imagens Diversas*, Cadernos de Antropologia & Imagem, n. 6, Rio de Janeiro: UERJ, 1998, p. 123-37.

LE BOULER, Jean P. Alfred Métraux & Pierre Verger: le pied à l'étrier. *Correspondance 1946-1963*. Paris: Jean Michel Place, 1994.

MACHADO, Arlindo. *Máquina e imaginário*: o desafio das poéticas tecnológicas. São Paulo: Editora da Universidade de São Paulo, 1996.

MARIANO, Agnes. *Antropologia radical*. Faculdade de Comunicação da Universidade Federal da Bahia, 1996.

MONTES, Maria Lucia. Negras imagens. *Antologia da fotografia africana e do Oceano Índico*. Paris: Revue Noire, 1998.

SANTOS, Juana Elbein dos. Pierre Verger e os resíduos coloniais: o "outro" fragmentado. *Religião e Sociedade*, n. 8, São Paulo: CER/ISER, 1982, p. 11-14.

VERGER, Pierre F. *50 anos de fotografia*. Salvador: Corrupio, 1982.

__________. Etnografia religiosa iorubá e probidade científica. *Religião e Sociedade*, n. 8, São Paulo: CER/ISER, 1982b, p. 3-10.

__________. *Fluxo e refluxo do tráfico de escravos entre o Golfo do Benin e a Bahia de Todos os Santos*: dos séculos XVII a XIX. São Paulo: Corrupio, 1987.

__________. Entretien avec Emmanuel Garrigues. *L'Ethnographie*, n. 109, Paris: Societé d'Ethnographie, 1991, p. 167-78.

__________. *Le messager*. Paris: Revue Noire, 1993.

__________. O olhar negro de Pierre Verger. *Bahia An. & Dados*, v. 3, n. 4, Salvador: CEI, 1994, p. 39-41.

___________. *Dieux d'Afrique*. Paris: Revue Noire, 1995.

___________. Uma vida na contramão. *Marie Claire*, n. 55, 1995b.

___________. *Ewé – uso das plantas na sociedade iorubá*. São Paulo: Companhia das Letras, 1995c.

___________. *Orixás*: deuses Iorubás na África e no Novo Mundo. Salvador: Corrupio, 1997.

___________. *Notas sobre o culto aos Orixás e Voduns na Bahia de Todos os Santos, no Brasil, e na Antiga Costa dos Escravos, na África*. São Paulo: Editora da Universidade de São Paulo, 1999.

Impressão e Acabamento:

QUICK PRINTER
IMPRESSOS RÁPIDOS

SIA TRECHO 3 LOTE N° 1760
Fone: (0xx61) 362-0008 / Fax: (61) 362-7476
e-mail: quick@gns.com.br